本书获国家社会科学基金重大项目"长江上游水权制度建设
综合调查与政策优化研究（编号：19ZDA065）"资助

U0515366

水资源约束下
中国南北地区经济增长
差异研究

Research on the Difference of Economic
Growth Between North and South in China Under the
Constraint of Water Resources

巨 栋◎著

中国财经出版传媒集团
经济科学出版社
Economic Science Press
·北京·

图书在版编目（CIP）数据

水资源约束下中国南北地区经济增长差异研究/巨
栋著 . －－北京：经济科学出版社，2023.8
ISBN 978 - 7 - 5218 - 5062 - 8

Ⅰ . ①水… Ⅱ . ①巨… Ⅲ . ①水资源管理 - 影响 - 区
域经济发展 - 研究 - 中国 Ⅳ . ①F127

中国国家版本馆 CIP 数据核字（2023）第 157683 号

责任编辑：孙怡虹　魏　岚
责任校对：蒋子明　刘　娅
责任印制：张佳裕

水资源约束下中国南北地区经济增长差异研究

巨　栋　著

经济科学出版社出版、发行　新华书店经销
社址：北京市海淀区阜成路甲 28 号　邮编：100142
总编部电话：010 - 88191217　发行部电话：010 - 88191522
网址：www. esp. com. cn
电子邮箱：esp@ esp. com. cn
天猫网店：经济科学出版社旗舰店
网址：http：//jjkxcbs. tmall. com
北京季蜂印刷有限公司印装
710 × 1000　16 开　17.5 印张　240000 字
2023 年 8 月第 1 版　2023 年 8 月第 1 次印刷
ISBN 978 - 7 - 5218 - 5062 - 8　定价：78.00 元
（图书出现印装问题，本社负责调换。电话：010 - 88191545）
（版权所有　侵权必究　打击盗版　举报热线：010 - 88191661
QQ：2242791300　营销中心电话：010 - 88191537
电子邮箱：dbts@ esp. com. cn）

前　言

　　当下，我国社会主要矛盾已经转化为人民日益增长的美好生活需要和不平衡不充分的发展之间的矛盾，经济增长南北差距是发展不平衡不充分的重要体现，更是南北资源禀赋差异影响下的突出特征。水是生命之源、生产之要、生态之基，我国南方地区水资源总量约为北方地区的4倍，南北地区水资源开发利用本身就存在巨大差异，不均衡的水资源分布及开发利用水平长期催动着南北地区经济社会走向差异化的发展方向，2013年最严格水资源管理制度的"三条红线"考核实施后，《中共中央关于进一步全面深化改革　推进中国式现代化的决定》强调落实水资源刚性约束制度，水资源利用与区域经济增长差异的内在联系进一步丰富，水资源约束下南北地区经济增长差异成为重要课题。

　　笔者在参与研究两项国家社会科学基金重大项目"我国流域经济与政区经济协同发展研究"（编号12&ZD201）与"长江上游水权制度建设综合调查与政策优化研究"（编号19ZDA065）期间持续关注水资源约束问题，前后多次跟随四川省社会科学院林凌研究员、刘世庆研究员调研长江、黄河、珠江、西南诸河、西北内陆河等典型流域的经济社会发展和水资源管理情况，与水利部、商务部及长江水利委员会、珠江水利委员会、黄河水利委员会、长江航务管理局等管理部门座谈，研究流域水资源调度、配置和管理思路，探寻丰水和缺水流域水资源利用的差异化特征；赴青海、甘肃、宁夏、内蒙古、陕西、河南、山东、四川、湖北、江苏、广东等地考察，了解区域水资源开发利用特征，探索南北地区水资源利用与经济社会发展的联系；向中国水利水电科学研究院、水利部发展研究中心、广东省水利水电科学研究院、四川省水利科学研究院、四川省环境科学研究院的相关专家请教水资源约束对区域经济增长的影响机理，其间积累了大量数据、资料和感悟。遗憾的是 2018 年 5 月林凌院长仙逝，后遂根据调研收获和前期积累，经博士生导师杨明洪教授指导，围绕水资源利用对南北地区经济增长的影响问题展开本书写作，重点研究水资源约束下南北地区经济增长差异的时代特征、理论内涵、影响因素和作用机理等方面情况，提出缓解南北地区水资源约束以及推进经济协调发展的对策与建议。具体包括以下内容：

一是水资源约束下我国南北地区经济增长差异的理论基础和演化特征。整理水资源约束对经济增长影响的相关文献和理论方法，拓展水资源约束内涵，建立水资源与社会经济复合系统，提出水资源约束下区域经济增长差异的理论解释和逻辑框架，并从用水总量、结构和效率等维度对这一框架进行充实和拓展，形成本书研究的理论基础。应用理论分析逻辑，考察南北地区水资源利用与经济增长关系的演化进程，识别各个阶段的特征事实，总结其演化规律，发现 21 世纪以来水资源约束下南北地区经济增长呈现出的三大新特征，即经济增长、动能转换与资源约束的阶段差异，要素禀赋、开发潜力与发展导向的长期差异，以及用水总量控制、结构调整和效率提升的趋势差异。结合理论逻辑框架，发现这些特征主要源于三个层面问题，即丰水和贫水地区中的用水总量约束差异、产业和城镇扩张后的用水结构约束差异、制度和工程支撑下的用水效率约束差异，形成本书的逻辑起点。

二是水资源约束下我国南北地区经济增长差异的实证分析。聚焦21世纪以来南北地区水资源利用和经济增长差异的现实表征，采用2000～2021年的数据，通过观察南北地区经济增长与用水总量、用水结构和用水效率间的动态关系、阶段特征和空间特征，借鉴尾效理论构建水资源利用对经济增长的"阻尼效应"模型，分阶段、分板块讨论用水总量约束下的南北地区经济增长差异问题；根据产业用水机制分析用水结构与经济增长之间的理论关系，探索南北地区各类用水对经济增长差异的影响，多层次刻画南北地区用水结构约束差异；从用水过程上对用水效率约束机制进行解析，通过构建用水效率系统与经济增长系统的耦合协调模型，分析南北地区用水总量约束对经济增长差异的影响，并找到差异的成因。

三是水资源约束下我国南北地区经济增长差异的研究结论、展望以及相关对策建议。总结水资源约束下我国南北地区经济增长差异特征、成因和机理，发现水资源约束下南北地区经济增长差异是用水总量、结构和效率约束共同作用的结果。2013年前后，南北地区用水总量约束水平变化使得经济增速差距扩大约0.3个百分点，这可能是由于北方地区生活和生态用水扩张使其面临着更强的用水结构约束，同时南方地区则受益于不断缓解的用水效率约束。基于我国水资源管理制度逻辑和南北地区水资源利用实际情况，讨论并展望水资源约束下我国南北地区经济增长差异的趋势特征，合理研判上述情况对现行政策体系的冲击并科学制定响应策略，从区域发展政策和水资源管理政策两个层面，提出缓解我国南北地区水资源约束问题并推进其协调发展的对策建议。

以上内容均围绕水资源利用对南北地区的经济社会影响展开，可能产生四方面贡献：一是聚焦我国南北地区水资源利用与经济增长关系的演化特征，将南北差距问题放在水资源约束视域下进行分析，研究对象和视角具有创新性。南北差距是与东西差距长期并存的现象，21世纪以来，随着东西部协调发展水平提升，南北差距逐渐成为关注焦点，其背后是北方地区经济增长降速问题，这与北方水资源匮乏具有密切关联。特别是2012年我国最严格水资源管理制度的颁布，确立了水资源精细化和刚性化管理策略，水资源约束对南北地区经济增长的影响将进一步增强和拓展。目前学界尚无从水资源约束视角展开的关于南北差距问题的研究，本书研究成果有助于对南北差距研究形成补充，进而拓展对南北差距现象的趋势性和可控性的认识。

二是构建了包含用水总量、结构和效率等多重约束的分析框架，从而形成了水资源约束下区域经济增长差异分析的理论逻辑，研究思路和技术路线具有一定创新性。本书研究基于对新时期我国南北地区面临的丰水地区和贫水地区用水总量约束差异、产业发展和城镇扩张后的用水结构约束差异、工程支撑和制度引导下的用水效率约束差异等三个层面问题的科学判识，将我国水资源管理制度约束和水资源时空分布约束结合起来，从用水总量、用水结构和用水效率三个层次构建水资源约束的理论框架，阐释南北地区水资源约束对经济增长的作用差异。这样的研究思路能够将区域水资源禀赋、水资源利用行为、水资源制度约束与经济增长水平较好地结合起来，使得水资源管理的相关理论能够更好地应用于一国或较大范围区域的经济增长研究中，有助于提升对水资源约束下区域经济增长差异问题研究的前瞻性和针对性。

三是提出南北地区用水总量、结构和效率约束间在时序和程度上的互动关系，共同促进了水资源约束下的南北地区经济增长差异，研究的结论和提出的对策具有一定创新性。本书提出南北地区用水总量、结构和效率约束差异客观存在，其中 2013 年前后南北地区用水总量约束水平变化使得经济增速差距扩大 0.3 个百分点左右，北方地区生活和生态用水扩张对经济增长产生 0.14 个百分点的阻滞作用，加之 2011 年后南方地区用水效率对经济增长的约束作用出现更大幅度的下降，促进了南北地区经济增长差异的扩大。上述判断相对于已有研究，更加关注丰水地区和贫水地区在相对一致的约束逻辑下，区域经济增长受到水资源利用各个层面的差异化影响，使我们更清楚地认识到不同资源禀赋地区的经济增长可能面临的水资源约束问题，也为提升水资源管理与区域发展政策在空间层面的内在一致性贡献了更多理论依据。

四是在开展实证分析时优化了用水结构与产业结构的对应性关系，使得本书研究结论更加丰富且贴近实际，为认识我国南北地区水资源利用与经济增长差异特征和趋势提供了更多经验证据。在分析南北地区用水结构约束水平时，避免采用将农业、工业和生活用水与第一、二、三产业增加值直接对应的传统做法，而是建立农业用水与农业经济增长、工业用水与工业经济增长、生活和生态用水与服务业和建筑业经济增长等三组对应关系，改善了由于把建筑业增加值算作工业用水产出而带来的非一致性问题，使得实证分析结果更加贴近实际。

综上，中国特色社会主义进入新时代，水资源刚性约束逐渐增强，区域经济发展格局加速调整，水资源约束下南北地区经济增长差异显现出了更多时代特征和创新价值，本书将就对这一问题的认知、解释和应对提供思路参考和政策方向。

目 录

第一章

水资源约束下区域经济增长
差异问题的回顾分析

水是生命之源、生态之基、生产之要，水是一切生命赖以生存，社会经济发展不可缺少和不可替代的重要自然资源和环境要素，但是现代社会的人口增长、工农业生产活动和城市化的急剧发展，对有限的水资源及水环境产生了巨大的冲击。长期以来各国政府都面临着水资源供给不足而导致的水资源约束问题。我国水资源约束问题早已存在，对区域经济增长产生了深刻影响，经济学界对这一问题长期高度关注。随着我国区域发展格局加速演化，水资源空间配置需求面临新的变革，水资源约束下的区域经济增长差异问题内涵更加丰富，研究意义也更加重大。

第一节　聚焦：水资源约束下的南北差距形成

一、两个背景

（一）早已存在的南北差距

全球范围的南北差距是经济学研究关注的焦点问题之一，发达国家与发展中国家的差距至今仍未有效改善，而一国内部的"南北问题"也广泛存在，意大利、日本等国家南北地区间也存在明显发展差距。我国经济增长的南北差距由来已久，特别是在东晋以前，以黄河流域为中心的北方地区地势相对平坦，水资源开发利用难度低，一直是我国人口和经济活动最集中的地区；至隋唐时期，北方地区水资源开发潜力不足，利用难度加大，全国农业生产开始向长江流域转移，南方地区经济得到长足发展。在此后的数百年中，南方地区在经济发展上大多时间都领先于北方。2000 年后，随着我国西部大开发战略的实施，东、中、西部地区发展差距逐渐缩小的同时，东北地区老工业基地以及山西、内蒙古等能源工业集中区经济增长出现明显放缓趋势。2012 ~ 2020 年，我国 31 个省（自治区、直辖市）经济增速排名前 5 位长期被贵州、重庆等南方地区省份占据，GDP 增速"南快北慢"现象逐渐受到社会各界的高度关注。① 2018 年 11 月，《中共中央　国务院关于建立更加有效的区域协调发展新机制的意见》提出要构建统筹国内国际、协调国内东、中、西和南北方的区域发展新格局，"南北协调"逐渐成为我国区域战略的重要内容并引发社会各界广泛关注。2021 年南方地区生产总值（GDP）达到北方的 1.84 倍，人均 GDP 达到北方的 1.25 倍，分别比 2000 年水平扩大了 31%和 29%，南北地区经济增长差异问题突出。② 目前学界对于南北差距讨论的焦点在于，这是否会成为一个长期现象，是否意味着北方经济的整体衰落。经济增长理论发展历程证明，要探讨经济增长的长期性问题，不仅要从影响经济长期增长的关键要素入手，更要关注资源环境约束对经济增长的影响作用。③ 2021 年 2 月，国家发展和改革委员会原副秘书长范恒山指出，目前观察到的南北差距现象其实质是

---

① ②　资料来源：历年《中国统计年鉴》。
③　岳利萍. 自然资源约束程度与经济增长的机制研究 [D]. 西安：西北大学，2007.

北方经济增长在短期内的放缓，并不代表"南强北弱""南盛北衰"，其背后是北方地区转型转换发展遇到困难，这在很大程度上是源于北方地区转型面临更严重的资源环境约束问题。[①]

（二）日益严峻的水资源约束

水是资源环境系统的重要组成部分，是人类发展赖以生存的关键资源。2011 年中央一号文件《中共中央　国务院关于加快水利改革发展的决定》中指出，水是生命之源、生产之要、生态之基。相较于土地、能源、矿产等其他自然资源，水资源的用途更加多样，对社会发展的支撑功能更加基础，公众对水资源的需求更加多元，水资源约束对区域经济增长的影响更加复杂。2021 年我国水资源人均占有量仅为 2 098.5 立方米，不到全球平均水平的四分之一。[②] 时空分布不均、总量不足、结构不佳、效率不高等用水矛盾已经在各个区域中广泛出现，特别是北方地区，缺水问题已经成为制约其经济社会发展的痛点所在，地下水超采、河流干枯断流、水质变差、沙尘暴肆虐等问题更是成为其长期困扰和重要掣肘。我国南方地区水资源总量和人均水资源占有量均达到北方地区的数倍以上，"南方水多，北方水少"已经成为社会广泛共识，不仅影响着南北地区经济规模、人口总量、产业发展和生态环境，更深刻影响着南北地区居民的行为习惯乃至人格性情，进而渗透至经济社会发展的方方面面。加之 2013 年以来南水北调东线、中线工程先后通水，西线工程研究持续推进，水资源上的南北差异又有了新的变化；2013 年后我国最严格水资源管理制度深度实施，在用水总量和效率管控下，水资源约束有了更丰富的制度内涵。

---

① 范恒山. 正确认识我国南北经济发展差距 [J]. 全球化，2021（5）：121 – 125.
② 国家统计局. 中国统计年鉴（2020）[M]. 北京：中国统计出版社，2020.

综上，水资源约束已经成为我国南北地区经济增长差异中的重要问题，那么南北地区间水资源利用的巨大差异与 GDP 增速"南快北慢"现象究竟存在怎样的联系？水资源约束如何影响南北地区经济增长差异的长期趋势？该如何应对这种情况？本书围绕上述问题展开分析，聚焦 21 世纪以来我国南北地区水资源利用与经济增长差异现象和特征，重点探索水资源利用对经济增长南北差距的影响机理和影响水平，形成结论和展望，并从水资源利用角度提出推进南北地区经济协调发展的对策建议。

二、五项意义

这样的研究至少能推动五方面有益的尝试。

一是有利于启发对水资源与区域经济增长关系的理论探讨。对于水资源与经济增长之间的关系，传统经济增长理论大多将其放在自然资源要素参与经济社会生产的框架下进行讨论，把水资源、土地、矿产等自然资源看作与资本、劳动力等相似的传统要素，从投入产出角度定义其发展贡献，则水资源对经济系统的作用是可以被其他要素替代的，只要加快科技发展，推动组织优化，就可以抵消资源约束作用。而事实证明，水资源对经济增长的约束是全方位的，科技进步和组织优化的速度很难赶上水资源约束水平的增长速度，其负面影响并没有被科技进步完美解决，对区域经济增长约束作用是持续存在且不断加深的。因此，本书在分析水资源约束对经济增长的影响机制时，将用水总量、用水结构和用水效率均纳入分析框架，观察水资源约束对经济增长速度、增长结构和增长效率的影响作用，有利于更加全面地理解水资源与区域经济增长之间的关系。综合内生增长理论假设和新古典经济增长模型，构建水资源约束下的生产函数，在技术进步假设下讨论用水总量对经济增长的约束作用；重新梳理用水结构与产业结构的对应关系，基于各产业的用水特点建立产业用水与产业增长之间的关系曲线，在考虑用水结构变化与产业结构变化互动关系的基础上研究用水结构约束对经济增长的影响机制；分类分层探析产业用水的真实过程，从用水总量和用水效率的双向影响关系分析用水效率约束机制，基于用水效率系统与经济生产系统的耦合协调关系研究用水效率对经济增长的约束作用，进一步丰富宏观经济学和资源经济学的相关内容。

二是有利于拓展对区域经济增长差异问题研究的理论视角。区域经济增长差异是普遍且客观存在的经济现象，基于资源禀赋的区域经济增长差异研究是经济学研究的经典问题之一。从增长极理论、梯度推移理论等区域经济经典理论可见，适当的区域经济增长差异能够促进整体经济发展，而过大的增长差距则会影响社会稳定。从"资源诅咒"和"资源约束"问题的相关研究中不难发现，不同地区的资源禀赋以及开发利用方式差异，对区域经济增长也有差异化的影响。当下，我国区域经济增长的东西差距逐渐缩小，南北差距明显扩大，事实上伴随着从"资源诅咒"向"资源约束"的变换。在东西差距下，东部地区资源储备不足但经济发达，西部地区资源储备丰富却发展落后；而在南北差距下，南方地区水资源富集且经济增长快，北方地区水资源匮乏，经济增速也开始下滑。基于这一逻辑，从水资源约束差异角度解释南北经济增长差异现象，研究丰水区与贫水区经济增长差异问题，分析对不同资源供需关系及时空尺度下水资源对经济增长约束类型，不仅有助于深刻认识水资源对经济增长约束的全面性、差异性和长期性以及对区域经济协调发展的重要性，更有助于更加清晰地认识我国区域经济发展格局演化趋势，深刻理解"资源诅咒"与"资源约束"的深刻内涵及其对经济增长的影响机制，还有助于补充完善区域经济增长差异的相关理论，进一步拓展研究视角。

三是尝试为推动我国南北地区协调发展提供新的切入点和观察

面。改革开放以来，我国区域经济增长差异和不平衡问题逐渐凸显，东西差距是主要矛盾，根本推力在于区位优势和政策效应。21 世纪以来，我国针对东西差距实施的一系列区域政策取得了良好成效，区域经济发展格局出现了经济增长南北差距的新趋势。观察我国区域经济发展格局转变的过程发现，东西差距与南北差距表征及内在机制有明显不同，特别是当下逐渐严重的资源问题已经成为影响我国区域经济增长格局的重要因素，而差异化的区域政策实施对于调节我国区域发展差距具有重大作用。水资源虽然是可再生资源，但经济社会发展对水资源的需求非常庞大，南北地区水资源的利用特点和需求水平不同，导致了对经济增长的差异化影响，在看待南北差距，特别是北方经济增长放缓问题时，会不可避免地谈及水资源不足对区域经济增长的约束作用，巨大的水资源缺口造成的经济效率损失必然成为北方地区经济增长的重要掣肘。因此，从水资源约束角度切入研究南北差距问题，有利于全方位了解我国南北经济增长差异在不同尺度和视角下的演化特征，进一步认识我国区域经济增长不平衡问题及其分异机制，在此基础上提出南北地区经济协调发展的基本原则及对策建议，以期为我国实施时空尺度更加精准、更有针对性的政策举措提供参考。

四是尝试为因地制宜缓解我国水资源约束提供新的着力点和突破口。我国水资源总量大、人均少、时空分布不均，其中时空分布不均是关键特征。南方地区水资源总量约为北方的 4 倍，但北方地区却拥有更大的农田面积和相当规模的人口数量，这导致了南北地区水资源供需关系上的巨大差异，进而影响到了南北地区经济增长、人口流动、农业生产、工业发展、生态环境等各个方面。在我国经济发展过程中，由于对水资源环境关键地位和重要作用的认识不够充分，长期忽视区域水资源禀赋差异及水资源开发利用规律，水资源约束造成的负面影响已经在南北地区经济社会发展中有了明显体现。北方地区的黄河、海河和松辽流域普遍面临水资源短缺、水质变差、上下游间水资源矛盾，部分相对发达地区还面临地下水超采、工业用水不足、生活用水质量不高、污水处理成本大等问题；南方地区的长江、珠江流域水资源丰富且水质较好，但洪涝灾害频发、水污染加重、水生态恶化、部分地区水资源开发利用难度大等问题不容忽视。因此，我们在总结积累经济增长经验和规律的同时，必须高度关注水资源约束下的区域差异，特别是南北差异，从共性特征和典型差异相结合的视角出发，找到南北地区在水资源约束上的关键问题、内在机制和最终影响，从而制定具有差异性、针对性和有效性的水资源管理制度、节水用水措施和可持续发展政策，因地因时制宜，解决我国区域经济增长中面临的资源环境问题。

五是尝试为加快我国流域经济高质量发展提供参考和指引。流域经济是以流域交通体系为纽带、以水资源开发利用为关键的区域经济形式，长江、黄河、珠江等流域已经成为我国经济最发达、要素最集中、文化最活跃的中心地带，更是未来带动我国经济增长的关键力量。[1] 2014 年 7 月，国务院正式批复《珠江—西江经济带发展规划》，强调要实行最严格水资源管理制度，实现水资源可持续发展利用。[2] 2016 年 3 月《长江经济带发展规划纲要》颁布，明确指出要划定水资源开发利用红线和水功能区限制纳污红线，强化水质跨界断面考核。2018 年 4 月，习近平总书记在武汉主持召开深入推动长江经济带发展座谈会上指出，长江经济带要探索出一条生态优先、绿色发展新路子，要以长江经济带发展推动经济高质量发展。[3] 2019 年 9 月，习近平总书记在郑州主持召开黄河流域生态保护和高质量发展座谈会

---

① 胡碧玉. 流域经济论 [D]. 成都：四川大学，2005.

② 国务院办公厅. 珠江—西江经济带发展规划 [EB/OL]. 中国政府网，2014 – 08 – 01. http://www. gov. cn/foot/2014 – 08/01/content_2728217. htm.

③ 习近平. 在深入推动长江经济带发展座谈会上的讲话 [J]. 求是，2019（17）：4 – 14.

上指出，要坚持"以水而定、量水而行"，黄河流域要重点推进水资源节约集约利用等五个方面的重要工作，并鲜明提出要"以水定城、以水定地、以水定人、以水定产"。① 长江、黄河、珠江流域经济发展是南北地区的典型代表和集中体现，诸多国家决策和战略部署中，均提出应当以水资源利用为抓手推进流域经济高质量发展，并且根据区域发展实际和流域水资源特点制定了差异化的发展思路。因此，从水资源利用和约束角度研究南北地区经济增长差异问题，有利于全面认识和理解各大流域经济发展特点和规律，贯彻落实国家对流域经济高质量发展的战略部署，推动流域经济与区域经济协同发展，并为今后制定具体的政策举措提供思路参考和现实依据。

第二节　回顾：水资源约束下的区域经济增长研究

传统的经济增长理论对水资源约束并无大量的针对性研究，仅提及自然资源利用对经济增长的影响作用，而相关应用研究则对各类自然资源开发利用与区域经济增长的关系颇为关注，故本节重点梳理经济增长理论及其自然资源观的发展历程，适当综述关于区域经济增长差异与自然资源，特别是水资源利用关系的研究。

一、区域经济增长与自然资源观

（一）关于古典经济增长理论及其自然资源观

从 18 世纪开始，古典经济学家著作中开始出现经济增长的相关

---

① 习近平. 在黄河流域生态保护和高质量发展座谈会上的讲话 [J]. 求是，2019 (20)：4－10.

论述，认为经济增长源泉主要是劳动和土地。1662 年威廉·配第
（William Petty）提出土地是财富之母，劳动是财富之父，商品的交
换价值取决于商品的生产所消耗的劳动，肯定并强调了土地、劳动力
等要素对经济生产的重要作用。[①] 随着英国工业的发展，产业资产阶
级利益逐渐壮大，资本主义生产方式拓展促进英国古典经济学兴起，
1776 年，其奠基者亚当·斯密（Adam Smith）将经济增长的源泉指
向劳动分工，认为劳动生产力上最大的增进，以及运用劳动时所表现
出的更高的熟练、技巧和判断力，都似乎是劳动分工的结果，[②] 经济
增长理论研究重点从流通领域转移到生产领域。1817 年，大卫·李
嘉图（David Ricardo）继承了斯密的分工理论，并从劳动价值论角度
提出人口增长、土地肥力下降会导致"经济增长陷入悲观境地"，而
技术进步和对外贸易可缓解这一状况。[③] 另外，1798 年马尔萨斯
（Thomas Robert Malthus）提出产出增长来源于人口增长，人口增长过
快会导致人均产出下降并收敛至静态均衡水平。[④] 马克思的经济增长
理论也是以劳动分工为基本思想建立分析框架，延续了古典经济学家
的部分思想，但又有其鲜明特点。他认为如果生产场所扩大了，就是
在外延上扩大；如果生产资料的效率提高了，就是在内涵上扩大，[⑤]
并进一步提出剩余价值转化为资本，按其实际内容来说，就是规模扩
大的再生产过程，而不论这种扩大是从外延方面表现为在旧工厂之外
添设新工厂，还是从内涵方面表现为扩充原有的生产规模，[⑥] 从外延

---

① 配第. 赋税论［M］. 马妍，译. 北京：中国社会科学出版社，2010：89 – 115.

② 斯密. 国民财富的性质和原因的研究［M］. 郭大力，王亚南，译. 北京：商务印书馆，2011：8.

③ 斯拉法. 大卫·李嘉图全集（第 1 卷）：政治经济学及赋税原理［M］. 郭大力，王亚南，译. 北京：商务印书馆，2013：299.

④ 马尔萨斯. 政治经济学原理［M］. 厦门大学经济系翻译组，译. 北京：商务印书馆，1962：205 – 259.

⑤ 马克思. 资本论（第 2 卷）［M］. 北京：人民出版社，2004：192.

⑥ 马克思. 资本论（第 1 卷）［M］. 北京：人民出版社，2004：815.

和内涵两个层次分析社会扩大再生产，其核心思想实际是将经济增长的主要动力区分为要素投入和要素增长率两个方面，进而形成增长路径。上述理论均谈及经济增长或经济剩余与资本和劳动力之间的关系，虽然对经济增长缺乏完善的模型解释，但很好地阐述了经济增长过程，为后续理论研究提供了良好依据和基础。

值得注意的是，这些理论始终将资源稀缺性作为前提或基本假设进行研究，把土地等自然资源看作经济增长的要素，表明了经济增长对自然资源投入的依赖，肯定了自然资源对经济增长的约束作用，但其对资源约束问题的分析也局限在土地供给上，对能源、水、空气等其他资源关注不足。例如，1755 年坎蒂隆（Richard Cantillon）认为土地是一切财富的本源或实质，1758 年魁奈（Francois Quesnay）指出只有土地的产品才是原始的、纯粹得到的、经常在更新的财富。[①]1776 年斯密的水与钻石价值悖论将自然资源价值的讨论拓展到更多领域，认为没什么东西比水更有用；能用它交换的货物却非常有限；很少的东西就可以换到水。相反，钻石没有什么用处，但可以用它换来大量的货品。[②] 这一悖论源于当时水资源的稀缺性尚未被广泛认可，对经济社会的约束作用尚未体现，水资源有偿使用制度尚未建立，因此缺乏交换价值。1820 年，马尔萨斯从土地的绝对有限性出发提出的自然资源稀缺论，成为引领古典经济学家分析自然资源问题的逻辑基础，他认为承认食物生产能力的有限性对于生活在有限空间内的人类显然是必要的，并进一步提出自然资源的有限性及算术级增长与人口的指数增长间的矛盾，使得人类加快对自然资源的占据和利

---

① 李宗正. 西方经济学名著述评 [M]. 北京：中国青年出版社，1992：145 – 154.

② 斯密. 国民财富的性质和原因的研究 [M]. 郭大力，王亚南，译. 北京：商务印书馆，2011：61.

用，而这一现象不论科技与社会如何发展进步，都是必然和绝对
的。① 1817 年，大卫·李嘉图提出资源相对稀缺论拓展了对资源供需
关系问题的看法，其在《政治经济学及赋税原理》一书中提出，在
商业完全自由的制度下，最好地利用自然条件所赋予的各种特殊力
量，将使劳动得到最有效和最经济的分配，从而增加生产总额，他认
为在市场机制下人口和资本将在优质的土地资源上不断积累和集中，
这将导致土地资源边际报酬递减，技术进步和专业化分工提高的生产
率会有部分被资源消耗的边际报酬递减抵消，导致经济增速放缓。②
1848 年约翰·穆勒（John Stuart Mill）关注到社会组织和科技水平对
于资源稀缺问题的影响，提出自然资源稀缺和人口过快增长而趋于停
滞，有限的自然资源量和生产力标志着社会生产上限，在到达上限之
前资源的绝对稀缺效应就已经显现，但社会发展和科技进步可以提高
这一上限并推迟其到来。③ 这一观点实际是基于资源相对稀缺性的承
载力概念，即经济增长水平应当使自然环境、人口和财富均保持在相
对静止的稳态，而这一稳态应当与马尔萨斯的绝对极限保持距离，否
则就会进入自然资源滥用状态。

　　马克思对自然资源与经济增长的关系也有深刻的认识，他强调人
与自然的一体性，认为只有一个人一开始就以所有者的身份来对待自
然界这个一切劳动资料和劳动对象的第一源泉，他的劳动才成为使用
价值的源泉，因而也成为财富的源泉，④ 基于这样的自然资源观，进

---

① 马尔萨斯. 政治经济学原理 [M]. 厦门大学经济系翻译组，译. 北京：商务印书
馆，1962：175.

② 斯拉法. 大卫·李嘉图全集（第 1 卷）：政治经济学及赋税原理 [M]. 郭大力，
王亚南，译. 北京：商务印书馆，2013：311.

③ 穆勒. 政治经济学原理及其在社会哲学中的若干应用 [M]. 赵荣潜，桑炳彦，朱
泱，等译. 北京：商务印书馆，1991：190 – 205.

④ 马克思，恩格斯. 马克思恩格斯选集（第 3 卷）[M]. 北京：人民出版社，1995：
298.

一步提出良好的自然条件始终只提供剩余劳动的可能性，从而只提供剩余价值或剩余产品的可能性。[①] 马克思认为人对自然的实践应当以和谐发展为前提，通过调整人的实践活动来合理利用自然资源，其经济增长理论实际是将资本、劳动力、自然资源作为经济增长基本要素，并强调了各个要素间相互作用对经济增长的影响。[②] 据此，人对自然的实践活动中反映出的对自然资源的占有和分配关系，如果与自然资源系统不协调，就会产生资源约束。马克思的资源约束理论是站在人与自然协调发展的维度上，对资源约束的态度不盲目乐观或者过分悲观，更符合现代经济社会发展理念。

（二）关于现代经济增长理论及其自然资源观

19 世纪 70 年代开始的"边际革命"推动了现代经济学范式的形成，在经历数理经济学派、奥地利学派、美国边际效用学派等理论演绎后，到 19 世纪末期，英国经济学家马歇尔（Alfred Marshall）基于供求分析方法，建立了"局部均衡"的理论体系，使得经济增长理论范式发生重大转变，认为经济增长取决于资本和劳动增长率及其边际生产力，而资本、劳动投入水平和产出水平差异产生区域经济增长差异，自此新古典主义经济增长理论兴盛。马歇尔通过引入市场竞争和价格机制建立均衡价格论，提出人口数量增长、财富资本积累、工业组织引入等会促进社会生产规模扩大，促使经济增长。[③] 马歇尔的著作关注了知识、技术、规模经济等对经济增长的影响，虽然他并未给出完整的经济增长量化模型，但仍为现代经济增长理论及模型形成

---

① 马克思. 资本论（第 1 卷）[M]. 北京：人民出版社，2004：562.

② 张永辉. 马克思经济增长理论及其与西方经济增长理论的比较 [J]. 前沿，2013 (1)：98－99.

③ 马歇尔. 经济学原理 [M]. 朱志泰，陈良璧，译. 北京：商务印书馆，2019：419－451.

奠定了重要基础。哈罗德—多马经济增长模型（Harrod - Domar Model）是较早给出资本投入水平对经济增长作用的理论模型，该模型基于"生产技术不变"假设，在凯恩斯理论之上提出经济增长速率很大程度上取决于资本产出弹性和储蓄率水平，但由于模型结论认为经济增长路径是不稳定的，使其对大多数国家缺乏足够的指导意义。[①] 索洛（Solow，1956）提出的外生经济增长模型，是新古典经济增长的经典模型，该模型吸收了哈罗德—多马模型的优点并改变了技术中性假定，以柯布—道格拉斯（Cobb - Douglas）生产函数为基础，把经济社会生产过程简化为单一产品产出，通过引入市场机制和资本产出率可变假定，认为生产要素投入会产生边际效益递减，进而调整资本和劳动的配合比例，可以实现理想的均衡增长。[②] 可见，新古典经济增长理论的前提假设相对古典经济理论明显较为苛刻，例如完全竞争市场和规模收益不变等，但其主要结论仍然具有较高的启发意义，特别是更加完整的模型化分析和内在机理推导，更有利于分析区域增长差异问题，也更能够解释生产要素在经济增长中的作用，从而提供了量化研究自然资源对经济增长影响的新思路。

在新古典主义增长理论演化过程中，特别是随着 20 世纪 70 年代世界能源危机的出现，工业化国家经济增长明显放缓，相关理论对于自然资源在经济增长中作用的分析也开始发生变化。1972 年梅多斯等（Donella H. Meadows et al.）在《增长的极限》（*Limits to Growth*）中提出人口增长、粮食供应、资本投资、环境污染和能源消耗是影响经济增长的五大因素，而随着人口和工业的指数级增长，自然资源将迅速减少并约束工业发展速度，即使工业发展停滞后，人口增长和环

---

① 哈罗德. 动态经济学 [M]. 黄范章，译. 北京：商务印书馆，2013：53 - 59.

② Solow RM. A Contribution to the Theory of Economic Growth [J]. The Quarterly Journal of Economics，1956（70）：65 - 94.

境污染会使资源约束水平持续提升，进而导致经济社会崩溃。^① "极限"的概念将自然资源约束的理论研究推向了新的阶段，引发了社会各界的高度关注和广泛讨论，这也成为经济增长理论中对自然资源研究的关键节点。虽然1992年梅多斯在《超越极限》（*Beyond the Limits*）中提出突破自然资源约束的几种途径，例如重新梳理区域的短、中、长期发展导向，完善经济政策和资源环境政策体系，加强科技研发推动基础材料和能源利用水平，但仍然承认自然资源的绝对稀缺性。^② 这种绝对稀缺性的假设，逐渐成为现代经济增长理论对自然资源约束问题探讨的逻辑起点。

20世纪80年代，第三次科技革命方兴未艾，科技进步对经济发展的影响广泛进入经济学家研究视野，融入知识、技术等要素的新经济增长理论兴起，这些研究一般以规模收益递增和不完全竞争为前提，把知识技术、人力资本、收益递增、专业化等引入经济增长模型，并将这类要素内生化，提出使区域经济系统内各类因素相互作用推动经济增长，进一步充实了经济增长率等指标的科学内涵，并重新阐述了推动经济持续增长的主要原因。阿罗（Arrow，1962）的"干中学"理论较早地关注到思想和技术对经济增长的推动作用，指出资本积累能够推动新思想发展并促进经济增长的作用，实现了技术要素的部分内生化，^③ 但尚未形成完整可应用的理论模型。罗默（Romer，1986）提出研究与开发模型，认为知识积累才是经

① 梅多斯，等. 增长的极限 [M]. 李涛，等译. 北京：机械工业出版社，2013：271.

② 梅多斯. 超越极限 [M]. 赵旭，等译. 上海：上海译文出版社，2001：115.

③ Arrow KJ. Economic Welfare and the Allocation of Resources for Invention. In The Rate and Direction of Inventive Activity：Economic and Social Factors [M]. Princeton：Princeton University Press，1962：609–626.

济增长的原动力，而资本积累只是促进知识积累的条件。[1] 卢卡斯（Lucas，1988）进一步强调了人力资本和新思想等新要素对促进经济增长的重要作用，并分析了人力资本积累、知识技术进步等要素的载体与动能作用。[2]

20 世纪末，随着世界政治格局变换，关于制度对经济发展作用的讨论增多，新古典的边际分析与制度学派研究范式交汇融合，形成了新制度经济增长理论。这一理论最早可追溯至 1937 年科斯（Ronald H. Coase）在《企业的性质》（*The Nature of the Firm*）中构建的"交易成本"概念，他用其解释了现实制度的内生化及其对经济绩效的影响，后来也有部分经济学家关注到了组织结构对经济增长的影响。[3] 诺思（North，1993）将新制度经济增长理论研究推向新的领域，他基于科斯的交易成本理论提出了制度变迁理论，提出在交易成本存在以及报酬递增的条件下，制度是决定长期经济绩效的根本因素，逐渐发展形成了新制度经济学，对经济增长的理论研究贡献了新的力量。他认为制度应当是"正式的规则、非正式的约束及其实施特征"。[4] 在制度约束下，我们必须深入分析人类行为的两个具体方面：动机、对环境的辨识。[5] 由于这两方面的差异，一国居民在市场交易中行使各种权利的保障和结果具有不确定性，这是区分当今高收入国家相对有效率的市场与过去以及当今第三世界经济体之间差别的

———————————

[1] Romer PM. Increasing Returns and Long-Run Growth [J]. Journal of Political Economy, 1986 (5)：1002 – 1037.

[2] Lucas RE. On the Mechanics of Economic Development [J]. Journal of Monetary Economics, 1988 (22)：3 – 42.

[3] 威廉姆森，温特. 企业的性质 [M]. 姚海鑫，邢源源，译. 北京：商务印书馆，2010：399 – 407.

[4] North DC. Political Economy：Institutions，Competition and Representation [M]. Cambridge：Cambridge University Press，1993：62.

[5] 诺思. 制度、制度变迁与经济绩效 [M]. 杭行，译. 上海：格致出版社，2014：39.

关键因素。基于此，他提出制度是理解政治与经济之间的关系以及这种相互关系对经济增长（或停滞、衰退）之影响的关键。[①]

从上述理论演进过程中可以发现，现代经济增长理论对自然资源约束关注较少，更多地把自然资源简化为经济产出的某种"生产成本"纳入增长模型分析。其中，新古典经济增长理论并没有特别强调资源约束问题，一般是资源稀缺作为前提或将资源供给作为不变的外生变量，在此框架下进行资源配置研究。但其观点更多的是以人为中心，事实上是把自然资源看作是经济增长过程中一种中性的生产成本，且技术发展、劳动资本等要素生产能够替代自然资源对经济发展的作用，或是可以通过资源贸易从其他区域获取资源弥补缺口，实际上表达了其对自然资源约束的盲目乐观的态度。例如，1985 年马歇尔分析英国人口问题时提出，因为容易从外国得到原料的大量供应，随着人口的增加而发生的，除了对阳光、新鲜空气等的需要外，就是满足人类欲望的手段有超过比例的增加。这种增加的大部分归功于随着人口增加而来的财富的增加。[②] 但必须注意的是，即使在经济全球化的今天，自然资源贸易也并非理想般通畅，而且水资源的特性导致跨国贸易难度极大，难以对解决水资源约束问题提供有效帮助。20 世纪末，全球变暖、酸雨、臭氧层空洞等问题频发，新经济增长相关理论开始修正、拓展和完善，逐渐关注包括水资源在内的各类自然资源对经济增长的影响，并将其进行量化。诺德豪斯（Nordhaus，1992）根据资源投入增长率水平建立资源约束存在与否的判定条件，建立了两类状态下的新古典增长模型，并用两种模型进入稳态时的人均产出增长率差值来判定用水

① 诺思. 制度、制度变迁与经济绩效 [M]. 杭行，译. 上海：格致出版社，2014：118.

② 马歇尔. 经济学原理 [M]. 朱志泰，陈良璧，译. 北京：商务印书馆，2019：331.

规模对经济增长的阻尼水平，以美国部分类别自然资源为例测算其对经济扩张的"增长尾效"。[①] 罗默（Romer, 1990）提出的内生经济增长模型中，以平衡增长路径推算了实现经济长期发展的条件，其中就包含了自然资源投入参与经济产出的思想。[②] 后来他将上述模型进行了进一步充实拓展，采用与诺德豪斯相似的做法，在柯布—道格拉斯生产函数中加入自然资源投入和产出要素，通过对资源受限、不受限两种情况下平衡增长路径上的单位劳动平均产出增长率差来分析水资源约束作用。[③] 后来，这一模型已经成为研究自然资源约束问题的基本参照，学者们逐渐将其广泛应用于各类资源利用问题研究中。

此外，还有学者从经济社会产出和成本视角研究了自然资源开发投入的最优条件，进一步从微观视角探索了经济社会发展与自然资源利用水平的关系。美国统计学家霍特林（Hotelling, 1931）在完全竞争条件下，针对不可再生资源的最优开发策略提出设想，他将不可再生资源视为特殊资本，其开发收入可按利率计算，则一定的资源开发量对应着不同的开发收益率，资源所有者需在不同开采量下对资源开发收益和成本的关系进行衡量和选择。[④] 为使该资源开发速率达到最优，应确保开采者对于资源开发和保存两种选择没有收益偏好，这要求该资源的资本收益增长率等于其他财产的利率，实际计算时常表现为该资源的影子价格增长率等于其社会贴现率。这一规律常被称为霍特林法则，被广泛应用于矿产资源开发领域。关注不可再生资源开发问题的还有美国哈佛大学威茨曼（Martin Lawrence Weitzman）教授，

---

① Nordhaus WD. Lethal Model 2: The Limits to Growth Revisited [J]. Bookings Papers on Economic Activity, 1992 (2): 1–43.

② Romer PM. Endogenous Technological Change [J]. Journal of Political Economy, 1990 (10): 71–102.

③ 戴维·罗默. 高级宏观经济学 [M]. 上海：上海财经大学出版社, 2009: 42–46.

④ Hotelling H. The Economics of Exhaustible Resources [J]. Journal of Political Economy, 1931 (39): 137–175.

他创立的分享经济理论曾被认为是治理资本主义滞胀问题的良方，他于 1967 年提出可以利用经济杠杆来缓解环境约束问题，其逻辑是：在任一时点上，从可耗尽资源的资源池中取出每一单位资源的成本取决于已被取出的数量，这种"取出"行为的边际成本会随着"取出"总规模的增加而降低。为使资源开发的效率达到最高，他构建了资源的"等价值固定成本"概念，认为开发最低成本资源的边际策略为最佳选择。另外，他还研究了一个模型框架将"可持续发展""绿色NNP""技术进步"等概念联立起来，通过索洛余量对未来发展进行预测，提出推动技术革新和进步有望实现经济可持续发展。[①] 威茨曼的理论为在非确定条件和无规则预期下开展关于气候变化或污染排放的公共决策提供了新的思路，但其方法和理论框架相对宏观，主要应用于大气环境和碳排放等领域研究，尚未广泛出现在其他自然资源约束问题的研究中。

二、区域经济增长与自然资源利用

（一）关于我国东西地区经济增长差异与资源约束

我国东西部地区的发展差距是国内外学者广泛关注的焦点问题，大量研究指出，改革开放后中国东西差距扩大且呈发散趋势，这一差距主要体现在 GDP 总量和人均值以及城乡居民收入上，学者们将这一现象的背后成因指向地理区位、政策支持、资源禀赋和市场发育水平等方面，但其中关于资源禀赋的研究主要围绕人口、资本、技术等非自然要素展开，少量文献则关注到土地资源对东西差距的影响作用。

---

① Weitzman ML. On Choosing an Optimal Technology [J]. Management Science, 1967 (5): 413 – 428.

在西部大开发政策实施以前，相关研究主要关注我国东西差距特征、趋势以及投资对区域差距的影响，这种差距主要体现在东西部地区各省份的经济体量上。根据部分学者研究，改革开放政策实施前后，我国东西差距就逐渐形成，例如，弗里德曼（Friedman，1987）[①]与塞尔登（Selden，1988）[②]发现，1978年前中国经济发展的省域差异已经开始扩大；金相郁和郝寿义（2006）对改革开放前后各十年的区域差距CV指数进行对比，发现改革开放后东、中、西部地区差距有阶段性扩大特征，原因主要在于工业布局差异；袁钢明（1996）计算了1978~1994年东中西板块人均GDP数据，发现板块极差呈现明显扩大趋势。20世纪90年代开始，学者们的研究表明，东西差距似乎出现扩大趋势。有学者在对中国省域范围人均GDP水平进行泰尔指数（Theil index）分解的基础上，发现东西差距在1990年前后出现了由降转升的变化。[③]王小鲁和樊纲（2004）[④]、刘靖宇和张宪平（2007）等学者均赞同上述东西差距扩大的观点，并进一步提出这种差距是在20世纪90年代初期逐渐形成的。[⑤]另外，有学者关注到这一期间东西部地区居民收入也存在较大差距。吴殿廷（2001）验证了改革开放以来，我国农民人均纯收入和城市居民可支配收入指标也存在与GDP和人均GDP相似的东中西部板块差距问题。[⑥]

---

①　Friedman E. Maoism and the Liberation of the Poor [J]. World Politics, 1987 (3): 408 – 428.

②　Selden M. The Political Economy of Chinese Socialism [J]. Pacific Affairs, 1990 (4): 546 – 547.

③　Long GY. China's Changing Regional Disparities during the Reform Period [J]. Economic Geography, 1999 (1): 59 – 70.

④　王小鲁，樊纲. 中国地区差距的变动趋势和影响因素 [J]. 经济研究，2004 (1): 33 – 44.

⑤　刘靖宇，张宪平. 中国区域经济差距的测度与分解 [J]. 华东经济管理，2007 (5): 23 – 25 + 38.

⑥　吴殿廷. 中国三大地带经济增长差异的系统分析 [J]. 地域研究与开发，2001 (6): 10 – 15.

上述研究对东西差距的成因主要指向投资因素，这里的投资包含固定资产投资、社会资本、投资政策以及外商直接投资等多个方面，这些因素背后实际包含着区位和政府行为的影响。指出改革开放后中国东西差距明显增强，且区域差异与投资分布出现了相同的变化趋势，推测投资因素是这一阶段区域经济增长差异的主要推动力（Tsui，1993）。[1] 魏后凯（1997）研究指出我国在要素投资政策上的向东倾斜加剧了改革开放以来的东部与中西部板块经济差距，同时又指出影响区域经济增长差异的表层原因是区域产业结构差异，深层次的原因在于区域资源禀赋差异。[2] 达亚尔和侯赛因（Dayal – Gulati & Husain，2000）研究了外国直接投资（FDI）水平差异对区域经济发展差距的正向影响，[3] 持类似观点的还有弗莱舍等（Fleisher et al.，1997）[4]、德姆格（Demurger，2001）[5] 等。另有学者发现地理区位、经济结构、物质资本生产等因素对这一时期东西差距扩大亦有贡献。斯科特（Scott，1994）通过分解中国省域范围的基尼系数（Gini Co-efficient），发现东部地区省份区域经济增长差异趋于发散，其中农村地区工业化水平是促进差异扩大的重要因素。[6] 陈和弗莱舍（Chen & Fleisher，1996）借助索洛模型研究中国人均 GDP 省域差异的变化趋势发现，改革开放后东西部物资资本、就业增长、社会资本投资以及

① Tsui KY. Decomposition of China's Regional Inequalities ［J］. Journal of Comparative Economics，1993（3）：600 – 627.

② 魏后凯. 中国地区经济增长及其收敛性 ［J］. 中国工业经济，1997（3）：31 – 37.

③ Dayal – Gulati A，Husain AM. Centripetal Forces in China's Economic Take-Off ［J］. IMF Staff papers，2000（3）：364 – 394.

④ Fleisher BM，Chen J. The Coast – Noncoast Income Gap，Productivity，and Regional Economic Policy in China ［J］. Journal of Comparative Economics，1997（25）：220 – 236.

⑤ Demurger S. Infrastructure Development and Economic Growth：An Explanation for Regional Disparities in China ［J］. Journal of Comparative Economics，2001（29）：95 – 117.

⑥ Scott R. Rural Industrialization and Increasing Inequality：Emerging Patterns in China's Reforming Economy ［J］. Journal of Comparative Economics，1994（3）：362 – 391.

外商直接投资水平已经满足条件收敛特征。[①]

西部大开发政策实施以后，相关研究逐渐关注到我国东中西俱乐部收敛特征，对东西差距影响因素的关注也呈现出多元化趋势，其中土地等自然资源要素的影响作用逐渐出现在部分文献中，这可能与西方经济增长相关理论的传播和应用有关。很多学者都观察到，东西差距在 21 世纪初期出现了缩小趋势，例如，许召元和李善同（2006）通过研究 GDP 等指标发现，东西差距缩小的起始点是 2004 年；[②] 杨锦英等（2012）[③]、张红梅等（2019）[④] 通过研究连续时间序列数据发现，2005 年是东西差距扩大的时间节点。关于这一现象，学者们普遍认为是由西部大开发等以协调发展为目标的区域性政策实施引起的。刘生龙等（2009）明确提出 2000 年以来中国区域经济发展差距，特别是东西差距的缩小与西部大开发政策实施有关。[⑤] 有学者则关注到土地要素的影响，他们通过研究中国东、中、西部地区 220 个主要城市 1996～2003 年的面板数据发现，土地投入对经济增长的影响非常大，甚至高于投资和劳动力的产出系数，这一情况在东部地区最为明显。[⑥] 在此之后，也有学者关注到区域增长差异的负面效应，进一步提供了协调发展政策实施的现实依据。例如李等（Lee et al.，2012）分析东中西部三大板块和省域两个层次的 GDP 规模、GDP 增

---

① Chen J, Fleisher BM. Regional Income Inequality and Economic Growth in China [J]. Journal of Comparative Economics, 1996 (22): 141 – 164.

② 许召元，李善同. 近年来中国地区差距的变化趋势 [J]. 经济研究, 2006 (7): 106 – 116.

③ 杨锦英，郑欢，方行明. 中国东西部发展差异的理论分析与经验验证 [J]. 经济学动态, 2012 (8): 63 – 69.

④ 张红梅，李善同，许召元. 改革开放以来我国区域差距的演变 [J]. 改革, 2019 (4): 78 – 87.

⑤ 刘生龙，王亚华，胡鞍钢. 西部大开发成效与中国区域经济收敛 [J]. 经济研究, 2009 (9): 94 – 105.

⑥ Ding C, Lichtenberg E. Land and Urban Economic Growth in China [J]. Journal of Regional Science, 2011 (2): 299 – 317.

速和财政收入，发现 GDP 差异和财政收入差异对区域整体发展水平造成了一定负面影响。[1] 董雪兵和池若楠（2020）综合改革开放以来的东、中、西部地区经济增长差异关键数据特征，将其影响因素扩充为工业发展、人力资本、物流效率、产业集聚度、劳动力流动和要素投入水平等。[2]

在上述研究中，由于指标选取、样本时段和区域划分差异，研究结论略有不同，但学者们都或多或少地认识到，在非均衡发展战略实施过程中或协调发展战略初期，我国中、西部地区已经成为东部的资源和要素供给区，暗示西部地区可能存在"资源诅咒"现象。[3] 特别是随着要素加速集聚，东部地区空间资源约束逐渐显现，土地及相关资源要素价格抬升，经济活动有向周边地区扩散的趋势，东部地区可能将面临资源约束问题。[4]

此外，1935 年，著名地理经济学家胡焕庸教授根据地形、气候特别是降雨量等因素，提出了中国人口分布格局的"黑河—腾冲"线[5]，即胡焕庸线。该线两侧的人口分布与国土面积的比例存在巨大差异，这一空间特征被大量数据反复验证，其科学原理也被学术界从自然、经济、社会文化等方面加以揭示和阐释。目前对此的研究，多聚焦在线两侧的人口分布、城镇失业率、生态承载力、气候变化等，其中围绕生态领域的研究较多，部分研究关注到了水资源要素，以水

① Lee BS, Peng J, Li G, et al. Regional Economic Disparity, Financial Disparity, and National Economic Growth: Evidence from China [J]. Review of Development Economics, 2012 (2): 342–358.

② 董雪兵，池若楠. 中国区域经济差异与收敛的时空演进特征 [J]. 经济地理, 2020 (10): 11–21.

③ 刘志彪，张少军. 中国地区差距及其纠偏 [J]. 学术月刊, 2008 (5): 51–57.

④ 王志凯，史晋川. 中国区域经济发展的非均衡状况及原因分析 [J]. 浙江大学学报（人文社会科学版），2011 (11): 91–102.

⑤ 胡焕庸. 中国人口之分布：附统计表与密度图 [J]. 地理学报, 1935 (2): 33–74.

灾害、水污染等问题为主。王静爱等（2001）梳理了 18 世纪后我国水灾发生的地点和频次，提出我国水旱灾害等级可以按胡焕庸线及其平行线，进行梯度划分。[①] 陈等（Chen et al.，2012）预测了胡焕庸线以西未来水灾的频率可能会提升。[②] 李等（Li et al.，2014）研究发现胡焕庸线两侧的流域水环境中，化学需氧量（chemical oxygen demand，COD）含量差异巨大。[③] 也有很多学者关注胡焕庸线的经济意义，特别是从地理要素视角展开对该格局的经济意义分析。陆大道等（2016）认为胡焕庸线背后代表的地理因素对农业生产布局影响巨大，但随着全国产业转型升级加速，胡焕庸线的影响力正在下降，西北地区的技术进步和工业化发展可能成为突破胡焕庸线的关键所在。[④] 吴瑞君和朱宝树（2016）则发现胡焕庸线两侧的人口比例，从改革开放以来的基本稳定转化为东、中、西部三分法的非均衡分布，胡焕庸线两侧的"中间地带"成为重要"分水岭"。[⑤] 上述研究是对中国区域格局的另一种解读，实则包含了东西差距和南北差距的含义，但胡焕庸线更多代表着人口分界，其背后是地理区位因素，而根据相关研究，地理区位对东西差距形成有重要影响，尚无研究证明其是南北差距的关键因素，特别的，鲜见从胡焕庸线视角下对水资源利用和区域经济增长间关系的研究。

---

① 王静爱，王瑛，黄晓霞，等. 18 世纪中叶以来不同时段的中国水灾格局 [J]. 自然灾害学报，2001（1）：1-7.

② Chen Y, Yin YX, Chen XW, et al. Change and Future Pattern of Provincial Flood Affected Areas in China: Possible Relationship with Climate Change [J]. Disaster Advances, 2012 (4): 321-326.

③ Li Q, Song JP, Wang ER, et al. Economic Growth and Pollutant Missions in China: A Spatial Econometric Analysis [J]. Stochastic Environmental Research & Risk Assessment, 2014 (2): 429-442.

④ 陆大道，等. 关于"胡焕庸线能否突破"的学术争鸣 [J]. 地理研究，2016，35 (5)：805-824.

⑤ 吴瑞君，朱宝树. 中国人口的非均衡分布与"胡焕庸线"的稳定性 [J]. 中国人口科学，2016（1）：14-24.

（二）关于我国南北地区经济增长差异与资源约束

大量研究表明，南北差距是我国改革开放以来与东西差距长期依存的现象，只是在改革开放初期，这一差距并无明显扩大趋势，因此相对于东西差距其关注度不高。例如，李向平和王广林（1993）分析改革开放以来我国各个板块的人均 GDP 数据发现，京、津、沪、辽、黑等五个省份经济增速下滑，鲁、苏、浙、闽、粤等五个省份高速增长引发南北问题，根本原因在于发达地区对相对落后地区过度的经济辐射，以及沿海地区受惠于区位和产业结构优势获取了改革开放红利。① 吴殿廷（2001）认为南方的地缘优势、先进的营商理念及国家政策倾斜形成的外资和出口优势，是南方经济发展速度快于北方的主要原因。② 李二玲和覃成林（2002）提出改革开放后出现了经济"南强北弱"的变化，东南沿海、东北地区等次区域发展差距是这一变化产生的空间原因。③ 陈龙（2002）指出所有制结构、工业产业结构、固定资产投资水平、市场发育和开放程度、地理位置及国家政策是南北差距扩大的主要原因。④ 上述研究虽然都肯定了南北差距现象的存在，但对其成因的分析多指向次区域层面，即东南地区在区位和政策影响下的率先发展带动问题，而非南北地区的整体差距，相关研究中对我国区域发展格局的判断，不仅缺乏对自然资源投入水平的关注，与东西差距的研究也具有一定空间相似性。

2010 年后，我国东西部发展差距不断收敛，相关研究开始提及

① 李向平，王广林. 中国地区经济增长格局中的"南北"问题 [J]. 社会科学辑刊，1993（1）：51 - 58.

② 吴殿廷. 试论中国经济增长的南北差异 [J]. 地理研究，2001（2）：238 - 246.

③ 李二玲，覃成林. 中国南北区域经济差异研究 [J]. 地理学与国土研究，2002（4）：76 - 78.

④ 陈龙. 我国南北地区经济差距扩大化研究 [J]. 重庆大学学报（社会科学版），2002（2）：7 - 10.

南北差距扩大问题，这一时期我国正不断深入推进供给侧结构性改革，北方地区往往面临着更重的去产能任务，加之经济数据造假治理的"挤水分"行动推开，可能影响其经济增速，相应的，学者们对南北差距成因进行分析时也更加关注体制和结构性因素。杨多贵等（2018）将 1953～2016 年中国南北地区发展差距分为均衡发展、差距分化、调整缓和、跃迁四个阶段，并指出南北差距问题将逐渐凸显。① 盛来运等（2018）使用 2012～2017 年省级面板数据分析我国南北地区经济增速差距，发现北方资本积累速度放缓是造成南北差距的主要原因，体制改革、经济结构、劳动力等因素也有一定影响。② 两位学者均进行了对于南北差距成因的全面研究，相关结论也比较相似，但受限于南北地区本身过于广大，在对现实问题进行分析时，难以进一步深入。郭妍和张立光（2018）以山东和江苏为例，提出我国南北差距的表层因素是国家战略、产业结构、技术进步、资源配置、新兴经济发展差异，深层原因是政府与市场关系、发展理念、人才政策、营商环境等方面的差别。③ 这一研究基本认可了前面两位学者的观点，并根据山东和江苏的典型问题，对差距的深层原因进行了进一步刻画。

2018 年后，随着国际能源市场形势变化和大宗商品价格波动，各类资源投入水平受到了更多关注，学者们对自然资源禀赋及投入水平的研究也明显增多，能源、土地、空气、水等要素对经济增长的影响作用不断被纳入研究视野。周晓波等（2019）指出大宗商品价格的超预期下跌是南北地区经济短期内加速分化的直接原因，而基于差

---

① 杨多贵，刘开迪，周志田. 我国南北地区经济发展差距及演变分析 [J]. 中国科学院院刊，2018（10）：1083－1092.

② 盛来运，郑鑫，周平，等. 我国经济发展南北差距扩大的原因分析 [J]. 管理世界，2018（9）：16－24.

③ 郭妍，张立光. 我国区域经济的南北分化及其成因 [J]. 山东社会科学，2018（11）：154－159.

异化技术进步的南北分工格局是导致南北差距形成的根本原因。[①] 李善同等（2019）基于全球价值链的视角，指出高度依赖投资拉动的重工业价值链会导致北方地区经济缺乏韧性，进而导致经济增速明显下滑。[②] 戴德颐（2020）基于资源异质性的视角，指出资源投入、行政体制、海运优势是导致南北差距形成的重要因素。[③] 杜宇和吴传清（2020）认为产业结构、动能转换、市场拓展、要素承载等方面表现出的差异是导致南北差距扩大的主要原因。[④] 魏后凯等（2020）认为南北差距主要是增长速度的差距，投资严重下滑、人口流失和产业结构缺陷等是造成南北差距扩大的重要原因。[⑤] 杨明洪和黄平（2020）指出北方地区处在结构红利倒"U"型曲线拐点右侧的减速下行阶段，是南北经济差距的结构化原因。[⑥] 可见，学者们已经在很大程度上关注到了自然资源对南北地区经济增长的影响差异，但研究结论中仍然强调体制上的差异发挥主要作用，认为市场经济对资源具有较高配置效率使得市场开放程度更高的南方地区实现了更快的经济增长。

也有学者基于南北经济增长方式差异研究了资源约束作用，主要关注北方地区能源、矿产和生态环境问题对经济增长的负面影响。邓忠奇等（2020）通过研究中国南北经济差距和全要素生产率差异发现，新时代南北差距是由于在经济增长方式转型过程中，北方地区面

① 周晓波，陈璋，王继源. 中国南北方经济分化的现状、原因与对策 [J]. 河北经贸大学学报，2019（3）：1-9.

② 李善同，何建武，唐泽地. 从价值链分工看中国经济发展南北差距的扩大 [J]. 中国经济报告，2019（2）：16-21.

③ 戴德颐. 基于资源异质性的南北经济发展差距研究 [J]. 技术经济与管理研究，2020（1）：94-98.

④ 杜宇，吴传清. 中国南北经济差距扩大：现象、成因与对策 [J]. 安徽大学学报（哲学社会科学版），2020（1）：148-156.

⑤ 魏后凯，年猛，李玏. "十四五"时期中国区域发展战略与政策 [J]. 中国工业经济，2020（5）：5-22.

⑥ 杨明洪，黄平. 南北差距中的结构效应及空间差异性测度 [J]. 经济问题探索，2020（5）：1-13.

临的困难更大，很大程度上是源于资源和能源约束。① 郑艳婷等（2021）发现2008年南北差距缩小是由于北方地区能源、资源型企业的集中发展，2008年后南北差距的扩大是由于产业结构重型化过度导致制造业活力下降。② 许宪春等（2021）通过基尼系数法测算南北地区平衡发展指数，发现南方地区在经济、社会、生态、民生等多个领域比北方地区存在明显的优势，还指出南北空气、水和土壤质量悬殊掣肘了生态领域的平衡发展。③ 上述研究对资源环境约束下的南北差距问题进行了分析，重点研究了煤炭、钢铁等传统能源或资源开发产业的经济增长问题，这对解释北方地区工业经济增长潜力不足和动能转换不佳现象具有较强的现实意义。

（三）关于其他国家区域经济增长差异与自然资源约束

不同于相关研究对我国区域差距中经济、区位和体制因素的关注，学者们对西方国家经济增长与资源问题的研究早已有之，研究结论也体现了自然资源约束对区域经济增长的差异化作用，具体分为两种观点。一种观点的研究基于能源、矿产等经济性资源开发展开，一般其选取的时间、样本和区域范围较窄，大多认为自然资源开发对区域经济增长有明显促进作用。哈巴谷（Habakkuk，1962）认为，美国的工业优势很大程度上是由于其石油、煤、铁矿石等基础性资源的储备、开采和产出能力较强。④ 瓦伦特（Valente，2005）建立模型分

---

① 邓忠奇，高廷帆，朱峰. 地区差距与供给侧结构性改革："三期叠加"下的内生增长 [J]. 经济研究，2020（10）：22 – 37.

② 郑艳婷，杨慧丹，孟大虎. 我国南北经济增速差距扩大的机理分析 [J]. 经济纵横，2021（3）：100 – 106.

③ 许宪春，雷泽坤，柳士昌. 中国南北平衡发展差距研究：基于"中国平衡发展指数"的综合分析 [J]. 中国工业经济，2021（2）：5 – 22.

④ Habakkuk HJ. American and British Technology in the Nineteenth Century [M]. Cambridge：Cambridge University Press，1962：233 – 235.

析经济增长与可再生资源投入规模和技术进步水平的关系，发现经济可持续增长的前提条件是技术进步率和资源再生率应当大于社会贴现率。[①] 科登和尼瑞（Corden & Neary，1982）研究发现，资源产出部门的生产繁荣虽然会挤出其他工业部门的资源投入水平，但也会促进服务业消费需求的扩大，导致制造业整体竞争力下降和服务业的快速发展。[②] 克拉夫特等（Kraft et al.，1978）研究美国 1947～1974 年数据变化，发现经济增长与能源消费的单向因果关系。[③] 这类研究主要围绕发达国家的资源开发问题，在较高的技术和组织水平下，良好的资源禀赋大多指向较高的经济和社会效益。

另一种观点认为自然资源规模与经济增长存在负向关系或没有明显的关系，持这一观点的学者大多观察到了"资源诅咒"这一现象，并从资源利用结构和利用效率对经济增长的影响的角度展开分析。有学者（McCain，1970）将有效土地投入加入增长模型，发现土地要素及其利用效率对经济增长有长期性的影响。[④] 斯蒂格利茨（Stiglitz，1974）创新提出在自然禀赋约束与人为性资源约束两种状态下，一国该如何选择较优经济增长路径的方案。[⑤] 这一研究率先关注到自然资源约束的来源问题，将资源约束与经济社会行为统一起来，为完善资源约束问题分析框架提供了有益参考。还有学者在不可再生资源受到明显约束的条件下，研究了如何对其进行可持续开发，从而实现经

① Valente S. Sustainable Development, Renewable Resources and Technological Progress [J]. Environmental and Resource Economics, 2005 (30): 115 – 125.

② Corden WM, Neary JP. Booming Sector and De-industrialisation in a Small Open Economy [J]. Economic Journal, 1982 (92): 825 – 848.

③ Kraft J, Kraft A. On the relationship between energy and GNP [J]. Journal of Energy and Development, 1978 (3): 401 – 403.

④ McCain RA. Land in Fellner's Model of Economic Growth: Comment [J]. The American Economic Review, 1970 (3): 495 – 499.

⑤ Stiglitz J. Growth with Exhaustible Natural Resources: Efficient and Optimal Growth Paths [J]. Review of Economic Studies, 1974 (41): 123 – 137.

济可持续增长的问题（Dasgupta & Heal，1979），[①] 其研究与霍特林法则的研究具有类似的研究假设和结论导向，都认为开发成本是关键的平衡点，但仍然过分强调资源开发的经济性，一定程度忽略了负面影响。这些理论研究往往是基于发达国家经验和数据展开的，一旦研究对象转换到发展中国家的问题，由于这些国家往往是自然资源出口国，其经济条件使得学者们往往放弃了可以用进口来补充自然资源投入这一假设，使得研究结论和技术路线发生变化。奥蒂（Auty，1993）研究发现，委内瑞拉等国家由于自然资源丰富导致经济增长受限，从而提出"资源诅咒"概念。[②] 萨拉和苏布拉曼尼亚（Sala & Subramanian，2013）研究部分发展中国家数据后指出，丰富的石油资源储备导致了尼日利亚等国家对资源的过度消耗，造成了经济可持续增长能力不足。[③] 对比上一种观点的研究对象和结论，发展中国家的资源开发问题显然面临更多的约束，这种约束往往来自较低的经济实力和技术水平，或是更重的社会负担和负外部性问题。

三、区域经济增长与水资源利用

（一）关于区域经济增长差异与用水总量的关系

水资源是经济社会发展不可缺少的关键要素，不同的水资源供给水平会对区域经济增长产生不同程度的影响，已有研究对这一影响的分析主要有两种。

---

① Dasgupta PS，Heal G. Economic Theory and Exhaustible Resources ［M］. Cambridge：Cambridge University Press，1979：350 – 391.

② Auty R. Sustaining Development in Mineral Economics：The Resource Curse Thesis ［M］. London：Rout ledge，1993：395 – 413.

③ Sala – I – Martin X，Subramanian A. Addressing the Natural Resource Curse：An illustration from Nigeria ［J］. Journal of African Economies，2013（4）：570 – 615.

第一种是水资源对区域经济增长的影响机制差异，主要从水资源对经济增长的阻力和承载力两方面展开。

关于水资源阻力的研究主要从微观主体的资源开发利用行为及其产出作用展开。有学者认为水资源在很大程度上是一国经济发展的根本掣肘，经济增长促进财富增加，可以用于发展水系统和水资源的补充（Howe，1976）。[1] 诺德豪斯（Nordhaus，1992）进一步在水资源量受限和不受限两种情况下量化水资源约束效应，发现水资源对经济增长的约束水平会受到水资源弹性、劳动增长率及资本弹性等因素的影响，并证明科技进步无法完全抵消水资源约束作用。[2] 他与罗默的研究形成了自然资源投入阻尼效应分析的基本框架，为各类应用研究提供了可供调节和优化的模型参考。这一模型早期大量应用于水资源高度缺乏的中东国家问题研究，后逐渐拓展至各个地区。格赖姆斯（Grimes，2001）认为水资源的产出、取用都会影响人类发展和自然环境的协调关系，水资源使用压力将随着人口规模扩大而显著增加，从而影响经济增长的长期活力。[3] 劳茨等（Lautze et al.，2005）分析了以色列的水资源配置与经济增长、社会发展和气候变化间的相互关系，并建议通过加强水资源管理来缓解水资源约束。[4] 水资源阻力研究主要是基于加入水资源投入的柯布—道格拉斯函数进行的，根据研究问题和范围不同，在构建函数时学者们常常进行针对性调整，其模型特点在于能够对某一区域在特定时间范围内水资源阻力的总体水平

---

[1] Howe W. The Effects of Water Resource Development on Economic Growth: The Conditions for Success [J]. Natural Resources Journal, 1976 (4): 939 –955.

[2] Nordhaus WD. Lethal Model 2: The Limits to Growth Revisited [J]. Bookings Papers on Economic Activity, 1992 (2): 1 –43.

[3] Grimes PM. Urbanization and Water in the Northern San Joaquin Valley [D]. California: University of California, 2001.

[4] Lautze J, Reeves M, Vega R, et al. Water Allocation, Climate Change, and Sustainable Peace: The Israeli Proposal [J]. Water International, 2005 (2): 197 –209.

进行估计,虽然受限于统计数据的连续性和平衡增长路径假设,其结论往往不够精确,但由于具有较高的适用性和较低的量化难度,仍然被广泛用于资源约束问题研究。

关于水资源承载力的研究主要基于中观的水资源供需关系展开,对资源禀赋与发展需求的时空差异问题进行讨论。哈里斯等(Harris et al.,1999)测算了全球范围内的典型农业区域中,农业水资源对农业生产的最大承载能力,并将其纳入水资源承载力综合评价模型进行讨论。[①] 也有学者研究指出水资源承载力对于全球特别是亚洲地区农业经济的发展至关重要。[②] 优斯咨询公司对佛罗里达州主要流域的水资源承载力进行了全面分析,并提出水资源承载力对不同区域的经济发展潜力有差异化的影响(National Research Council,2002)。[③] 赫德林(Hedelin,2007)提出流域发展规划应当根据水资源承载力制定,只有按照可持续发展理念来制定相关评估标准和规则,才能保障长远发展目标。[④] 承载力研究更多的是从水资源系统本身的特征和运行规律入手,对其可开发和供给上限进行估计,并根据一定比例换算成可支撑的经济系统规模,但常常会忽略经济发展对水资源系统的反作用,因此其多用于截面或短期问题分析。

第二种是水资源利用量对区域经济增长的影响水平差异,这类研究多是应用上述影响机制研究的相关成果,或对其理论模型进行相应调整后进行的区域用水数据和经济数据关系的实证研究,根据理论基

---

① Harris J M, et al. Carrying in Agriculture Globe and Regional Issue [J]. Environment Impact Assessment Review,1999(3):443–461.

② Tanaka H. Strengthening Solidarity among the Asian Monsoon Countries for Establishing Sustainable Water Policy for Agriculture [J]. Paddy and Water Environment,2008(1):1–3.

③ National Research Council. A Review of the Florida Keys Carrying Capacity Study [R]. Washington DC:National Academy Press,2002:1–47.

④ Hedelin B. Criteria for the Assessment of Sustainable Water Management [J]. Environmental Management,2007(2):151–163.

础、使用模型和数据选取不同，主要可分为三类：

一是基于柯布—道格拉斯生产函数的增长尾效研究。这类研究多是根据水资源阻力理论展开的应用研究。考虑到与本书研究主题的相关性，此处重点综述我国水资源的增长尾效问题，相关研究主要关注改革开放以来用水总量或农业用水与经济增长的关系。谢书玲等（2005）计算得出中国 1981～2002 年水资源的经济增长尾效为 0.001397。[①] 杨杨等（2007）计算得到 1978～2004 年水资源增长阻尼为 0.0026。[②] 可见，由于对经济增长的指标选择和对数据的处理方式有差异，学者们对相同时间段的水资源增长尾效估计水平也有差异。王学渊等（2008）经过模型估算发现，我国农业用水总量对 1997～2006 年农业产出效率的尾效达到了 0.1121%。[③] 聂华林等（2011）运用尾效方程计算发现我国农业水资源利用水平对农业产业增加值存在明显的正向阻尼，其效应估算结果为 0.0755%。[④] 这些研究显示，农业领域的水资源阻尼明显强于其他领域，也符合我国水资源利用以农业为主的结构特征。姚永玲（2008）分析了水资源和人力资源对中国经济增长约束水平的区域差异，发现经济发展水平越高的地区对于水资源的依赖越强。[⑤] 刘耀彬等（2011）分析了内生经济增长模型下中部地区六个省份的水资源阻力水平，发现水资源约束水

① 谢书玲，王铮，薛俊波．中国经济发展中水土资源的"增长尾效"分析［J］．管理世界，2005（7）：22 - 25 + 54.

② 杨杨，吴次芳，罗罡辉，等．中国水土资源对经济的"增长阻尼"研究［J］．经济地理，2007（4）：529 - 532 + 537.

③ 王学渊，韩洪云．水资源对中国农业的"增长阻力"分析［J］．水利经济，2008（3）：1 - 5.

④ 聂华林，杨福霞，杨冕．中国农业经济增长的水土资源"尾效"研究［J］．统计与决策，2011（15）：110 - 113.

⑤ 姚永玲．不同资源要素对我国地区经济增长的作用［J］．地理与地理信息科学，2008（4）：39 - 43.

平最高的是安徽省，最低的是江西省。[①] 李芳等（2014）研究发现新疆地区用水规模对其正在开展的工业化改革有一定正阻尼，其效应为0.0606。[②] 综合国家和省级层面的水资源增长尾效研究发现，2013 年以前我国水资源利用主要呈现粗放式增长，在农业领域和经济发达地区更加突出。

二是基于 VAR 模型的水资源与经济增长互动关系研究。这类研究关注的仍然是用水总量或农业用水与经济增长关系问题，但由于VAR 模型对指标选择的限制较少，研究结论更加清晰和全面。邓朝晖等（2012）进行广义脉冲响应分析和预测方差分解发现，中国经济增长与水资源利用存在长期稳定的均衡关系及动态变化。[③] 潘丹和应瑞瑶（2012）计算了我国历年农业用水总量与农业增加值间的动态变化关系，并根据协整理论推算了其因果关系。[④] 许永欣和马骏（2017）基于 2002～2014 年省级农业用水量与经济增长面板数据构建VAR 模型，发现东部地区农业用水量和经济增长呈负相关关系、中部地区呈正相关关系、西部地区正负相关关系均存在。[⑤] 相对于水资源增长尾效研究，基于 VAR 模型开展的研究对于既定水资源投入规模下的经济增长水平具有独特的解释方法和较好的预测能力，使得研究结论更加关注中长期的趋势问题。

三是基于 EKC 曲线的水资源约束变化特征研究。由于关注点大

---

①　刘耀彬，杨新梅，周瑞辉，等. 中部地区经济增长中的水土资源"增长尾效"对比研究 [J]. 资源科学，2011（9）：1781 – 1787.

②　李芳，张杰，张凤丽. 新疆新型工业化进程中资源环境"尾效"的计量分析 [J]. 统计与决策，2014（13）：138 – 140.

③　邓朝晖，刘洋，薛惠锋. 基于 VAR 模型的水资源利用与经济增长动态关系研究 [J]. 中国人口·资源与环境，2012（6）：128 – 135.

④　潘丹，应瑞瑶. 中国水资源与农业经济增长关系研究：基于面板 VAR 模型 [J]. 中国人口·资源与环境，2012（1）：161 – 166.

⑤　许永欣，马骏. 基于面板 VAR 模型的农业用水与农业经济增长关系研究 [J]. 山东农业科学，2017（5）：159 – 163.

多集中在用水量的变化特征上，对研究模型的限制更少，这类研究的对象较为广泛，对总用水、农业用水、工业用水、城乡用水、生态用水等均有分析，且有学者关注到了南北地区用水差异问题。宋先松等（2005）根据我国南北地区水资源禀赋、人口分布、耕地规模、产业发展等方面特征，对国内的用水矛盾、水污染扩散等突出问题进行了针对性分析。[①] 该研究是较早关注到南北用水差异对经济增长影响的文献，但由于缺乏完整的理论框架和实证分析，其结论对水资源约束下的南北差距缺乏足够的解释力。贾绍凤等（2004）率先运用环境库兹涅茨曲线（Kuznets Curve）理论，分析了我国工业水资源利用水平与工业经济规模扩张间的动态关系及变化逻辑。[②] 此后刘渝等（2008）[③]、刘红梅等（2009）[④]、张陈俊和章恒全（2014）[⑤]、张兵兵和沈满洪（2016）[⑥] 先后检验了全国总用水、农业用水和工业用水与经济增长的关系，发现两者之间关系有多种类型，根据不同观察时间和区域，可能会表现为"N"型、倒"N"型、倒"U"型和"U"型等多种形态。路宁和周海光（2010）提出中国城市用水压力与人均 GDP 符合倒"U"型 EKC 曲线关系，发现人均 GDP 达到 13 333 美元左右时曲线普遍会进入拐点。[⑦] 张月等（2017）发现中国人均用水

① 宋先松，石培基，金蓉. 中国水资源空间分布不均引发的供需矛盾分析 [J]. 干旱区研究，2005（2）：162 – 166.

② 贾绍凤，张士峰，杨红，等. 工业用水与经济发展的关系：用水库兹涅茨曲线 [J]. 自然资源学报，2004（3）：279 – 284.

③ 刘渝，杜江，张俊飚. 中国农业用水与经济增长的 Kuznets 假说及验证 [J]. 长江流域资源与环境，2008（4）：593 – 597.

④ 刘红梅，李国军，王克强. 中国农业虚拟水"资源诅咒"效应检验基于省际面板数据的实证研究 [J]. 管理世界，2009（9）：69 – 79，90.

⑤ 张陈俊，章恒全. 新环境库兹涅茨曲线：工业用水与经济增长的关系 [J]. 中国人口·资源与环境，2014（5）：116 – 123.

⑥ 张兵兵，沈满洪. 工业用水库兹涅茨曲线分析 [J]. 资源科学，2016（1）：102 – 109.

⑦ 路宁，周海光. 中国城市经济与水资源利用压力的关系研究 [J]. 中国人口·资源与环境，2010（S2）：48 – 50.

量与人均国内生产净值（net domestic product，NDP）、工业用水量及工业经济增长变化符合 EKC 曲线特点，且科技进步和产业结构优化能够促进拐点出现。[1] EKC 曲线本身的阶段性特征决定了相关研究主要关注水资源与经济增长关系变化节点，从而能够推断经济社会的发展水平和资源开发利用能力，有利于开展区域比较和阶段分析。

（二）关于区域经济增长差异与用水结构的关系

虽然区域经济增长差异与用水总量关系的研究已经关注到了不同类别用水差异对区域经济或产业经济增长的影响差异，但多从单一类别用水影响展开分析，对用水结构与经济增长结构的关系研究仍然不足，有学者开始从经济增长结构和不同类别用水占比之间的动态演化特征入手，拓展水资源与经济增长的结构性关系问题研究，研究重点多集中在二三产业领域，从水资源供给视角出发，为推进我国产业结构优化提供理论支撑和经验证据。王浩等（2004）指出工业用水量增长水平明显低于工业产值增长水平，原因在于工业结构调整较快且节水效果显著。[2] 孙爱军和胡永法（2007）研究了三次产业结构与各类用水比例间的变化关系，进一步分析了行业结构与用水量占比的动态关系，提出了用水结构变化比例与产业占比变化比例的定量关系。[3] 章恒全等（2016）通过测算各省经济增长阻力发现，水资源短缺对第三产业的影响最大。[4]

---

① 张月，潘柏林，李锦彬，等. 基于库兹涅茨曲线的中国工业用水与经济增长关系研究 [J]. 资源科学，2017（6）：1117–1126.

② 王浩，汪党献，倪红珍，等. 中国工业发展对水资源的需求 [J]. 水利学报，2004（4）：109–113.

③ 孙爱军，胡永法. 产业结构与水资源的相关分析与实证研究：以淮安市为例 [J]. 水利经济，2007（2）：446–453.

④ 章恒全，张陈俊，张万力. 水资源约束与中国经济增长：基于水资源"阻力"的计量检验 [J]. 产业经济研究，2016（4）：87–99.

由于对用水结构问题的研究相对复杂，涉及领域较广，很多学者将研究范围集中在一省或毗邻区域内，使得研究结论更加清晰和全面，提出的对策建议也更具操作性。华坚等（2018）测算了西北五省水资源对三次产业经济增长的阻尼，发现第二产业的水资源阻力最大，运用结构偏差系数进行了测算，发现用水结构与产业结构不协调现象严重。[①] 穆新伟和任建兰（2003）以山东省为例，针对区域用水需求变化和经济发展需求间的平衡关系进行了动态考察，发现工业生产规模扩大与整体用水总量提升有明显的相关关系，特别是耗水工业规模及其扩张速度对区域用水需求有着显著的影响。[②] 雷社平等（2004）以北京市为例分析了产业结构与水资源需求变化的关系，发现第三产业经济占比提高有助于缓解水资源约束。[③] 相关研究在进行用水结构分析时使用的方法和工具仍然以 VAR 模型和 EKC 曲线理论为主，但由于观察到了多个领域或多个类别用水的动态特征演化关系，因此体现了其对用水结构问题的分析。

（三）关于区域经济增长差异与用水效率的关系

在对于区域经济增长差异与用水总量关系的研究中，学者们普遍认为化解水资源约束的关键在于提高用水效率，事实上，由于通用的用水效率指标本身就代表水资源利用与产出的关系，因此大量关于用水效率的研究中实则包含了对区域经济增长的分析，研究主要从两方面展开。

一是对用水效率与经济发展耦合协调关系的研究。盖美等

① 华坚，张瑶瑶，王丹，等. 西北五省水资源消耗对经济增长的影响［J］. 水利经济，2018（4）：1 - 6.

② 穆新伟，任建兰. 山东省经济增长与资源需求互动关系探讨［J］. 山东师范大学学报（自然科学版），2003（4）：41 - 45.

③ 雷社平，解建仓，黄明聪，等. 区域产业用水系统的协调度分析［J］. 水利学报，2004（5）：14 - 19.

（2013）根据数据特征对水资源和经济增长系统的相关指标进行了赋权，从而建立了复合型评价指标体系，并据此对辽宁沿海经济带、大连市等地区用水规模与经济增长、社会发展等系统间的耦合协调关系展开了全面评价和判定，也对水资源与社会经济发展之间的协调关系进行了评价。[①] 孙爱军等（2008）计算了我国城市发展与用水效率的耦合协调度。[②] 马海良等（2012）发现城市化有利于提高各类资源利用效率，城市化率每提高 1%，水资源综合利用效率将提高 7.68%，而总用水量将提高 0.58%。[③] 邢霞等（2020）计算了 2004～2018 年黄河流域用水效率和经济发展耦合协调度，发现流域经济发展水平明显滞后于用水效率，尚未实现优质协调发展。[④] 王利文（2004）以西北地区为例，分别计算了水资源量、用水效率和用水结构变化对经济增长的贡献，发现用水效率提升时的贡献度最高，并据此测算了西北地区的节水潜力。[⑤] 由于耦合协调度模型对数据选取的限制较少，相关研究的指标体系较为丰富，这也导致其结论受数据处理方式的影响较大，因此结论的一致性较低。

二是对水资源利用与经济增长的脱钩效应的研究，这类研究关注的是用水效率提升到一定阶段后的问题，因此对于我国情况的研究较少，出现较晚。罗克（Rock，1998）根据环境库兹涅茨曲线理论，研究发现经济增长与水资源利用存在倒 "U" 型特征，当经济增长翻

[①] 盖美，王宇飞，马国栋，等 . 辽宁沿海地区用水效率与经济的耦合协调发展评价 [J]. 自然资源学报，2013（12）：2081－2094.

[②] 孙爱军，董增川，张小艳 . 中国城市经济与用水技术效率耦合协调度研究 [J]. 资源科学，2008（3）：446－453.

[③] 马海良，黄德春，张继国，等 . 考虑非合意产出的水资源利用效率及影响因素研究 [J]. 中国人口·资源与环境，2012（10）：35－42.

[④] 邢霞，修长百，刘玉春 . 黄河流域水资源利用效率与经济发展的耦合协调关系研究 [J]. 软科学，2020（8）：44－50.

[⑤] 王利文 . 西北地区水资源对经济增长的支撑潜力研究 [J]. 农业技术经济，2004（2）：38－42.

越倒"U"型顶部后，经济增长与水资源利用呈现脱钩趋势。[①] 布鲁恩等（Bruyn et al.，1997）认为，环境破坏与经济发展实现逐渐"脱钩"，其本质上是经济产出过程对自然资源利用水平和排放水平均逐渐降低的过程，当然也不排除经济发展可能与环境污染同时增长或同时降低的过程，我们可以将这一过程定义为"复钩"。[②] 还有学者根据脱钩程度将脱钩效应分为了衰退、弱、强等三种脱钩状态，根据同样逻辑将复钩效应分为扩张性、弱、强等三种复钩状态（Vehmas et al.，2003）[③]。塔皮奥（Tapio，2005）拓展了脱钩状态研究，将复钩效应与脱钩效应的逻辑统一起来，以负脱钩对应复钩，并进一步增加了耦合形态，形成了 8 种脱钩形态。[④] 有学者（Nakayama et al.，2010）以我国辽宁省大连市为例，基于已有脱钩模型分析了大连短期内的用水总量与 GDP 等经济指标间的脱钩关系。[⑤] 也有学者进一步拓展了多个国内城市，以我国一线特大城市的北京、上海、广州等为主，采用比较研究的视角分析了各个城市间用水与经济增长脱钩特征的关系（Wang et al.，2018）。[⑥] 可见，经济增长与水资源利用脱钩的现象在 20 世纪的发达国家或地区就已经出现，我国用水效率提升较慢，直到 2016 年前后相关研究才关注这一问题。

[①] Rock MT. Freshwater Use, Freshwater Scarcity, and Socioeconomic Development [J]. The Journal of Environment & Development, 1998 (3)：278 – 301.

[②] Bruyn SM, Opschoor JB. Developments in the Throughput – income Relationship：Theoretical and Empirical Observations [J]. Ecological Economics, 1997 (3)：255 – 268.

[③] Vehmas J, Kaivo O, Luukkanen J. Global Trends of Linking Environmental Stress and Economic Growth [M]. Turku：Finland Futures Research Centre, 2003：6 – 9.

[④] Tapio P., Towards a Theory of Decoupling：Degrees of Decoupling in the EU and the Case of Road Traffic in Finland Between 1970 and 2001 [J]. Transport Policy, 2005 (2)：137 – 151.

[⑤] Nakayama T, Sun Y, Geng Y. Simulation of Water Resource and Its Relation to Urban Activity in Dalian City, Northern China [J]. Global and Planetary Change, 2010 (3)：172 – 185.

[⑥] Wang Q, Jiang R, Li R. Decoupling Analysis of Economic Growth from Water Use in City：A case Study of Beijing, Shanghai, and Guangzhou of China [J]. Sustainable Cities and Society, 2018 (41)：86 – 94.

第三节　讨论：何为水资源约束下的
南北经济增长差异

一、讨论基础

（1）区域经济增长是经济学研究的永恒主题，区域经济增长相关理论一直在尝试回答区域经济增长差异及自然资源投入影响的问题。古典经济学对自然资源供给持明显的悲观态度，强调自然资源的稀缺性，在一定程度上忽视了经济社会组织结构、科技进步对资源约束的反作用力。虽然古典经济学并没有形成直接针对水资源约束问题的理论，且大部分资源约束理论是以土地为基础进行分析的，但这很大程度上是由于当时水资源利用水平不高，稀缺性不突出，其理论思想仍然适用于水资源约束问题，特别是资源从绝对稀缺向相对稀缺发展的问题，与马克思"人与自然关系"的分析在内核上有相似之处，更加接近当下水资源和经济发展关系的实际情况。后来的现代经济增长理论在一定程度上承认了自然资源约束作用的存在，特别是新经济增长理论已经量化了各类自然资源投入对经济增长的约束作用，将对于资源环境与经济增长之间关系的研究推向了实证阶段，但相关理论在解释经济增长原因时，仍然单纯地将人力资本和知识积累、科学技术进步与革新作为可以突破自然资源约束的要素，包括后来的新制度经济理论，都认为技术和制度的改进能够弥补甚至抵消资源约束对经济增长产生的负面作用，忽略了科技进步的速度和资源消耗速度在经济发展过程中实际上是存在动态差异的，对于二者间的匹配协调程度如何影响经济增长水平等问题并未给出完整解释。事实上，各国数十年发展的经验证明，资源环境危机已经严重影响到全球各个区域的经济增长，抛开自然资源环境约束与经济发展水平间关系的变化而孤立看待经济增长问题，是空洞且苍白的。总体来看，西方经济学中对资源约束下的区域经济增长分析采用了动态一般均衡方法，把区域经济增长看作理性主体进行群体最优化行为选择的动态过程，通过建立资源约束的数理条件，将区域经济系统在约束条件下迈向均衡增长路径的过程表述为一组微分或差分动力方程，通过探讨这组动力方程的稳定性质及动态特征，理解资源约束下经济增长过程和增长极限。值得注意的是，虽然水资源约束下的区域经济增长过程基本符合上述理论的假设条件和模型框架，但相关理论主要是基于土地资源约束进行的演化，而水资源与土地资源有诸多差异，特别是其分布具有较强的时空差异性，且用途更加广泛，利用过程也更加复杂，水资源约束下的区域经济增长差异问题研究，需要在优化现有经济增长理论的同时，拓展其他学科理论进行分析。

（2）我国经济增长南北差距逐渐成为公认现象，其成因主要在于南北地区的经济体制、产业结构和资源环境等方面的差异，但目前尚无水资源约束下南北地区经济增长差异的相关研究。当下学者们普遍观察到经济增长南北差距现象自改革开放以来已经出现，长期与东西差距现象持续并存，2013 年以来南北差距出现加速扩大趋势。目前研究主要集中在 2013 年后南北差距加速扩大的原因上，一般认为其影响因素包括所有制结构、产业结构、工业门类、固定资产投资、市场发育程度、地理区位、政策力度、经济体制、思想观念、技术创新、资源配置、金融体系、商业文化和新兴经济发展水平等。也有研究提出"主因论"的观点，认为资源要素、经济结构、体制机制是造成差异的主要原因，其他因素影响水平较低。总体来说，研究普遍是针对短期或中期的南北经济增长差异现象及其主要成因，鲜见从资源角度对南北差距进行的细化研究，以及对经济增长差异趋势的预测和进一步的讨论，也尚无从水资源约束角度对南北地区经济增长差异展开的分析和研究。

（3）自然资源约束对区域经济增长会产生明显的影响，这一影响作用在资源丰富地区和资源贫困地区有着差异化的体现，据此展开的针对资源禀赋与区域经济增长之间关系的研究相对丰富。自然资源丰富的地区常常受到"资源诅咒"，导致经济发展滞后，主要原因是经济增长对粗放式资源投入的过度依赖，但目前研究主要集中在发展中国家的能源矿产领域，对水资源是否存在"资源诅咒"的研究不足。水资源与其他自然资源有较大差异，突出体现在水资源用途多样且产出弹性不高，已有大量研究指出水资源不足会对经济增长产生"资源约束"。我国西部地区水资源相对丰富，东西差距印证着"资源诅咒"现象，而南北差距扩大显然不符合"资源诅咒"，这是否与北方水资源匮乏有关，仍需进行进一步研究。

（4）水资源利用对区域经济增长的约束作用客观存在且有多种表现，包括对经济规模扩大、特定产业发展以及发展质量提升的约束等，目前针对我国区域水资源利用与经济增长间关系问题的研究比较丰富，承载力、增长尾效、EKC 曲线、VAR 模型、耦合协调、脱钩等是学者们常用的理论方法。水资源利用与经济增长间存在双向因果关系，水资源利用对经济规模、增长速度、产业结构和城市化水平都会产生一定影响，对工业领域的产出影响最为显著。我国南北地区经济增长和水资源禀赋差异决定了水资源约束对南北地区经济社会的影响是全方位且有较大差异的，加之当下我国对水资源利用和管理的区域化趋势更加明显，而具体的影响水平、作用机制等仍需进行进一步讨论。

（5）水资源约束下区域经济增长差异本质是水资源供需关系差异，水资源供需关系则与用水总量、结构和效率等有内在联系，目前鲜见从用水总量、结构和效率结合视角展开的对区域经济增长影响问题的研究。水资源约束根本源于经济社会发展脱离水资源供给能力，当水资源总量不足时，学者们普遍认为应当从用水结构和用水效率着手改善水资源约束问题，并针对用水结构、用水效率与区域经济增长关系进行了一定的探讨，但目前的研究多是针对局部地区、个别流域或特定产业展开的针对性研究。南北地区水资源利用差异本质是丰水和贫水地区的水资源利用差异，现有研究并未充分解释这一差异与经济增长差距的联系，亟须从区域资源禀赋和发展实际入手展开相关研究。

二、何为"水资源约束"

水资源约束是自然资源约束的一种，根本源于水资源的稀缺性以及水资源功能对经济社会发展的支撑性，一般体现为水资源利用水平对经济增长的约束作用。鲍超和方创琳（2006）将水资源约束定义为：各类因素对水资源利用行为的约束。定义水资源约束首先需要厘清水资源及其开发利用行为的科学内涵。[①] 广义的水资源是指水源中能够被利用或有可能被利用的部分，这一部分水源需要保持足够的规模和合适的质量，并能够确实地在某地或某段时间被需要利用。[②] 狭义的水资源是指在一定的技术条件下，容易被人类利用的淡水资源，包括地表水和地下水。[③] 本书所述的水资源指我国境内的地表水资源与地下水资源之和。水资源利用亦称为水资源开发利用，是指人类对

---

① 鲍超，方创琳. 水资源约束力的内涵、研究意义及战略框架 [J]. 自然资源学报，2006（5）：844－852.

② WMO, UNESCO. International Glossary of Hydrology：Glossaire International ［EB/OL］. UNESCO. 2012－08－12. https：//library. wmo. int/index. php？lvl＝notice_display&id＝7394#. YUHvO2if7rk.

③ 国家统计局. 中国统计年鉴2020 ［M］. 北京：中国统计出版社，2020.

水资源的开发、管理、使用、保护等一系列行为。水资源时空分布不均加之区域经济发展对水资源需求差异，使得水资源利用在不同时间不同区域呈现不同状态。《中华人民共和国水法》规定，水资源开发应当坚持兴利与除害相结合，兼顾上下游、左右岸和有关地区之间的利益，充分发挥水资源的综合效益，并服从防洪的总体安排。①

本书所指的水资源约束，本质上是在一定时空尺度下水资源供需之间的矛盾关系，按照供需关系差异可分为两种：一是水资源不足的约束。在一定时空条件下，水资源供给难以满足经济社会发展需求，会造成经济社会效率损失或发展速度放缓、可持续发展能力减弱的状态。二是水资源过剩的约束。在一定时空条件下，水资源可利用量超出经济社会发展需求，使得经济社会发展过度依赖水资源规模开发和粗放利用，导致产业结构、增长质量、发展效率偏低，造成经济增长质量偏低的约束状态。水资源过剩的约束可以理解为水资源对经济增长质量的约束，但由于我国经济增长往往伴随着水资源利用效率提高、产业结构优化和发展质量提升，因此这一情况相对较少，一般存在于经济发展水平不高且水资源相对丰富的地区。

本书研究的水资源约束具有如下特征。

（1）时空差异。由于水资源禀赋、水资源利用行为和经济社会发展水平在不同地区不同阶段具有一定差异，导致特定条件下的水资源供需关系具有明显差异，从而形成水资源约束的时空差异性。因此水资源约束总是与一定的社会经济发展水平、水资源禀赋、水资源利用方式相联系，会根据水资源系统运行状况、水资源系统所支撑的社会经济系统规模、社会经济发展对水资源开发利用方式的变化而变化。

（2）强度可控。水资源约束水平取决于水资源供需关系，而水

① 引自《中华人民共和国水法》（2016年第二次修正）第三章第二十条。

资源供需关系取决于社会经济系统规模、水资源承载能力以及水资源开发行为间的协调水平，由于经济社会增长水平与水资源开发利用行为具有一定的可调控性，因而水资源约束也具有可调控性。即可通过政策、技术、管理等各种手段，提高水资源系统与社会经济系统的协调程度，降低水资源对经济社会的约束水平。

（3）多重影响。水资源的多重功能决定了水资源供需矛盾的多重性，因而形成水资源约束的多重性。水是生命之源、生产之要、生态之基，水资源供需矛盾不仅包括经济生产扩张与水资源供给之间的矛盾，还包括居民生活水平提升、人口规模扩大以及生态环境稳定运行与水资源供给之间的矛盾。各类矛盾在不同时期、不同区域的主次性有所差异，若优先保证生活和生态用水，则生产用水可能不足，导致经济可持续增长受到约束；若优先保障生活和生产用水，则可能会产生水资源利用方式不合理等问题，不断挤占生态用水需求，造成区域生态环境恶化。

三、何为"南北地区"

关于南方地区的划分，1908 年地理学家张相文首次提出"北岭淮水"为我国的"南北分界线"，[①] 其中北岭即秦岭。随着地理学科的发展，秦岭—淮河线的含义也逐渐被完善和扩充，其不仅是中国南北地区的地理分界线，更是气候分界带。传统地理学认为，中国北方地区为秦岭—淮河线以北、内蒙古高原以南、大兴安岭、青藏高原以东、东临渤海和黄海的广大地区，主要由西北地区、华北地区和东北

---

① 张相文. 新撰地文学 [M]. 长沙：岳麓书社，2013：105.

地区组成,[①] 行政区划包括北京、天津、河北、河南、山东、黑龙江、吉林、辽宁、内蒙古、陕西、山西、甘肃、宁夏、青海、新疆以及江苏北部地区、安徽北部地区、四川西北部的若尔盖地区等。南方地区由东南、中南和西南地区组成,行政区划包括上海、浙江、江苏、福建、安徽、江西、湖南、湖北、广东、广西、海南、四川、重庆、云南、贵州、西藏、台湾、香港、澳门,以及河南南阳、信阳,陕西安康、商洛、汉中、甘肃陇南。在经济地理学的研究中,有时会将长江干流河道作为划分边界,长江(包含河道)以南作为南方地区,长江(不含河道)以北作为北方地区,这样的划分方法与传统划分方法的差别在于,这样划分时北方地区面积更大,四川、重庆、湖北、安徽、江苏的部分地区被划入北方。[②] 中华人民共和国成立初期划分的六大区,即华北、东北、华东、中南、西南、西北六大行政区,实际上也形成了我国南北地区的分界线,但其划分依据主要是政治和军事,经济意义和指导性不强。2006 年印发的《中共中央　国务院关于促进中部地区崛起的若干意见》和 2001 年国务院办公厅转发的《国务院西部开发办关于西部大开发若干政策措施的实施意见》将全国经济区域划分为东部、中部、西部和东北四大地区,又将西部地区分为西南和西北两大区域分别制定政策,暗含了对南北地区经济范围的界定。

本书参考《中华人民共和国年鉴 2020》[③],以秦岭—淮河线作为我国南北地区的基本分界线,将处于分界线上的甘肃、四川、陕西、河南、安徽、江苏等省份归入其面积占比更大的一方,与现有文献基

---

① 杨海珍. 我国北方地区开放大学发展展望 [J]. 辽宁师专学报(社会科学版),2015(12):102 – 104.

② 蔡慧敏. 中国南北地区居民生活人均二氧化碳排放影响因素分析 [D]. 广州:暨南大学,2016.

③ 中华人民共和国年鉴社. 中华人民共和国年鉴 2020 [M]. 北京:新华出版社,2021:30.

本保持一致，新疆、西藏根据其地理位置分别归入北方地区和南方地区，香港特别行政区、澳门特别行政区、台湾地区考虑到数据可得性原因，暂不列入研究范围。因此，本书所研究的南方地区包括上海市、浙江省、江苏省、福建省、安徽省、江西省、广西壮族自治区、广东省、海南省、湖南省、湖北省、四川省、重庆市、云南省、贵州省、西藏自治区，共 16 个省（自治区、直辖市）；北方地区包括黑龙江省、辽宁省、吉林省、北京市、天津市、河北省、山西省、河南省、山东省、内蒙古自治区、陕西省、甘肃省、宁夏回族自治区、青海省、新疆维吾尔自治区，共 15 个省（自治区、直辖市）；我国香港特别行政区、澳门特别行政区和台湾地区暂不列入研究范围。

四、何为"南北地区经济增长差异"

关于南北地区经济增长差异的内涵特征。目前学界有四种定义方法：一是"南北差距"，又称南北地区经济发展差距。陈龙（2002）从经济发展速度差异的角度，提出南北地区存在经济差距扩大化现象。[①] 杨多贵等（2018）认为南北地区在经济总量和人均收入两个维度上存在发展差距及失衡情况。[②] 盛来运等（2018）认为，2012～2017 年我国区域发展的"南快北慢"特征为南北经济差距问题。[③] 郑艳婷等（2021）提出 2008 年以来我国南北经济增速加速向"南快

① 陈龙. 我国南北地区经济差距扩大化研究 [J]. 重庆大学学报（社会科学版），2002（2）：7-10.
② 杨多贵，刘开迪，周志田. 我国南北地区经济发展差距及演变分析 [J]. 中国科学院院刊，2018（10）：1083-1092.
③ 盛来运，郑鑫，周平，等. 我国经济发展南北差距扩大的原因分析 [J]. 管理世界，2018（9）：16-24.

北慢"格局转变,南北差距不断扩大。① 二是"南北分化"。郭妍和张立光(2018)以江苏和山东为例,将南北地区在 GDP 增速、产业结构、经济成分、新业态发展上的差异及变化趋势定义为南北分化。② 三是"南北问题"。这一定义出现在改革开放初期至 20 世纪末期的相关研究中,李向平和王广林(1993)分析改革开放以来中国地区经济增长格局变化发现,京、津、沪、辽、黑等先发地区经济由相对高速增长转变为低速增长,而原本落后的鲁、苏、浙、闽、粤等地区经济则由低速增长转变为高速增长,并将此定义为中国"南北问题"。③ 四是"南北差异"。这一定义与南北差距定义的思路有相似之处,吴殿廷(2001)通过观察南北地区人口、收入、经济增长速度等方面差异,将经济增速南快北慢的不平衡现象定义为中国经济增长的南北差异。④ 陈钊(1999)将改革开放以来我国东、中部地区各省份 GDP 增速由南向北递减现象称为南北发展差异。⑤

关于南北地区经济增长差异的时间节点。2000 年以前的相关研究普遍认为 1978 年以来我国南北地区经济增速差距呈现出持续扩大现象。例如,李向平和王广林(1993)分析了 1952~1989 年我国南北地区中部分板块的 GDP 年均增长率、国民收入增长率、价格指数等指标。李二玲和覃成林(2002)等考察了 1978~2000 年南北地区差异变化的动态特征。⑥ 2000 年后特别是 2018 年以来的相关研究则

① 郑艳婷,杨慧丹,孟大虎. 我国南北经济增速差距扩大的机理分析 [J]. 经济纵横,2021(3):100-106.

② 郭妍,张立光. 我国区域经济的南北分化及其成因 [J]. 山东社会科学,2018(11):154-159.

③ 李向平,王广林. 中国地区经济增长格局中的"南北"问题 [J]. 社会科学辑刊,1993(1):51-58.

④ 吴殿廷. 试论中国经济增长的南北差异 [J]. 地理研究,2001(2):238-246.

⑤ 陈钊. 我国东、中部地区的南北发展差异 [J]. 地理研究,1999(1):79-86.

⑥ 李二玲,覃成林. 中国南北区域经济差异研究 [J]. 地理学与国土研究,2002(4):76-78.

更关注 2013 年前后南北地区经济增速的变化特征。例如，杨多贵
（2018）考察了 1953～2016 年间南北地区经济发展差异，提出 2013
年是南北差距扩大的时间节点，但并未对该节点出现的原因给出充分
解释。李善同等（2019）从价值链分工视角解释了 2013 年后南北地
区 GDP 增速的差距显著扩大现象的成因。[①]

本书从水资源约束视角观察南北地区经济增长差异，必须首先考
虑到 2000 年后我国各地区才形成相对完整且连续的水资源数据资料，
充分把握水资源利用数据统计口径的动态变化情况，同时兼顾经济增
长南北差距问题时效性，即应在东西差距缩小且南北差距扩大的背景
下观察南北地区经济增长差异问题，故选择我国区域经济发展战略从
非均衡发展转变为协调发展的时间节点，即以西部大开发战略实施时
间为起点，考察 2000～2021 年南北地区省级面板数据变化情况，描
述我国南北发展差距态势的事实特征和发展趋势。[②]

综上，本书所指南北地区经济增长差异，是指 21 世纪以来，我
国南北地区在经济增长部分指标上差距扩大的现象，与相关研究中所
指的南北问题、南北差距、南北差异在本质上并无差异。南北地区经
济增长差异并非南北经济社会的全面差距，其主要体现在与宏观经济
发展相关的指标中，譬如：南北地区 GDP 规模、GDP 增长率和人均
GDP 增长率等。

---

① 李善同，何建武，唐泽地. 从价值链分工看中国经济发展南北差距的扩大 [J].
中国经济报告，2019（2）：16 - 21.

② 由于部分省份 2022 年的水资源利用数据尚未公布，为保证分析一致性，本书数据
统一更新至 2021 年。

第二章

水资源约束下我国区域经济
增长差异的理论基础

随着我国城镇化、工业化进程不断加速，水资源供需关系发生深刻变革，不同地区水资源禀赋、开发利用方式和保护力度的差异导致其面临不同的水资源约束问题，特别是在气候变化、能源开发、人口流动等因素的联合作用下，北方地区资源性缺水问题持续加剧，南方地区水质性、工程性缺水等问题更加突出，严重影响着区域经济增长和社会稳定发展。因此需从水资源的基础功能入手，重新认识水资源约束及其对区域经济增长差异产生的影响，从而为认识和解释水资源约束下南北地区经济增长差异提供理论基础。

第一节　理论解释：水资源约束
还是水资源承载？

水资源利用与区域经济增长间是相互作用、动态演化的双向关系，相对于资本、劳动力等传统要素，水资源对经济增长的影响路径更加丰富，主要体现在两个层面：一是直接影响，即部分水资源会作为生产要素直接参与经济生产，形成含水产品；二是间接影响，即水资源会影响到其他生产要素的投入水平和产出弹性。因此，水资源对经济增长的影响方向往往表现为承载和约束两种状态。其中，水资源约束对区域经济增长的影响，一般表现为水资源系统运行产生的自然影响和由人类水资源开发利用导致的非自然影响两类，本书将这两种影响作用结合起来，重点关注水资源系统与社会经济系统的相互关系，搭建水资源约束下我国区域经济增长差异的分析框架，阐释用水行为与区域经济增长在总量、结构和效率三个维度下的双向影响机制，进而确立水资源约束下我国南北地区经济增长差异分析的理论逻辑。

一、生态论和极限论

对水资源约束的解释目前主要有两种：一种是"生态论"，即从水生态系统出发，认为水资源约束是经济社会发展导致可用水量减少而产生的水资源利用问题。[①] 可用水量不足一般来源于水资源量减少、水污染程度加重以及水生态环境破坏等方面因素。这一观点聚焦于人类水资源开发行为的负外部性，部分研究将水资源约束与降水量的多寡联系起来，阐释了水资源约束在资源供给侧的来源。

另一种是"极限论"，即从水资源承载力出发，认为水资源约束是社会经济发展超过水资源承载力的一种状态。水资源承载力是指在某一历史发展阶段，以可预见的技术、经济和社会发展水平为依据，以可持续发展为原则，以维护生态环境良性发展为条件，在水资源得到合理开发利用条件下，该地区人口增长与经济发展的最大容量，[②] 类似概念还有"可持续利用水量""水资源系统极限"等，代表着经

---

①② 鲍超，方创琳. 水资源约束力的内涵、研究意义及战略框架 [J]. 自然资源学报，2006 (5)：844 - 852.

济社会在水资源稀缺性和有限性前提下能够实现的最大发展水平，借助这类概念来定义水资源约束进而理解经济增长，实际描述的是新经济增长理论中的社会经济发展极限问题。

上述两种理解是基于传统经济理论框架下构建社会经济单系统模型进行的定义，都将水资源约束问题看作在既定水资源供给水平下，社会经济系统运行的问题，在一定程度上模糊了水资源与社会经济发展间相互作用的动态关系以及协调程度问题，同时也忽略了水资源利用结构、效率等其他特征对经济社会发展的影响。

在实际中，水资源利用与区域经济增长间是一种动态的双向关系，可以从两个层面来理解：一是人的水资源利用行为对水资源系统的影响。目前我国水资源利用途径主要包括农业灌溉、工业生产、居民生活、城镇景观等河道外取水，以及水力发电、水运船舶、水产养殖、水上景观娱乐等河道内用水。水资源合理利用能够促进经济社会发展，进一步推动用水理念革新、技术进步和制度改善等，能够实现用水结构优化和效率提升，保障水资源系统正常运行。但河道外取水需要在一定时间内占用并消耗一定规模的水资源，当经济社会取水过量时，可能会导致河道内径流量不足，水生态系统功能破坏，造成河床裸露、物种消减、土壤盐渍化等问题；河道内用水虽然不直接占用水资源，但会影响天然河道的水生态系统循环，特别是水电开发对天然河道的截断会导致鱼类洄游和地质问题。

二是水资源系统运行对经济发展的影响。这种影响一般表现为水资源对经济社会的承载和约束两种状态，根据水资源量对人口、产业等的支撑作用，水资源在时空上的分布水平决定着区域水资源利用规模的上限，即为水资源承载；当水资源利用行为超过承载限度时，例如河道外取水过多时，河道内径流量不足，水电、航运、养殖、旅游等产业发展受限，水生态环境恶化，影响人类生存环境，降低经济发展活力和居民生活水平，从而对经济发展产生限制作用，即为水资源约束。

二、用水总量、结构、效率的三重约束

从水资源约束的内涵可知，水资源约束对区域经济增长的影响存在于多个维度，因此理解水资源约束需要从水资源系统与社会经济系统的耦合关系入手，建立水资源—社会经济的复合系统框架，将水资源对经济增长的约束问题纳入框架。此处的社会经济系统是指国民经济系统，包括社会再生产过程中的生产、交换、分配、消费各环节中相互联系和相互作用的若干经济元素组成的有机整体。① 水资源系统指一定区域范围内人类可利用的各种形态的水所构成的统一体，一般包括大气水、地表水、土壤水和地下水，② 本书重点研究的是地表水和地下水。建立水资源—社会经济复合系统的关键在于，如何完整构建系统动力学过程，即水资源系统与社会经济系统交叉互动的过程。

从水资源开发利用行为的基本特征和逻辑视角，可将这一过程分为三个阶段：首先，社会经济系统会运行发展并形成一定规模、结构和效率的用水需求；其次，水资源系统为支撑社会经济系统发展而提供相应的水资源，但这种提供行为的规模和效率及其对社会经济系统需求的满足程度不是恒定的，往往与人类开发能力和自身运行状态有关；最后，社会经济系统会根据其发展需求的满足程度来进行自我调节、调整发展需求或干预水资源系统运行从而提升供给。

从区域经济增长视角进一步观察发现，水资源对区域经济增长的影响机制实际存在于两个环节中：一是人在水资源开发利用行为中获

---

① 高明，高红梅. 省域职业教育与经济社会协同发展水平评价 [J]. 现代教育管理，2017（1）：85 – 91.

② 张振龙. 新疆城镇化与水资源耦合协调发展研究 [D]. 乌鲁木齐：新疆大学，2018.

益；二是根据水资源系统情况进行自我行为调控，而这两个环节均是围绕水资源供需的总量、结构和效率展开的。

当然，上述的三段发展过程和两个关键环节，均是将水资源和社会经济复合系统置于区域发展要素系统中的运行结果。由于本书重点关注水资源系统运行和社会经济系统发展间的相互作用关系，故基于这两个系统在运行中产生的包括水资源供需的规模、结构、效率等维度的双向联系和影响机制，建立系统动力框架（见图 2-1）。

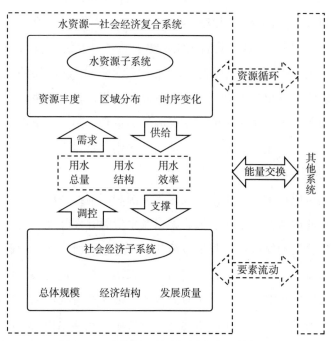

图 2-1 水资源—社会经济复合系统框架

如图 2-1 所示，区域经济规模增长、产业结构调整和发展质量提升，会导致对水资源的需求提升，这种提升包括用水总量、用水结构和用水效率等方面，当水资源供给水平受到资源禀赋、工程技术、制度管理等方面因素的影响，导致难以满足经济社会发展需求时，水资源便会反作用于经济增长，形成水资源约束，并对不同区域经济增长形成不同的影响。因此，水资源约束决定于经济社会发展水平与水资源利用的总量、结构、效率的一种匹配状态，不同经济增长水平下的水资源约束程度和表现形式有所差异。此处从水资源需求的规模、结构和效率出发进行具体阐述。

用水总量与区域经济增长。已有文献研究表明，我国用水总量与经济增长间符合倒"U"型的环境库兹涅茨曲线关系（贾绍凤等，2004；刘渝等，2008；刘红梅等，2009；张陈俊等，2014；张兵兵等，2016）。环境库兹涅茨曲线假说源于学者对经济增长与环境破坏关系的讨论。[1] 曲线特征代表着一国或某区域在经济增长的同时，用水总量随之呈现出先上升、后下降的曲线变化，其内在逻辑是随着经济增长加速，用水总量扩张，水资源供给达到上限，水资源约束倒逼用水结构调整和用水效率提升，从而使得用水总量下降，经济增长不依赖于用水总量的扩大。

由此可以推测，我国南北地区水资源利用与经济增长关系均符合库兹涅茨曲线特征，由于资源禀赋以及水资源开发强度具有差异，我国南北地区所遵循的曲线特征及演化时序可能有所不同。由此，当南北地区各省份水资源实际开发潜力不足或用水指标逼近最严格水资源管理制度中的控制上限时，水资源投入规模无法持续增加，经济增长也会放缓或停滞，进一步由南北地区各省份的差异累积形成用水总量约束下的南北地区经济增长差异。

用水结构与区域经济增长。本书所述的用水结构是指不同用途的水资源用量间的比例，我国用水结构的统计口径包括农业用水、工业

---

[1] Dinda S. Environmental Kuznets Curve Hypothesis: A Survey [J]. Ecological Economics, 2004 (4): 431 –455.

用水、生活用水和生态环境补水。目前我国学者关于用水结构的研究中，第一产业用水一般采用农业用水数据，第二产业用水采用工业用水数据，第三产业用水则采用生活用水数据，生态用水量较小，常常直接忽略。在此基础上，大量研究发现二三产业用水都与经济增长呈正相关关系，第一产业用水与经济增长呈弱负相关关系。由此来看，用水结构与产业结构的"高级化"对经济增长有相似作用，即农业用水占比减少会在一定程度上促进经济增长；反之，当区域用水总量明确时，较高的农业用水会挤占工业和其他用水，会在一定程度上造成水资源对经济增长的约束。

上述对用水结构约束的理解，在应用于我国区域经济增长约束问题分析时，仍有两方面需要完善：一是用水结构调整刚性问题。农业是基础性产业，农业生产事关我国战略安全，而粮食产量高度依赖农业水资源投入规模。我国规定 18 亿亩耕地红线，为保证有效灌溉和充足产出，在灌溉效率短期内难以快速提高的前提下，农业用水占比降低存在较强刚性。因此用水结构约束对经济增长差异的影响，可能还来源于南北地区农业有效灌溉面积的差异。

二是水资源制度约束问题。虽然目前我国水资源管理制度并未在全国范围内实行统一的产业用水量限制，但是在最严格水资源管理制度中，对农业和工业用水效率都进行了一定制度约束，当下的用水效率控制指标多为投入产出类指标，当经济产出水平保持稳定增长时，也就对产业用水量形成了一定制度约束。

另外，研究普遍忽略了生态用水的作用，实际上随着城镇扩规和人口集聚，城市生态环境用水已经对各类用水产生了一定挤占，特别是在缺水的西北、华北等地区，从而影响经济增长。这是由于城镇、生活用水与区域人口呈高度正相关，且具有一定刚性，在人口增长的同时会增加污水排放量，加之工业经济增长带来的废水排放量，使得在水资源管理制度中规定了重要水功能区水质达标率的前提下，某一区域，特别是工业和人口集中区，会需要增加生态用水来"冲污"，在一定程度上限制工业和城镇用水增长，进而降低经济增长水平，其本质是环境污染影响经济增长的朴素逻辑。当然，由于目前我国各地区生态用水占比仍然普遍较小，这种挤出作用对经济增长的负面影响并不突出。

用水效率与区域经济增长。用水效率即水资源利用效率，是建立在全要素生产率基础上的全要素环境效率。[①] 用水效率一般有两种解释角度和量化方法：一是投入产出率，即在一定区域范围内，水资源的投入规模与其相关的经济产出之间的比例，典型指标有万元 GDP 用水量、万元工业增加值用水量等。其出发点是用水量与经济总量或产业增加值间的关系，认为用水效率就是水资源投入规模对经济产出的影响，本质与用水总量约束无异。

二是有效投入率，即在一定区域范围内，水资源有效投入与初始水资源投入总量间的比例，典型指标有农田灌溉水有效利用系数等。有效投入的衡量标准有两种：一种是国内普遍使用的"用水定额"的概念，即在单位时间内，单位产品、单位面积或人均生活所需要的用水量，其逻辑与马克思主义政治经济学中的"社会必要劳动时间"概念类似，相当于"社会必要水资源投入"。用水定额一般可分为工业、居民生活和农业灌溉等三类，一般是随着经济增长、社会发展、科技进步水平间匹配关系的变化而进行动态调整的，如工业生产的用水定额和农业灌溉的用水定额，一般会由于科技进步而有所下降，生活用水定额往往代表着居民生活水平，因此会随着经济社会发展而逐渐提升。另一种是荷兰学者霍克斯特拉（Hoekstra，2003）提出的"水足迹"的概念，其认为日常生活中，在公众消费产品及服务过程

---

① 邢霞，修长百，刘玉春. 黄河流域水资源利用效率与经济发展的耦合协调关系研究 [J]. 软科学，2020（8）：44 – 50.

中所耗费的那些看不见的水就是该产品的水足迹。[①] 类似概念还有英国学者艾伦（Allan，1998）提出的"虚拟水"，即商品和服务中包含的水。[②] 这类概念泛化了水资源的存在形式，从而使其更加贴近经济社会生产过程，由于水足迹概念直接对应着单位产品的微观涉水生产过程，在计算层面具有更高的可操作性，因此被广泛应用于相关研究和政策中。从这一角度来看，用水定额（或水足迹强度）越高，意味着用水效率越低，在相同水资源投入规模下生产的产品越少，对经济增长的贡献度就越低。

用水效率约束对区域经济增长差异的影响，可以理解为区域水足迹强度与经济增长之间的关系。目前大量研究证明，我国各个产业经济增长与水足迹强度符合 EKC 曲线，因此当用水效率难以提高，即水足迹强度难以降低时，会对经济增长产生约束作用。结合我国"三条红线"中对农业、工业用水效率的相关要求，推测用水制度会对经济增长有负约束作用，而水资源利用的相关技术水平会对经济增长有正约束作用。

上述理解建立在水资源投入到农业、工业生产和社会运行过程上，更贴近实际情况。但是，考虑到我国南北地区农业、工业生产差异巨大，水足迹强度具有明显的空间差异，本书是从中观和宏观层面出发的区域差距研究，特别是由于目前的水足迹研究中普遍使用已经标准化的产品"水足迹"强度乘以产量来衡量区域水足迹规模，因此这样的概念并不完全适用。本书将综合"有效投入率"和"投入产出率"的概念选择用水效率指标，在指向产品生产过程的分析中尽可能采用"有效投入率"类指标，使指标特征能够代表真实用水效率。

---

① Hoekstra AY. Virtual Water Trade：Proceedings of the International Expert Meeting on Virtual Water Trade [C]. Netherlands：IHE，2003：13 – 23.

② Allan JA. Virtual water：A Strategic Resource Global Solutions to Regional Deficits [J]. Groundwater，1998（4）：545 – 546.

三、"三重约束"的衍生与调整

资源稀缺性是经济问题研究的基本前提，水资源稀缺性是水资源对经济增长约束作用的根本来源，水资源约束问题已经成为经济学研究的经典命题之一。从水资源约束视角看待中国区域经济增长差异，关键在于理解水资源约束的时序差异和空间差异。由于水资源约束源于水资源开发利用过程，因此有必要对其过程进行分解，从而解释水资源多重约束对我国经济增长影响水平的差异。

水资源开发利用是遵从李嘉图模型的动态过程，推动水资源开发沿李嘉图路径发展的力量主要包括三方面：即资源禀赋和区位条件决定资源开发难度形成的原始动力、人口增长和经济发展带来资源利用紧张产生的路径压力、科技进步和制度优化带来资源利用效率提升产生的路径推力。随着人口和经济自然增长，水资源约束将成为人类水资源开发中必须面对的状态，且相对于水资源的"不约束"，水资源约束是区域经济增长过程中更加常见且持续存在的情况。由于经济发展和人口增长往往伴随着科技进步和制度完善，水资源开发利用沿李嘉图路径发展时，在时序上遵循先易后难原则，在空间上遵循先富后贫原则，导致水资源开发难度低的地区，会优先实现经济发展和人口增长，而经济发展水平高的地区也会更快面临水资源约束问题，在截面时间下，水资源约束的"多重性"会体现得更加明显，水资源约束水平会更高，并逐渐达到峰值；随着科技进步和制度完善，水资源约束跨越峰值后会加快缓解，甚至实现经济发展与水资源利用脱钩。

从演化过程上观察水资源约束下区域经济增长关系的本质，是水资源供给水平和经济社会用水需求间的动态均衡。资源禀赋、区位条件、人口规模、经济发展、科技水平和组织制度是影响水资源约束的主要因素。水资源供给受水资源禀赋、技术水平和管理制度等约束而无法持续增长，当其难以满足人口增长、经济发展对水资源的需求时则产生水资源约束，水资源约束会促进经济社会的用水效率、用水结构和用水总量变化，从而形成水资源供给与经济社会用水需求间新的均衡。

结合资源经济学对经济增长阶段的划分方法，可以将上述动态均衡过程分为三个阶段：初期阶段，水资源充沛，经济增长消耗大量水资源，水资源约束表现为总量约束；中期阶段，水资源消耗增长，经济增长依赖经济结构调整，资本、劳动等可积累要素开始代替水资源投入生产，水资源约束以总量和结构约束为主；后期阶段，水资源潜力枯竭，资本、劳动投入难以为继，技术要素增长代替其他要素投入生产，经济增长开始依赖技术进步，水资源约束主要表现为效率约束。在增长的过程中，经济增长方式不断根据资源投入水平的变化而做出适应性调整，从而缓解水资源约束对经济增长的影响，调整方式就是改变增长方式、优化经济结构、提升用水效率。

从演化逻辑上解析水资源约束下区域经济增长差异形成过程，资源禀赋和区位条件会决定水资源约束的初始水平和上限，但水资源约束的变化更多的是随着人口和经济增长压力变化以及科技和制度进步动力变化而进行演化，其演化逻辑可从两方面展开。

一是约束衍生。从上述水资源约束演化过程可以看出，多重约束间存在递进的衍生关系。用水总量约束是在大多时间和区域内都存在的约束情况，即相对于经济发展和人口增长的无限需求，水资源投入规模增长水平始终是有限的。当用水总量约束达到一定强度后，用水总量不足情况加剧，由于必须优先保障生活用水，会对工业或农业部门用水形成一定挤出效应，而这两类用水可能受制于设施条件、利益纠纷、制度缺位等因素不能及时调整，那么就会产生用水结构约束，即不同类别用水需求满足程度不同而导致对经济增长的结构性约束。当用水总量约束进一步强化时，用水结构的调整也难以满足经济社会需求，则用水效率约束成为重要问题，一般会优先出现在农业和工业用水中，但其约束作用往往会逐渐拓展到经济社会各个领域。假设某一区域农业用水量较大，农业用水在用水结构中占比下降的同时往往伴随着用水效率的提升，这会明显缓解区域用水矛盾，当农业用水占比不断下降后，农业用水效率一般会达到一个较高的水平，但如果此时工业用水需求仍然无法满足，则必须进行工业用水效率提升，以此类推会影响到生活用水和生态用水，从而影响经济增长水平。在实际中，各类用水效率约束的情况普遍存在，只是约束水平和表现特征会有所差异，但其变化趋势一般都会遵从上述逻辑。

二是约束调整。即当三重约束同时存在时，用水结构和效率约束会强化或对冲用水总量约束的作用结果。用水总量约束导致经济社会对水资源投入需求增长放缓，同时会推动用水结构和用水效率的调整优化，当用水结构和效率调整被其他条件约束时，会进一步强化用水总量约束的作用结果；如果用水结构和效率提升具有一定空间，那么其调整水平能够在一定程度上缓解用水总量约束作用，甚至抵消和超出用水总量约束，实现经济发展与水资源利用脱钩。事实上，用水结构约束和效率约束的强化作用与区域经济发展结构有很大关系。当某一地区经济增长高度依赖单一产业发展时，用水结构约束与总量约束没有本质差异，总量约束强化会直接带来用水效率约束问题；当区域经济结构高级化后，生活用水刚性增长会挤出农业和工业产业用水，粮食生产的基础性用水需求也可能挤出工业用水，若经济效率较高的工业部门不能及时提高用水效率，那么将导致更多的经济效率损失。

可见，用水总量、结构和效率约束间实际上存在一定的内在联系，用水结构和效率约束是用水总量约束的衍生效应，用水效率约束和用水结构约束也可能存在相互衍生关系，显然，用水结构和用水效率的衍生次序在不同情况下可能存在差异。在不同的衍生次序下，三者在约束水平上可能还存在一定的对冲和强化关系，一般表现为用水结构约束强化用水总量约束，用水效率约束强化或对冲用水总量约束和用水结构约束，这样的次序和水平上的相互关系，使得不同区域在不同阶段的用水总量、结构和效率约束上体现出差异化特征。但总体来看，用水总量约束是其余二者的基础、用水结构约束是其余二者的纽带和传导、用水效率是其余二者的归宿（见图 2 - 2）。

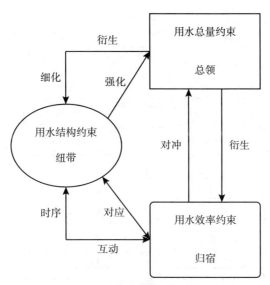

图 2 - 2　用水总量、结构和效率约束间的相互作用关系

综上，水资源多重约束下我国区域经济的增长，是区域经济对水资源利用水平进行适应并实现增长的过程。水资源多重约束下的区域经济增长差异，是不同区域由于对水资源投入水平及其制约因素表现出的适应性差异而导致的增长差异。适应性差异体现在用水总量、结构和效率三个方面，其根本在于水资源供给和需求水平关系的差异，影响水资源供给的主要因素包括：水资源禀赋、水利设施建设水平、技术进步率、相关管理制度控制等；影响水资源需求的主要因素包括：资本增长率、水资源消耗率、人口增长率、居民

收入水平等。水资源供需关系在不同区域和时段存在不同配比，从而形成差异化的用水总量、结构和效率约束，三种约束间又存在不同的相互作用关系，进而形成水资源约束下我国区域经济增长差异的逻辑框架（见图2-3）。

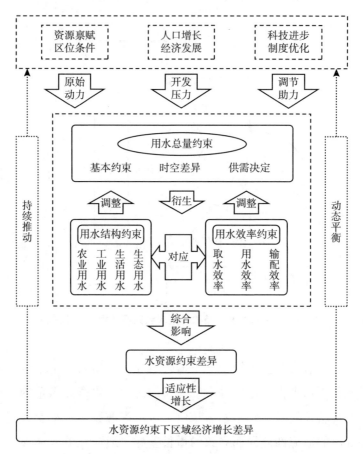

图2-3　水资源多重约束下南北经济增长差异的逻辑框架

虽然这一逻辑框架仍然偏向理想化的情况，难以为缓解基层行政单元水资源约束问题提供答案，但并不影响其对南北地区水资源约束问题的解释力。在这一模型下，水资源约束下的南北地区经济增长差异，实际是水资源供给水平变化对南北地区经济增长需求满足程度的差异，是水资源开发积累、水资源需求水平变化、水资源供给潜力挖掘等方面力量相互作用和叠加累积的过程。

第二节 总量约束：用水总量与南北差距

用水总量是经济增长用水需求的基本体现，用水总量约束代表水资源约束的总体特征。在上述逻辑框架中，关于用水总量的分析是研究水资源约束下我国区域经济增长差异的基本问题，是开展用水结构和用水效率约束分析的重要基础。因此先从用水总量入手，进一步阐释水资源约束对南北地区经济增长的影响机理。已有研究显示，水资源对经济增长的阻尼效应是水资源约束的主要表现形式，也是学界常用的理论工具之一。此处借鉴系统资源约束理论中对管理学"木桶效应"的演化使用方法，模拟水资源对经济增长阻尼效应的影响机理，同时结合我国区域经济社会发展实际情况，调整优化南北地区水资源阻尼效应的量化和比较方法，为后文开展实证分析奠定理论基础。

一、生成机制

在某一系统内，系统资源相互匹配形成系统产出，总产出由系统内中最稀缺的"短板资源"决定，这被称为"短板效应"。由于科学技术进步、资源组合改变、新资源和新用途发现等均可改变系统中资源配比的稀缺或富余状态，因此不同的资源利用水平、科技进步程度、组织管理能效等，将会形成不同的经济系统产出曲线。当水资源投入水平在水资源—社会经济复合系统内与其他要素相比成为"短板资源"时，经济产出会因此降低，这种"短板效应"就是水资源对经济增长的阻尼效应。

"短板资源"的界定是相对的，决定于水资源承载能力与经济社会发展规模的协调程度。这种协调程度可以从两个层面理解：一是水资源供需水平决定水资源阻尼效应的存在性。水资源作为"短板资源"的前提是水资源供给难以满足经济社会发展需求，导致水资源—社会经济复合系统产出偏离其潜在水平。必须注意的是，从我国历史发展来看，由于水资源稀缺性不可改变且时空分布不均，水资源供需矛盾是普遍存在的，即使经济社会规模较小，对水资源需求较低，但由于对水资源的开发利用水平较低，导致水资源投入难以满足需求，依然会对经济增长产生阻尼效应。二是要素投入比例决定水资源阻尼效应的可变性，当水资源成为"短板资源"时，水资源投入的增长水平难以支撑系统产出增长，受到其投入水平的约束，此时水资源阻尼效应水平与水资源"短板"程度，即相对稀缺水平有关，实际是由水资源—经济社会复合系统产出的各类资源投入比例决定的，这种比例不仅包括各类要素投入规模的比例，还包括投入水平的增速及预期的对比关系。

二、空间特征

在我国南北地区经济增长过程中，水资源阻尼效应的南北差异可从流域水资源属性出发进行解释。水资源相比其他资源具有特殊的流动性、对所属流域的整体性、对社会经济的支撑性，在水资源开发利用或是经济社会运行中，时刻伴随着水要素交换，同一流域范围内的水资源属于准公共物品性质，具有非排他性和一定的竞用性，竞用性大小与水资源开发潜力有关，因此流域内某一区域的用水需求势必会影响到周边地区，水资源开发利用的区域示范效应存在，周边地区用水需求提升也会引发本地用水需求竞争性增加；加之我国"块状"实施的区域发展政策，周边地区经济发展的空间溢出也会提升本地发展对水资源的需求，进一步加深用水需求在流域范围内的空间趋同特征，从而形成流域上下游以及流域间用水需求的空间分化特征。

具体来看，我国大江大河基本分属南北地区，10 个水资源一级区呈现"北六南四"格局，北方地区包括黄河、淮河、海河、松花江、辽河、西北诸河等 6 区，南方地区包括长江、珠江、东南诸河、西南诸河等 4 区，南北地区仅在长江、黄河、淮河流域有小部分空间重叠，产生的水资源约束效应特征也具有一定相似性，而南北地区间水资源供需则相对独立，导致水资源约束有明显差异。

当然，流域上下游间也有较强的差异性，但我国大江大河多以东西流向为主，讨论上下游间的水资源约束差异对分析南北地区经济增长差异没有明显帮助。

三、演化逻辑

随着水资源利用与经济增长之间关系的演化发展，各类要素投入比例会有所变化，水资源阻尼效应会随之不断演化。根据前文分析，我们可基于复合系统内各子系统要素间耦合关系来建立最简单的系统产出函数，模拟水资源阻尼效应演化历程。假设经济系统产出 Y 为水资源投入 W、其他要素投入 R 的非线性增函数，$Y = F(W、R)$，经济增速 y 为水资源投入增长 w、其他要素投入增长 r 的线性增函数，$y = \alpha w + \beta r$。当社会经济系统中不存在短板资源时，各要素投入配置比例相当，应当有 $w = r$，此时经济社会达到潜在增速，有 $y = (\alpha + \beta)r$。当存在短板资源时，有水资源阻尼效应 $P = (\alpha + \beta)r - (\alpha w + \beta r) = \alpha(r - w)$。

由于水资源阻尼效应决定于水资源投入与经济社会增长的关系，

已有大量研究证明这种关系符合倒 "U" 型曲线特征，另有部分区域或产业用水与经济增长关系呈现倒 "L" 型、"N" 型等曲线特征。目前来看，两种形态曲线左半边至顶峰区域拥有相似特征，可将这一阶段水资源投入和经济系统产出的关系变化概括为三个状态。

一是经济发展初期，经济增速相对较低，为 y_0，用水总量增速可以保持与其他非自然资源要素投入增速相同甚至略高的水平，即 $w_1 > r_1$，$P_1 = \alpha(r_1 - w_1) < 0$。此时经济活动水平一般较低，资源利用效率不高，水资源投入增长过快会制约其他要素产出能力的提升，相反，降低水资源投入增长则会在一定程度上降低经济社会发展成本，水资源对经济增长阻尼为负，在水资源的良好承载下，各类经济要素投入规模不断提升，经济社会快速增长的条件不断积累，经济增速逐渐提升至潜在增长 $y_1 = (\alpha + \beta)r$。

二是经济发展开始加速，随着其他要素投入规模扩大，用水总量增长逐渐落后于其他要素投入，$w_2 < r_2$，$P_2 = \alpha(r_2 - w_2) > 0$。此时经济活动水平持续扩张，水资源投入增长潜力不断消耗，对水资源利用效率有所提高，水资源投入在局部地区难以满足发展需要，形成正向的经济增长阻尼，导致增速降低至 $y_2 = (\alpha + \beta)w_2$。

三是经济发展进入成熟期，水资源阻尼效应增强，对水资源的利用基本饱和，水资源投入基本保持固定或低速增长，$w_3 = 0$，$P_3 = \alpha r_3$。此时经济增速较低，经济活动保持低速扩张，水资源用量接近或达到承载上限，对经济增长的正阻尼达到最大，经济增速达到低点 $y_3 = \beta r_3$。

目前，2013 年后我国用水总量已经出现下降趋势，意味着经济发展带来的技术进步和制度优化等因素已经促进了水资源利用效率的提高，用水特征可能已经逐渐跨越前三个阶段，进入"脱钩"阶段，经济活动扩张对水资源投入依赖程度正在逐渐降低，区域用水总量缓慢下降，对经济增长的阻尼下降为负，经济进入创新驱动阶段，技术进步促进各项活动进入新一轮扩张，考虑到水资源投入下降速度差异，这决定了后续曲线发展的趋势特征。

四、作用路径

根据上述基本原理，水资源阻尼会影响经济系统产出，社会经济系统的规模越大，以及社会经济发展与水资源开发利用模式的协调程度越低，都会导致水资源阻尼越大，对经济发展规模形成约束压力，使得系统产出难以达到该阶段的预期水平。反过来，经济系统会通过调节要素配置比例、控制水资源用量、提高水资源利用效率等方式，改变水资源阻尼的最终效果。

社会经济系统对水资源阻尼的反应是两方面的：一是社会经济规模扩张速度降低；二是对水资源的利用水平提升。因而水资源阻尼效应对区域经济增长的影响路径也有两条：一是改变水资源及相关要素投入产出水平，直接影响社会经济产出；二是促进科技、制度进步，间接推进经济增长。在社会经济系统在朝向水资源系统承载极限的路径上不断扩张时，通过技术革新、管理优化和政策调节等手段，选择不同的水资源开发利用模式，调节水资源系统与社会经济系统的协调程度，从而降低水资源阻尼，实现经济增长。

可见，水资源阻尼的大小、状态和作用方向都是不断变化且与一定的社会经济发展水平相联系的，一般表现为水资源系统作用于社会经济系统的负作用力，在某些特定时期会表现为正作用力。

因此，用水总量约束即水资源阻尼效应对南北地区经济增长差异的影响可按上述机理从三个方面分解。

一是对水资源要素产出的影响。水资源产业是我国社会进步和经济发展的重要基础性行业，也是产业经济增长的重要源泉之一，主要包括城乡自来水供给、农业灌溉等。2021年南方地区城乡自来水供应量达到 462.43 亿立方米，是北方地区的 2.19 倍，相比 2000 年的 2.00 倍扩大了 9.50%。此外，水电、港口、航运等产业虽然不直接从河道中取水，但其产业发展也高度依赖水资源量投入，可看作水资源相关产业。但当河道外取水量增加时，会影响其产出。2021 年南方地区水路货运量达到 767 882 万吨，是北方地区的 13.73 倍，相比 2000 年的 7.70 倍扩大了 78.31%；2020 年南方地区水力发电量 11 565.35 亿千瓦时，是北方地区的 5.82 倍，相比 2000 年的 4.46 倍扩大 30.49%。① 南方地区在水资源及相关产业发展上的优势，可能一定程度上促进了南北地区经济增长差异。

二是对其他要素产出的影响。水资源对其他要素的承载力是其影响经济增长的最主要途径，一定的水资源量对应着要素聚集规模的上限。南方地区水资源量是北方地区的近 4 倍，意味着南方地区可承载的人口规模、工业规模、污水排放规模都远高于北方地区，这在一定程度上促进了南方地区的劳动力聚集和工业资本投入。同时，虽然南北地区人均用水量差距较小，但南方地区人均水资源拥有量是北方地区的近 3 倍，意味着南方地区在人居生态环境方面比北方地区具有明显优势。良好的生态环境在提高当地居民生活品质的同时，能够在一定程度上激发劳动热情和工作活力，提高劳动力产出水平，进而影响区域经济格局。

三是对社会经济系统产出效率的影响。北方地区水资源相对匮乏，促进了区域水资源管理制度和利用技术的进步，一定程度上促进了区域经济增长。一方面，北方地区对水资源的管理制度更加完善，我国最早的水量分配方案是北方黄河流域的"八七"分水；最早的节水型社会建设试点是北方黑河流域的张掖；最初的水权交易方案诞

---

① 资料来源：《中国统计年鉴 2021》《中国统计年鉴 2022》。2021 年各地区水力发电量尚未公布，故使用 2020 年数据。

生于黄河流域的宁蒙河段；2000 年以来出台的水资源相关政策条目
数量，北方地区是南方地区的 3 倍左右。另一方面，北方地区农业灌
溉效率更高。2021 年北方地区平均每亩灌溉用水约为 300 立方米，
是南方地区的 3/4，2000 年以来这一比值基本保持这一水平。北方地
区在资源管理制度、利用效率和相关技术上的优势，虽然不能在短期
内对冲水资源量较少对其经济增长的负面影响，但却为其实现高质量
发展奠定了良好的基础。

五、量化思路

为对比水资源阻尼效应在各个区域间的作用差异，需要明确两
个层次要素：一是水资源阻尼效应的量化方法；二是阻尼效应的比
较方法。

目前对水资源阻尼效应的量化和比较方法主要有两种：第一种
是外部约束法。将用水总量不超过水资源开发利用阈值作为一个约
束条件，建立不等式，将水资源约束和经济增长的方程联立成为增
长方程组，在水资源约束的不等式下进行增长方程的求解。这种思
路是将水资源阻尼作为纯粹的外生变量，忽略了水资源约束对经济
系统产出的影响，多适用于发展初期的经济形态分析。第二种是增
长尾效法。近年来，更多学者借鉴 "尾效" 理论，在生产函数中加
入水资源要素，建立水资源约束、人均水资源利用量和经济增长之
间的关系，将资源约束存在以及无约束两种条件下的稳态经济增长
水平差值来表示该资源受约束时对经济增长的阻尼效应。这种思路
已经关注到水资源供给的时空有限性，在一定程度上考虑到了上一
阶段资源的消耗对下一阶段经济产出投入的影响，较好地量化了经
济增长与水资源投入增长之间的关系。部分学者已经使用该方法对
我国水资源对经济增长的阻尼效应进行了分析和比较。但该方法使

用的是水资源作为内生变量的生产函数，无法表现出经济增长对水资源利用的回馈过程，难以体现水资源阻尼效应的演化特征，更适用于对某段水资源利用对经济增长影响水平的静态分析，而对经济增长的变化过程缺乏良好的解释，不能完全适用于区域经济增长差异中水资源阻尼效应的比较分析。

事实上，政府在宏观经济调控中，常常会将水资源作为先决条件进行考虑，特别是在制定某一阶段的经济发展目标时，由于资源管理制度的存在以及对于可持续发展的考虑，水资源往往会同时作为经济产出的内生变量和外部约束，从而成为影响经济增长的特殊要素。但是在数量方法上，将水资源约束同时作为外生变量和内生变量的方程往往不具有现实意义。因此，为体现水资源阻尼对当期经济增长的内生影响和对下一期经济增长的外部约束，需要将水资源的总体阻尼效应和阶段阻尼效应结合起来，重点观察水资源投入增长、水资源阻尼效应、经济增长水平三者间的动态关系，从而更好地解释水资源阻尼效应在区域经济增长差异中扮演的角色。

第三节　结构约束：用水结构与南北差距

用水结构是考察水资源利用与产业发展关系的核心要素，用水结构约束是水资源约束的细化体现。关于用水结构的分析是研究水资源约束下我国区域经济增长差异的关键环节，是用水总量约束与用水效率约束在水资源实际利用层面形成对接的重要传导。开展农业节水，降低农业用水占比是缓解用水结构约束的基本思路，也是各国面临缺水问题时最先考虑的对冲办法，但农业用水和生态用水下降刚性已经对我国南北地区经济增长产生了明显的结构性约束。目前，用水结构在各国水资源管理制度中没有直接体现，我国则是通过产业取水许可审批来进行动态调整，缺乏宏观层面的总体调控。基于上述考虑，此处重点剖析用水结构对南北地区经济增长差异的作用机制和影响水平，从各类用水的变化特征和相互关系入手，结合我国南北地区发展实际，构建用水结构约束下我国南北地区经济增长差异的基本逻辑。

一、理论联系

（一）农业用水与经济增长

农业发展离不开水资源的巨大消耗，农业生产的全过程都伴随着水资源的持续投入。农业灌溉用水占据了农业用水中的绝大比例，充足的灌溉用水能够保障基本的粮食生产水平，支撑经济和人口持续增长。由于研究区域和研究时段不同，农业用水与农业经济增长之间的关系一般表现为三种情况：第一种是正相关关系，这是相对普遍的情况，即农业经济增长会促进农业用水提升，而农业用水的有限性决定其会对农业经济增长形成阻力。第二种是负相关关系，体现在两个方面：一是对于相对发达地区，农业经济增长带动用水技术进步和产业结构优化，提高了农业用水效率，使得农业用水需求减少；二是对于相对落后地区，农业灌溉设施不完善，往往会通过大量增加农业用水来满足生产需求，加剧了其他产业水资源短缺现象，进而制约了经济增长。第三种是零相关关系，即随着农业经济增长，农业用水量变化基本保持平稳状态。目前，我国用水结构中占比最大的是农业用水，根据历年《中国水资源公报》可知，我国农业用水占用水总量比重长期保持在60%以上，农业用水在一定程度上决定着地区用水总量变化以及水资源约束水平，而影响农业用水的因素除农业经济规模外，主要包括有效灌溉面积、作物结构、灌溉方式等。其中灌溉面积是关键因素，灌溉面积越大，农业用水量越大。灌溉方式则主要是喷灌、滴灌、管灌、渠灌和天然降水上的差别，一般亩均灌溉用水量越大，农业用水量越大。从作物结构上来看，种植业作物单位种植面积的产值较低，灌溉需求较大，相同产值下种植业相对林业、渔业等用水较高，因此在一般情况下，种植业在农业结构中占比较重时，农业用水量较大。

（二）工业用水与经济增长

改革开放以来，我国工业经济实现全面发展，工业用水规模显著扩大，总体上呈现出由加速扩大到降速提升的过程。根据张兵兵和沈满洪（2016）的研究，我国工业用水总量、工业经济规模以及工业经济占 GDP 的比重等指标间均具有明显的双向因果关系，因此工业用水投入不足将会对工业经济增长存在明显的约束作用。[①]一般来说，这种制约作用会表现为两种形态：一种是倒"U"型的 EKC 曲线形态；另一种是"N"型形态，即工业用水随工业经济增长先升后降再反弹。工业企业通过节水设备投资、开展循环用水、革新用水设备等可以降低对水资源的占用量，在一定程度上减少污水排放，最终可达到工业节水目的，促进工业用水与经济增长的关系沿上述曲线发展，其主要差别在于工业用水增速与工业经济增长之间的关系。进一步考察这一关系，可从生产过程角度将工业用水分为四类：一是参与产品形成过程的用水；二是伴生能源利用过程的用水；三是伴生化学品过程的用水；四是其他用水。制造业用水占据工业用水中最大比例，一般可以分为间接冷却水、工艺用水和锅炉用水等，其中

---

① 张兵兵，沈满洪. 工业用水库兹涅茨曲线分析 [J]. 资源科学，2016（1）：102 –
109.

工艺用水又可以分为产品用水、洗涤用水、直接冷却水和其他用水。[①] 由于工业制成品中一般含水量较低,其中第二、第三类用水占据较大比例,多用于洗涤、冷却、锅炉等。

(三) 其他用水与经济增长

其他用水包括生活用水和生态环境补水,其中生态环境补水主要是用于河道冲污和城市绿地补水,不直接参与社会再生产过程,且用水量较低,对经济增长的影响较小,因此其他用水与经济增长间的理论逻辑关系主要体现生活用水与经济增长上。相对于工业和农业用水,生活用水对经济增长的影响更加全面,生活用水主要受城镇居民人均日生活用水量、农村居民人均日生活用水量和城乡人口规模影响,其增加往往伴随着人口增长和生活水平提升,其中人口增加对经济增长有着全面的促进作用 (吴丹,2014),特别是城镇人口增长对服务业、建筑业等产业发展有着明显的推动作用。贾绍凤等 (2004)研究显示,生活用水与经济增长呈现长期稳定的均衡关系,这一均衡关系符合倒 "U" 型的 EKC 曲线形态,其内在机理是:随着经济增长和社会发展,人口规模不断扩大,居民生活水平提升,用水电器以及洗浴设备的普及迭代、住宿餐饮业扩容升级、水价改革及节水建筑推广等因素的影响,人们生活用水的途径越来越丰富,生活用水正不断扩大,当生活用水达到峰值时,经济增长会促进节水技术和用水方式进步,进一步推动人均用水定额下降,此时生活用水规模会随着经济增长而下降。

综上所述,构建我国南北地区用水结构与产业结构关系变化的理论逻辑,如图 2-4 所示。

---

① 王喜峰,沈大军,李玮.水资源利用与经济增长脱钩机制、模型及应用研究 [J].中国人口·资源与环境,2019 (11):139-147.

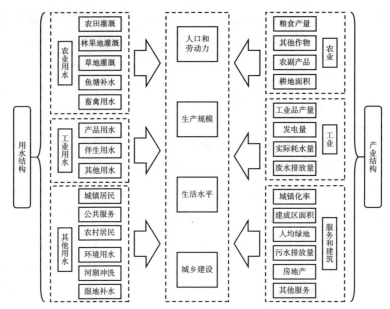

图 2 - 4   我国南北地区用水结构与产业结构关系变化的逻辑框架

二、影响机理

由图 2 - 4 可知，用水结构约束本质上仍然来源于产业发展和人口增长的无限需求与水资源的有限供给间的矛盾，如何协调各类用水供给水平以最大限度满足用水需求从而推动经济社会发展，是缓解用水结构约束的关键。目前用水结构上的南北差异主要体现在工业用水占比上，北方地区工业用水占比较低，很大程度上是源于其水资源总量匮乏，在农业用水和生活用水刚性制约下，工业用水占比提升的空间被大幅压缩，这在一定程度上限制了其工业经济在短期内的增长水平。事实上，南北地区在产业结构上的差距并不明显，用水结构上的南北差异很可能仅仅是南北地区工业经济门类上的差异，为此分别对各类产业用水与产业经济增长关系特征进行分析。根据相关数据建立南北地区产业用水总量与产业增加值间关系的变化曲线，结合上述逻辑分析南北地区产业用水与经济增长关系的演化特征。

（一）农业用水与农业增加值

我国南北地区农业用水与农业增加值间的关系并不线性，若大幅拉长样本期可能会呈现近似倒"U"型，但有些特征是非常明显的（见图2-5）。一是北方地区农业用水量已经跨越峰值，进入下降期，南方地区存在进入下降期的趋势。北方地区农业种植以旱作物为主，灌溉地较多，且大中型灌区普遍开展了节水改造和现代化建设，喷灌、滴灌、管灌等节水灌溉方式覆盖较广，虽然农业生产对水资源投入依赖严重，但用水效率较高且农作物产量有保障，农业经济增长不过分依赖水资源投入。南方地区大多区域则以渠灌为主，且由于存在一定比例的雨养农业，其农业生产所需水资源一部分来自降水，产出缺乏稳定保障，实际用水规模较大。考虑到南方地区农业用水计量设施建设不完善，农业用水量多通过用水定额与灌溉面积乘积进行估

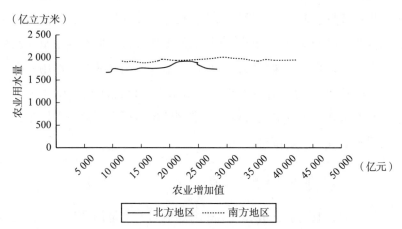

图2-5　南北地区农业用水与农业增加值关系变化情况

资料来源：历年《中国统计年鉴》、各省份统计年鉴及水资源公报。

算，实际用水量可能高于目前数据，因此仍需继续考察其变化趋势。二是在相同增加值下，北方地区农业用水规模较小，且在农业增加值下降时农业用水量进入下降期，说明北方地区农业用水效率较高，但由于整体水资源禀赋显著低于南方，农业用水不足问题更加严重，整体产出能力和对经济增长贡献不如南方。三是北方地区曲线斜率更大，南方地区曲线相对平滑，说明南方地区农业用水的经济产出弹性和对经济增长的贡献能力更高，南方地区农业用水不足时，对农业经济增长的影响更大。

据此观察农业用水的南北差异特征可以发现：一是 2013 年前北方地区以更大规模的农业用水规模扩张换取了更高水平的农业经济增长，2013 年后受水资源总量增长放缓影响，北方地区前期消耗了过多的用水增长潜力，同时面临人口增长和城市发展对生活用水的刚性需求增长，以及工业扩张对用水规模需求扩大，对农业用水有更强的挤出作用，也导致这一时期北方地区农业增加值增速相比南方放缓得更加明显。二是考虑到人口增长的用水刚性需求，未来南北地区农业用水将缓慢持续被挤出，导致农业占比进一步降低，且这种挤出作用在北方地区更加明显。三是农业增加值虽然较低，但农业用水涉及粮食生产安全，难以快速降低，其他用水对农业用水的挤出作用是有限的。可以发现，2013 年后北方工业用水占比已经明显降低，这是由于农业用水降低难以消化人口增长带来的生活用水刚性需求扩张，对工业用水形成了一定挤出。

（二）工业用水与工业增加值

我国南北地区工业用水与工业增加值间关系呈倒"U"型，基本符合 EKC 曲线形态（见图 2 - 6）。一是南北地区工业用水量均跨越峰值进入下降期，南北地区工业水资源利用水平相近。北方东部的部分区域已经进入工业用水负增长阶段，如北京、天津等；南方东部的部分区域进入了零增长阶段，如广东、上海等；而其他大多数区域仍处于工业用水持续增长阶段，相应的工业增加值占比也与工业用水占比保持相对一致。二是相同增加值下北方地区工业用水规模较小，且工业用水进入下降期时对应的增加值略小于南方，说明北方地区工业用水效率较高，但整体水资源不足情况更加严重。目前我国工业用水需求最大的主要是电力、石油、钢铁、造纸、印染、纺织、化工、食品饮料等传统高耗水行业，其中电力中的火电、核电有大规模的冷却用水需求，水电行业虽然会在部分时间占用河道内水资源，但调度空间较大且并不实际耗水，钢铁、选煤、纺织等产量规模较大、伴生用水较多，因此区域工业用水与以上产业规模直接正相关。上述产业除钢铁、煤炭、石油外主要在南方地区布局，相关产业也有向南方转移集聚的趋势。北方地区工业用水占比本身不高，且大部分地区的高耗水、低效益的工业行业都在不断退出（如造纸、纺织、印染等），传统高耗水行业（如热电、冶金、石化等）都在持续开展技术改造，工业用水重复利用率和生产废水再利用率已经达到较高水平，部分区

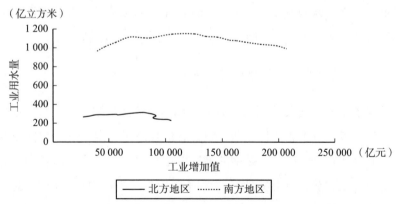

图 2 - 6　南北地区工业用水与工业增加值关系变化情况

资料来源：历年《中国统计年鉴》、各省份统计年鉴及水资源公报。

域工业用水重复利用率已经接近发达国家水平。三是南方地区曲线曲度更大，北方地区曲线相对平滑，但说明北方地区工业用水产出弹性较大，对经济增长的贡献度更高，当工业用水量不足时，对工业经济增长的影响可能更大。

通过图 2 - 6 观察工业用水上的南北差异特征可以发现：一是南北地区在 2011 年以前工业用水增长水平和 2013 年以前工业经济增长水平均基本相当，2011 年后北方工业用水下降幅度和 2013 年后工业经济增速下降幅度均高于南方地区，这可能是由于北方地区人口增长对工业用水的挤出，迫使北方地区能源化工等高耗水工业进行节水转型。二是工业增加值上的南北差距扩大的时间点稍滞后于工业用水差距扩大的时间点，这可能是由于 2008 年前后黄河流域节水试点、水权试点等工作，促进了北方地区工业企业广泛的节水探索，初期取得了一定的成效，但由于工业经济转型难度较大，用水量降低后也导致工业经济增长后劲不足。根据 2013 年后北方工业经济增速来看，这种调整可能仍在持续。三是工业用水上的南北差异呈扩大趋势，但这并不意味着北方地区工业发展的全面滞后。一旦北方地区节水工作取得更多实效，水权交易广泛实施，能源工业转型成功，北方地区工业经济有望率先实现"低用水、高产出"的高质量发展局面。

（三）其他用水与其他产业增加值

我国南北地区其他用水与服务业和建筑业经济增长间关系呈近似的"N"型，由于底部拐点期较短且谷值较高，一定程度上偏向正相关关系（见图 2 -7）。一是南北地区其他用水量进入二次增长期，并有加速增长趋势，且北方地区二次增长更快。二是相同增加值下北方地区用水规模较小，但其他用水进入底部拐点期时对应的增加值与南方相差不大，底部拐点期变化趋势的南北差异也较小，说明北方地区其他用水效率较高，但其他用水情况南北差异不大。三是北方地区曲线曲度更大，南方地区曲线相对平滑，说明南方地区其他用水产出弹性较大，对经济增长的贡献度更高。目前我国南方地区人口规模相对较大，人均用水量较高，在气候条件、人居环境等方面具有一定优势，加之丰富的水资源储备能够支撑自来水、水上旅游、城市环境、水上景观、河道冲刷等各类用水规模的扩大，促进了生活性服务业和建筑业扩容发展、生产性服务业提质发展，北方地区在城镇发展中则面临着生活用水保障问题，2013 年后陆续通水的南水北调工程在一定程度上缓解了这一矛盾。

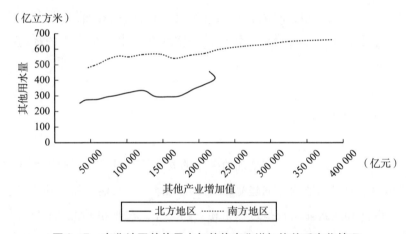

图 2 - 7　南北地区其他用水与其他产业增加值关系变化情况

资料来源：历年《中国统计年鉴》、各省份统计年鉴及水资源公报。

其他用水上的南北差异可能有三个方面的原因：一是 2014 年后南水北调东线、中线工程相继通水，工程输水量合计近 300 亿立方米，主要用于山东、河南、北京、天津、河北等地区的生活和工业用水，少量用于农业。特别是中线工程输水量大、水质好，因此受水地区将其更多地用于城乡居民生活，导致其他用水南北差距缩小。二是 2014 年后，受水权试点工作推进影响，北方地区部分农业用水被转换成工业和城镇用水，而南方地区水权交易尚无实际进展，在一定程度上促进了其他用水南北差距缩小。三是 2014 年后南方地区人口增长比北方更快，在促进南方其他用水量增长的同时，更大程度上刺激了其服务业、建筑业的发展，推动了其他产业增加值南北差距的扩大。

另外，工业和城镇发展均会在一定程度上拉高污废水排放水平，导致生态环境补水需求增加，虽然生态用水的增加会挤出一定的用水供给，但生态用水能够推动河道水环境改善，提升城镇建设水平和整体形象，促进产业和要素集聚，还能够使得实际可用水量增加，缓解缺水问题。生态用水量主要与城市绿地、湿地、湖泊等面积有关，还受到政府相关政策及规划的影响，目前普遍的做法是利用中水回用来满足城市绿地灌溉需求，可实现在用水总量之外的环境用水供需平衡。

三、传导机制

根据各个产业用水与增加值关系的演化特征可见，产业用水变化与相应产业增加值变化的趋势符合一定规律，南北地区除了其他用水与服务业和建筑业增长呈近似正相关趋势外，农业和工业用水与其产业经济增长间的关系均经历了由正相关到负相关的倒"U"型变化，但其变化特征存在一定差异。这一差异主要体现在两个方面。

一是南北地区产业用水变化幅度差异。产业用水并不直接由产业经济增长需求决定，特别是在用水总量不足时，其更多地决定于水资源供给水平和水资源管理水平。从水资源功能结构来看，水资源管理目标一般首先保障用水安全，即生活用水需求；其次是经济效益和社会效益，即生产用水需求。在我国生态优先、绿色发展的战略导向下，水资源管理也必须高度重视生态效益。虽然南北地区农业与工业用水都呈现出下降趋势，其他用水均出现上升趋势，但南北地区变化水平不一致，其原因不仅在于南北地区水资源禀赋不同，还与水资源管理制度以及各类产业用水间相互调整有关。田贵良等（2013）研究我国西北、华北等水资源相对匮乏地区的用水结构时发现，我国北方地区农业用水普遍占据主导地位，在水资源管理制度日趋严格的情况下，用水总量控制策略能够有效促进灌溉技术提升和农作物种植结构优化，从而使得北方地区农业用水规模实现更大幅度的下降。① 而南方地区工业化与人口集聚程度相对较高，特别是沿海的浙江、江苏、福建等省份用水均以工业为主，相关政策对工业用水量变化影响较大。

　　二是南北地区产业用水变化对经济增长的影响程度差异。即单位产业用水量变化带来的产业增加值变化水平，此处记为产业用水量的增长弹性。根据上述分析，在农业用水的增长弹性上，南方地区具有明显优势；在工业用水的增长弹性上，北方地区有小幅优势，在其他用水方面南北差异不大。根据对用水结构变化情况的分析发现，在用水总量难以增长时，会存在各类用水互相挤出的情况，随着经济发展一般是生活用水、工业供水挤出农业用水，随后生活用水挤出工业供水、农业用水，最后实现基本平衡，其中生活用水占比一般不会下降，多随人口增长而占比提升。由于增长弹性的差异，南北地区生活用水的刚性增长水平相同时，不仅会带来服务业等差异化增长，也会对工业和农业经济增长造成不同程度的挤出。因此观察用水结构对经济增长的约束作用，可从用水结构变化量以及对经济增长的影响水平入手分析。

　　综上所述，产业用水受到限制而无法及时调整，难以满足产业发展需求，则会对产业经济增长产生的约束作用，形成用水结构约束下

---

　　① 田贵良，顾巍，谢文轩. 基于虚拟水贸易战略的缺水地区用水结构优化研究 [J]. 水利经济，2013（1）：1-6.

的南北地区经济增长；南北地区用水结构的变化差异，以及其对产业发展的影响差异，能够造成对南北地区经济增长差异的综合效应，形成用水结构约束下南北地区经济增长差异。具体表现如图 2-8、图 2-9 所示。

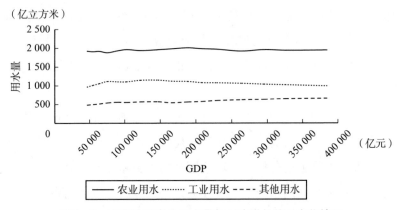

图 2-8　南方地区产业用水量与经济增长关系变化情况

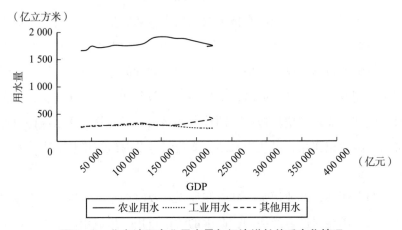

图 2-9　北方地区产业用水量与经济增长关系变化情况

从图 2-8 和图 2-9 可以看出，南北地区用水量随 GDP 增长变化呈现明显差异。南方地区农业用水并未出现明显下降，其他用水上升，工业用水下降，根据用水结构调整一般规律，根据水资源投入产出的效益性原则，水资源不足时其他用水增加会更多地挤出农业用水，南方地区用水结构变化并非来源于用水总量不足时其他用水对工业用水的挤出，更多的是表现为工业用水自身调整带来的用水量下降，出于调结构、降成本、减污染等方面的目标降低了工业企业对水资源的利用规模。为确定水资源利用结构对南北地区经济增长差异的真实影响水平，后文将基于 VAR 模型开展实证分析，对上述逻辑进行验证和进一步解释。

第四节　效率约束：用水效率与南北差距

用水效率是研判水资源利用水平的核心要素，用水效率约束是水资源约束的最终问题。用水效率约束是研判水资源约束下我国南北地区经济增长差异趋势的关键所在，是当用水总量和用水结构约束达到一定强度的必然产物，提升用水效率是缺水地区保障经济增长的唯一手段，也是人类经济社会面临水资源约束时的最终应对方案。用水效率与用水总量的变化特征实际存在对偶关系，又与用水结构的调整过程有动态链接，理解用水效率约束，应当从各个类别的水资源利用过程入手，通过用水需求与经济产出的互动关系，阐释用水效率约束对南北地区经济增长的影响机理。

一、理论联系

用水效率一般有三种理解：一是水资源利用效率，即水资源耗用量与取用量的比率，可以理解为水资源有效投入率。[①] 这一理解最接近用水效率本身的含义，更加符合水资源使用的真实过程，代表性指标是农业灌溉有效水利用系数，即农作物实际吸收的水资源和农业灌溉用水间的比例。但实际中，水资源真实耗用量统计难度较大，且变化规律复杂，对工业、生活、生态用水效率的适用性较低。二是水资源生产效率，即单位用水量的经济产出，可以理解为水资源的产出弹性或投入产出率。这一理解更倾向于用水效率的经济属性，强调水资源投入端和产出端的比例，代表性指标包括万元 GDP 增加值、万元GDP 变化水系数、单方灌溉水的粮食产量等。三是水资源开发率，即流域或区域用水量占水资源可利用量的比重，可以理解为水资源开发程度，一般能够体现流域内水利工程对水资源的利用和控制水平。[②] 其中第一、第二种理解较为常用，且已广泛应用于相关学术研究和政府绩效考核。2013 年，国务院办公厅印发的《实行最严格水资源管理制度的考核办法》中，在用水效率控制红线中所选用的考核指标就包括万元工业增加值用水量和农田灌溉水有效利用系数等。2016年，水利部、国家发展改革委联合印发的《"十三五"水资源消耗总量和强度双控行动方案》中对用水强度进行考核的指标也是这两项。

值得注意的是，用水效率提高实际中往往表现为水资源循环利用、水资源浪费减少，而非简单的用水量下降。[③] 原因有二：一是用水"反弹效应"的存在，科技进步和管理能力提升带来用水效率提升的同时，会促进产业经济的迅速增长使得用水量迅速提高，这种提高会部分或全部抵消甚至超出用水效率提高带来的预期水量下降，被

---

① 李倩. 技术创新对省域水资源配置效率的影响研究 [D]. 武汉：武汉理工大学，2018.

② 尚小平，张永胜，蒋兴国. 渭河定西段社会服务功能状况研究 [J]. 水资源开发与管理，2019（8）：35-39+43.

③ 还有一种情况是：用水结构优化后，高耗水行业规模减小带来的用水总量下降，这点在第一章已经讨论过，本章不再赘述。

称为用水"反弹效应";二是用水量下降很可能源于经济发展用水需求下降,而非用水效率提高。

用水效率与经济增长间的内在联系主要可分为三类:一是经济增长对用水效率的作用机制。一般来说,若某一区域的经济发展水平较高,地方财政实力较强或市场资金相对充裕,则能够形成稳定且具有一定规模的资金、劳动、技术要素投入水资源供给、配置和治理等相关设施的建设、维护和管理中,从而推进区域用水效率提高。欠发达地区对基础设施和水资源管理能力的投入不足,第三产业发展较缓,依赖水资源生存的压力远高于水资源可持续利用的重要性,因此导致水资源利用效率低。二是用水效率对经济增长的作用机制。用水效率较高的地区在水资源供给无法满足需求时,可以通过循环利用和节水改造降低水资源对经济增长的约束作用,较低的用水效率会导致经济增长面临更高的水资源约束水平。三是用水效率与经济增长间的互动关系。狭义的用水效率即单位水资源带来的经济效益,本身就拥有较强的经济内涵,代表着人类用水行为和经济行为的协同互动,是水资源系统与经济系统耦合协调的关键所在。由前两种机制也可以看出,经济增长与用水效率是双向影响关系,呈现循环强化趋势。

二、影响机理

用水效率约束指由于用水效率较低而产生的对经济增长的约束作用,常表现为用水总量难以增长时,较低用水效率会导致用水需求更难以被满足,社会经济总产出更大幅度偏离潜在产出,导致经济增长下滑。在实际中,用水效率应当与经济发展保持相对均衡,若用水效率提高速度无法满足经济增长需要,则用水效率约束发挥作用。可以从如下两个情境理解用水效率约束作用:区域 a 本期用水量投入增长率为 w_a,用水效率为 p_a,经济增长达到潜在水平为 y_a^*,下一期该区

域为保持 y_a^* 经济增长水平，需用水量投入增长率仍为 w_a，但实际可用水量不足，此时由于用水效率仍为 p_a，导致经济增长水平下滑至 y_{a1}。区域 b 本期用水量投入增长率为 w_b，用水效率为 p_b，经济增长达到潜在水平为 y_b^*，下一期该区域意识到用水量不足问题，故投入资金进行用水设施改造或管理能力提升，促进用水效率提高至 p_1，此时用水量投入增长率只需达到较低的 w_{b1}，$w_{b1} < w_b$，即可保持 y_b^* 经济增长水平。此时区域 a 就因为用水效率提升缓慢而产生了对经济增长的约束作用，约束作用大小可用 $y_a^* - y_{a1}$ 来表示。

需要指出的是，用水效率约束与用水结构约束相似，其发挥作用时缺乏明显的现实表征，只能通过用水效率、用水总量与经济增长的相关指标进行对比才能发现。主要原因在于，只有当用水总量约束达到一定水平时，用水效率约束才会对经济增速产生明显的约束效应，若用水总量可以满足经济增长需求，即使用水效率缓慢提高或不提高甚至降低，其产生的影响也会被用水总量投入扩大带来的经济增长效应所抵消。可见，当用水效率约束为正值时，会强化用水总量约束作用，对经济增长带来更大阻尼；当用水效率约束为负值时，会抵消或超过用水总量约束作用，促进经济增长。用水效率约束对我国南北地区经济增长差异的影响机理如图 2-10 所示。

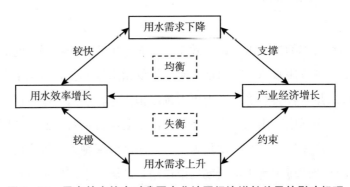

图 2-10 用水效率约束对我国南北地区经济增长差异的影响机理

（一）农业用水效率约束差异

农业是我国用水量最大，也是用水效率最低的部门。根据水利部《2016 年农田灌溉水有效利用系数测算分析成果表》，全国农田灌溉水有效利用系数最高的五个省份为上海、北京、天津、河北、山东，均在 0.7 左右，其中只有一个南方省份；最低的五个省份为西藏、贵州、云南、四川、重庆，均低于 0.5，全部位于西南板块。[①] 从板块来看，东部地区明显高于西部地区，北方地区高于南方地区，其中东北、华北等地区水资源匮乏，农业用水效率最高；西南、中南等地区水资源丰富，农业用水效率最低。但西南、中南地区水资源丰富，用水总量投入产生的经济增长效应已经完全抵消甚至超过其用水效率约束水平，导致农业经济上南北差距不大。这实际与我国南方地区农业灌溉设施和水资源利用习惯有关，西南、中南地区降水量丰富、农业灌溉渠系不完善、用水计量设施非常缺乏，用水量统计一般是根据用水定额乘以灌溉面积计算，因此农田灌溉水有效利用系数较低，但实际农业生产中降水参与较多，即使灌溉用水设施不足，对农业经济增长的约束水平也不高。

总体来看，我国北方地区水资源匮乏，但灌溉设施相对完善，喷灌、微灌、集雨补灌、水田控制灌溉和水肥一体化等高效节水技术应用广泛，灌区现代化改造试点推广成效良好，大型灌区续建配套和节水改造任务完成度较高，相对于南方地区，其农业经济增长水平与单方水产粮量增长水平相差较小，农业用水效率约束水平较低，特别是在 2015 年和 2016 年，农业用水效率增长率超过农业经济增长率，农业用水效率对经济增长产生正向带动作用（见图 2 - 11、图 2 - 12）。

[①] 中华人民共和国水利部. 2016 年农田灌溉水有效利用系数测算分析成果表 [EB/OL]. 2016 - 12 - 26. http：//nssd. mwr. gov. cn/zdgz/nyjs/201612/t20161226_1106229. html.

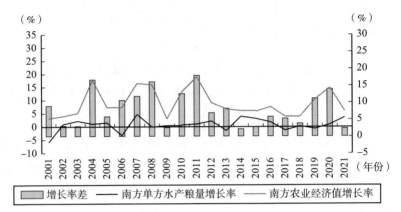

图2-11 2001~2021年南方地区农业经济增长与农业用水效率增长对比情况

资料来源：历年《中国统计年鉴》、各省份统计年鉴及水资源公报。

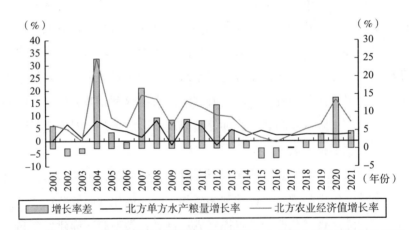

图2-12 2001~2021年北方地区农业经济增长与农业用水效率增长对比情况

资料来源：历年《中国统计年鉴》、各省份统计年鉴及水资源公报。

（二）工业用水效率约束差异

工业是支撑一个地区经济社会发展的重要力量，工业用水效率对工业扩张和转型升级有着明显的推动作用，工业用水效率约束水平关系到区域经济能否实现可持续增长。根据前文分析，虽然北方地区工业用水效率相对较高,但其用水效率增长水平相比于工业经济扩张速度仍稍显滞后,特别是 2014 年以后,用水效率约束水平提升可能促进了经济增长南北差距扩大。如图 2 – 13 和图 2 – 14 所示,2011 年以前,南方地区工业增加值增长率与单方水产出的工业增加值增长率差值普遍高于北方地区,[①] 南方工业用水约束效率略高。2012 ~ 2021 年,南方地区增长率差值显著缩小,逐渐接近北方,工业用水效率约束水平下降,工业经济增长动能相比北方具有一定优势。这与南北地区工业门类差异有很大关系,北方地区火电、钢铁、石化等传统能源工业占比较重,转型发展约束多、中水回用难度大、节水潜力不足。南方地区水电资源丰富,不直接从河道中取水,在完成化工企业整治、节水型企业、节水型工业园区等一系列任务后,用水效率持续提升。

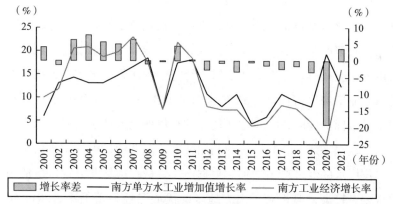

图 2 – 13 2001 ~ 2021 年南方地区工业经济增长与工业用水效率增长对比情况

资料来源:历年《中国统计年鉴》、各省份统计年鉴及水资源公报。

---

① 由于工业行业门类较多,火电、钢铁、纺织、造纸、化工、食品等行业用水较多,但计量单位不同,为方便与工业经济增长率做同向对比,将单位工业增加值用水量倒数,即单位工业用水产出的工业增加值增长率作为工业用水效率指标。

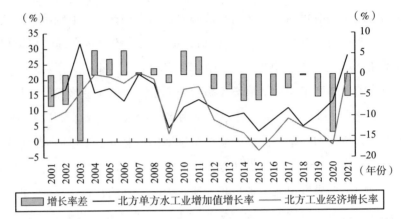

图 2-14　2001～2021 年北方地区工业经济增长与工业用水效率增长对比情况

资料来源：历年《中国统计年鉴》、各省份统计年鉴及水资源公报。

（三）其他用水效率约束差异

以生活用水为例展开，城乡供水管网、计量设施、节水型生活器具、服务业节水设施应用、公共机构和建筑节水设施建设等均会对生活用水效率产生影响。区域经济发展到一个较高的水平后，城镇化率会得到相应提升，非农产业在整个经济中的比重显著增加，将会部分挤出农业增加值占比而导致农业用水占比下降，从而拉低万元 GDP 用水量指标。同时，先发地区往往拥有集聚化的产业发展形态、集约化的管理水平以及较高的资源利用技术，能够明显提升用水效率，使得单位用水的经济产出增加。根据前文分析，虽然北方地区生活用水效率相对较高，但相对于南方地区的优势已经显著缩小，2014 年以前，南北地区服务业和建筑业经济增长与用水效率差值变化几乎同步，2015 年以后，北方地区其他用水效率增长逐渐超过相应经济增长水平，用水效率约束开始缓解，在一定程度上对经济增长南北差距呈现出负向作用（见图 2-15、图 2-16）。但必须指出的是，虽然此处将人均生活用水量提升作为生活用水效率指标，但更合理的是"最

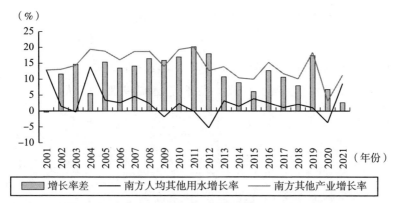

图 2 – 15 2001～2021 年南方地区其他产业经济增长

与其他用水效率增长对比情况

资料来源：历年《中国统计年鉴》、各省份统计年鉴及水资源公报。

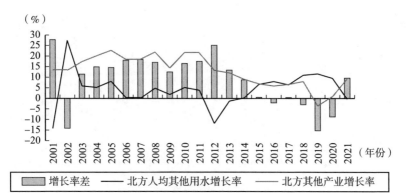

图 2 – 16 2001～2021 年北方地区其他产业经济增长

与其他用水效率增长对比情况

资料来源：历年《中国统计年鉴》、各省份统计年鉴及水资源公报。

优人均生活用水量",即能够支撑区域人均收入水平、保障居民生活水平、节约用水水平的生活用水量。因为人均生活用水量下降,很可能是由生活水平或收入水平下降导致的,无法完全代表生活用水效率增长。

综上所述,各类用水效率约束水平的差异,导致了南北地区各类产业经济增长水平差异,促成了经济增长南北差距的扩大。

第三章

水资源约束下南北地区经济
增长差异的现实解释

本章基于上述理论基础，考虑用水总量、结构和效率特征，从水资源开发利用实际入手，对我国南北地区水资源利用与经济增长关系进行系统考察。我国对水资源的开发以地表水为主，从空间上大致经历了"点—段—线—流域"等阶段，开发规模和领域逐渐扩大，开发结构、效率都随之变化，对南北地区经济增长差异的影响特征也在不断变化，可根据水资源开发利用需求和区域经济发展水平对水资源约束下南北地区经济增长差异的过程进行阶段划分，观察各阶段关键节点的水资源利用和南北经济发展的关系，判断这一过程的演化动力，识别新时代产生的新变化和新特征，并将水资源约束的相关理论应用到这一过程中，厘清水资源约束下南北地区经济增长差异的基本逻辑。

第一节　识别：水资源约束下南北差距的五个阶段

根据我国水资源开发的相关史实，考虑中华人民共和国（以下简称"新中国"）成立、改革开放战略方针确立、西部大开发政策实施、最严格水资源管理制度颁布等重要时间节点，将我国水资源利用与经济发展的关系分为 5 个阶段进行历史演进分析，重点阐述新中国成立后水资源开发与经济增长关系的演化历程。

一、集中式发展与生存性开发（1949 年以前）

历史上中国经济活动一般都集中在北方中原地区，水资源开发活动也是在北方人口稠密的都城地区更加频繁，因此古代都城迁移、经济重心转移与水资源开发的轨迹基本重合，其路线变化规律一般是自西向东、由北往南。唐朝及以前，中原王朝一直是政治经济中心，其国都多建于镐京、咸阳、长安和洛阳，至北宋则向东迁移至汴梁，元、明、清时期由于北方民族南下导致都城北返至燕京，整体呈现自西向东趋势。其间魏晋南北朝时期由于战乱不断，出现了第一次人口大规模南迁。唐朝后期，各方势力在中原地区角逐，区域资源环境屡遭重创，人口逐渐凋零，经济发展放缓，国家财税来源、军事控驭范围均逐渐向东南转移，经济文化重心也出现了从南宋开始的第二次大规模南迁。①

相应地，历史上我国水资源开发也遵循着这一轨迹。各朝各代为维持经济社会正常生产生活秩序，长期致力于水灾害防御和水资源利用，上古时代就有大禹治水等著名的水利开发事迹，亦有《史记·五帝本纪》载"黄帝教民节用水火财物"，皆发生在北方地区黄河流域。② 先秦时期有白起渠、邗沟、鸿沟、引漳十二渠等引水工程，更有郑国渠、都江堰等著名渠系工程。秦汉时期有秦渠、灵渠和江南运河，西汉武帝时期更出现了黄河泛滥 23 年才成功堵口的塞瓠子工程，

---

① 葛剑雄. 中国人口发展史［M］. 成都：四川人民出版社，2020；377 – 423.
② 赵光勇. 五帝本纪/史记研究集成［M］. 西安：西北大学出版社. 2019；115.

以及历史上第一次对"朔方、西河、河西、酒泉"等西北干旱和半干旱区的大规模引水工程。[①] 魏晋时期有宁夏古灌区、浙江通济堰等，隋唐时期有京杭大运河、四川通济堰、杭州西湖水利工程等，宋元时期有浙东运河、山河堰等，明清时期有黄河大堤、察布查尔渠、后套八大渠、吐鲁番坎儿井等，诸多水利工程至今仍惠泽四方。

可见，魏晋时期水资源开发活动及水利工程建设开始向南方转移，后来京杭大运河的贯通更是印证了经济重心向南转移的事实。历史上，水利开发往往是用于军事和灌溉，隋朝时已经天下一统，运河开凿并非军事需要，但由于魏晋时期战乱不断导致北方土地资源和水环境遭到严重破坏，需推进南方地区资源开发，加强由南向北的粮食物资运送力度。[②] 这在一定程度上说明，政治上北方支配南方、经济上北方依赖南方的错位需要已经确立，经济重心南移本质上与南方地区的水利、气候、植被的良好基础是分不开的，南方地区资源再开发潜力相比北方具有巨大优势。具体分析这一时期的南北地区水资源利用与经济发展的关系可以发现以下三个特点：

一是水资源总量约束已经长期影响到居民生产生活和政治稳定水平，特别是在北方地区。《国语·周语上》载"水土无所演，民乏财用，不亡何待？昔伊、洛竭而夏亡，河竭而商亡。今周德若二代之季矣，其川源又塞，塞必竭。夫国必依山川，山崩川竭，亡之征也。川竭，山必崩。若国亡不过十年，数之纪也。夫天之所弃，不过其纪。是岁也，三川竭，岐山崩。十一年，幽王乃灭，周乃东迁"。[③] 春秋时期人们已经意识到水资源量会影响国家兴盛，由于先秦至魏晋时

---

① 邹逸麟. 我国水资源变迁的历史回顾：以黄河流域为例 [J]. 复旦学报（社会科学版），2005（3）：47-56. 朔方、西河、河西、酒泉在今天的河套、河西走廊、陕北、晋西北一带。

② 周魁一. 水部式与唐代的农田水利管理 [J]. 历史地理，1986（4）：35-36.

③ 陈桐生，译注. 国语 [M]. 北京：中华书局，2013：79.

期，我国政治中心大多时间位于北方地区，区域人口和经济更加集中，水资源消耗也更多，可能因此推动了经济中心向南方转移。

二是水资源利用整体则属于围绕居民饮水、农业灌溉和水灾治理的生存性开发，其次围绕军事斗争和资源争夺，并兼顾交通运输功能。根据名称，以"沟""渠"命名的水利工程，主要用于农业灌溉和居民饮水；以"堰""堤"命名的水利工程，一般用以防治水患；"运河"则兼顾交通和运输功能。可以推测，北方地区人口集中、政治集权、农业发达，因而善修渠系；南方水系复杂、人口分散，以小农经济为主，则多建塘堰。

三是水资源开发以点状工程为主，且北方水资源利用水平更高。北方地区较多地修建了沟、渠等更加精密、损耗更小的水利工程，资源利用效率相对于南方地区而言更高，在一定程度上推动了区域经济增长和社会进步，但由于对水患的治理能力不足、长期战乱破坏和过度无序开发，仍然面临着较强的水资源约束。

二、均衡式发展与工程性开发（1949～1977 年）

新中国成立初期，农业合作化运动推动全国农业经济改造进程，大多分散的小农经济转化为集体经济，在此基础上我国开展了大规模的开垦荒地行动，推进计划经济建设，全国经济增长达到一个较高水平。1964 年后的十多年间，国家在中西部 13 个省份开展"三线建设"，其中 7 个在北方地区，大规模的国防、科技、工业和交通等基础设施布局促进我国经济中心向内地收缩，一方面，强化了北方地区的重工业优势，维持了北方在经济增速上对南方的优势；另一方面，促进了我国东西发展差距的缩小，为日后的西部大开发战略实施打下了基础。

这一时期全国经济发展处于要素积累阶段，北方的东北地区工业基础良好、黄河"几字弯"地区的钢铁、煤矿、石油等各类能源矿产储量丰富，开采难度低，加之较高的水利工程建设水平，保障了北方地区的农业生产，因此经济增速略快于南方，但南北方经济整体处于较低水平的均衡增长阶段，生产总值占比也基本相当。南北名义GDP 比值从 1949 年的 1.41 缩小到 1960 年的基本相当，至 1977 年，这一比值基本维持在 1.10 ~ 1.15。南北地区经济增速差则大多呈现"北高南低"的状态，28 年中的 17 年北方地区名义 GDP 增速都高于南方，差距一度保持在 10 个百分点左右。[①] GDP 规模和增速上的变化表明，这一时期南方地区 GDP 虽然大于北方，但更多是源于历史积累和禀赋差异，而 GDP 增长实则呈现"北高南低"。

相应地，在均衡发展战略下，全国为保障农业灌溉和工业生产，开展了大规模的水利开发建设，北方地区水资源利用水平进一步提升。这一时期经济和人口的持续增长，决定了水资源开发仍然以发展农业为核心导向，国家以"防治水患，兴修水利"为行动纲领，以防洪、治涝和抗旱为具体目标，以兴建水库、水电站为主要手段，建成了白沙、南湾、薄山、梅山、官厅、云峰、密云、佛子岭、磨子潭、狮子滩、上犹江、三门峡、新安江、丹江口、刘家峡等数百座大中型水库和水电站，同时投入大量人力、财力和物力进行水利相关的人才培养、科技研究以及管理机构扩充，在 1950 ~ 1956 年先后成立黄河、长江、珠江等水利委员会，作为水利部的直属派出机构，代表国家深耕地方开展水利建设，加速推动全国重要流域水利设施建设和恢复，为缓解水事灾害对经济社会建设的冲击起到了巨大作用。其间，南北地区的水资源供给保障能力均得到了显著提升，农业发展正

---

① 国家统计局国民经济综合统计司. 新中国 60 年统计资料汇编 [M]. 北京：中国统计出版社，2010. 后文中如无特别说明，所使用数据均来自历年《中国统计年鉴》及各地区统计年鉴。

逐渐摆脱"靠天吃饭"的困境，工业经济发展基础保障进一步夯实。

但这一阶段也有几方面遗憾：一是专注工程建设，忽略了制度引导和用水行为监督。1954 年第一部《中华人民共和国宪法》中规定水资源为全民所有，后来水利部陆续出台了水资源分配和使用的部分规定，此外再无具有针对性的水资源管理制度，对用水主体和工程单位水资源开发利用行为的制约和监督能力明显不足。二是大量的水利工程建设造成了上百万的移民搬迁，在一定程度上影响了社会稳定。三是受"以粮为纲"的引导，加之人口爆发式增长，出现了大规模的毁林造田现象，据统计，这一时期损毁的林地在 700 万公顷左右，直接导致水资源涵养能力下降，进一步影响了流域水资源供给水平。[①]

具体分析这一时期的南北地区水资源利用与经济发展的关系，可以发现以下特点。

一是水资源开发的核心导向仍然以农业灌溉为主，但已经从北方的局部集中、南方的点状开发态势，逐渐转向全国范围的分段式开发。产业用水以农业用水为主，但随着北方地区钢铁、煤矿等能源重工业的发展，用水已经逐渐呈现出多元化趋势，南方地区也在逐渐补齐水利工程建设短板，在一定程度上促进了区域经济社会发展。

二是北方地区仍然受水资源约束影响，随着全国人口规模、资本投入、粮食生产不断扩大，加上激进的发展政策导向，对水资源供给要求逐渐提高，但由于水利工程建设水平和周期限制，水资源供给量难以形成有效稳定的支撑，用水总量对经济增长仍有一定约束力，主要集中在北方的黄河中下游地区。

三是水资源利用效率仍然不高，北方经济可持续发展能力面临考验。大型骨干水利工程建设提高了水资源供给能力，20 世纪 70 年代

---

① 邹逸麟. 我国水资源变迁的历史回顾：以黄河流域为例 [J]. 复旦学报（社会科学版），2005（3）：47 - 56.

末期渠系配套和农田水利设施也得到长足发展，但由于水利管理机关及技术人员被裁撤，相关管理制度也处于废止状态，导致农业用水效率几乎没有提高，依然处于大量引水、大水漫灌、有灌无排状态，一度引发了黄河下游地区大面积土壤盐碱化的问题，北方地区水生态环境遭到进一步破坏，可持续发展能力持续受损。

三、非均衡发展与综合性开发（1978～1999年）

改革开放后，我国逐步实行非均衡发展战略，国家放权与地方政府行政性分权现象逐渐显现，以分税制为核心的财税体制改革逐步推行，东部特别是东南地区受惠于改革开放政策红利，工业经济和贸易经济快速扩张，加之西部地区"三线建设"全部完成，基础设施建设和工业积累得到进一步完善，全国产业结构逐渐向工业转型升级，其间工业 GDP 增速更是连续超过 11%，全国 GDP 增长率一度保持15% 以上的超高增速，经济增长呈现出明显的总量扩张、结构调整和区域分化的特征，差异化发展态势就此确立，东西、南北经济增长差距均呈现明显的扩大态势。1999 年南北地区 GDP 分别为 51 657.56亿元、36 013.57 亿元，南北 GDP 比值达到 1.40，1978 年这一比值为 1.16，其间南北 GDP 总量差距扩大了 20.69%。南北地区经济增速差则大多呈现"北高南低"的状态，28 年中南方地区名义 GDP 增速有 22 年都高于北方，增速差距持续保持在 4 个百分点以上。[①] GDP规模和增速的变化表明，这一时期 GDP 南北差距已经开始扩大，但同期内东西地区 GDP 比值常常达到 3.20 以上，增速差更是一度达到10 个百分点，巨大的东西差距加之人口迅速向东南沿海流动的趋向，

---

① 国家统计局国民经济综合统计司. 新中国 60 年统计资料汇编 [M]. 北京：中国统计出版社，2010.

导致南北差距现象在一定程度上被掩盖。

这一时期，随着经济结构变化和城镇人口扩张，我国水利工程建设不再以农业灌溉为主，而是进入了综合性开发阶段，南北地区水资源开发重点也出现明显差异，北方地区开始强调水资源高效利用，而南方地区更加注重水资源经济效应的转化。例如，北方地区的小浪底水利工程建设是以防洪、防凌、减淤为主，兼顾供水、灌溉和发电；南方地区的葛洲坝水利工程则以发电、改善航道为主，更偏向经济功能。综合性、多元化的水资源开发导向，保障了水资源利用与经济增长的适应水平和匹配程度，同时也促进了南北地区用水总量增长，推动用水结构逐渐转向工业和城镇，用水效率也随之提高。据统计，1991 年以前，全国用水总量总体保持每年 1.2% 左右的增长水平，其中南方四大水资源区（长江、珠江、东南诸河、西南诸河）在 1.4% 左右，北方六大水资源区（松花江、辽河、海河、黄河、淮河、西北诸河）增速在 0.7% 左右，20 世纪 70 年代末，北方地区很多城市已经出现了明显的缺水现象。[①] 1991 年以后，随着工业经济和人口规模加速扩张，水资源用量进一步增加，南北方水资源用量均保持 2% 左右的较高增速，其中城镇生活和工业用水增长率均超过 5%，农业用水增长则基本停滞，而黄河、淮河、海河等北方流域在灌溉面积持续增长的同时，农业用水甚至有所下降，被节约的农业用水基本都是转用于工业发展和城镇生活。

值得注意的是，1987 年，黄河"八七分水"方案颁布，对流域内山东、河南等 8 个省（自治区、直辖市）的黄河取水量进行明确限制，并对农业、工业的取水规模进行强制要求，由黄河水利委员会统筹监督管理，宣布黄河流域进入水资源制度约束时代。1993 年 6

---

① 陈韶君，阮本清，杨小柳. 我国水资源开发利用中亟待解决的几个认识问题 [J].中国人口·资源与环境，2000（4）：58–62.

月我国颁布《取水许可证制度实施办法》，并于同年 9 月生效，水资源管理制度逐渐成为全国经济发展和要素投入的约束条件。

这一时期北方水资源开发潜力显著下降，难以稳定支持经济和人口规模扩张，对北方地区经济社会发展已经呈现出明显约束，进一步促进南北经济增长差异形成，有三点事实进行佐证：一是黄河断流。1978～1999 年，黄河四分之三以上的年份都发生了断流，总断流时间超过 100 天，1996 年断流河段从河口一直向上延伸至河南省新乡市封丘县，断流河段长达 622 公里，流域中下游的大部分城市都处于缺水状态，严重影响了生产生活水平。① 二是北方地下水超采。1970 年前，北方的地下水位很高，北京、济南等典型北方城市持续有多处泉水喷出，地下水已经成为北方居民稳定的生活用水水源，但由于水库建设和发展用水的增加，地表水对地下水的补给减少，地下水位明显下降，导致城市泉水枯竭的同时也带来了严重的地质隐患，华北平原东部出现大规模地下水降落漏斗，城市地下水位普遍下降 30～50 米。② 三是京津冀沙尘暴肆虐，这一时期华北平原城市遭受沙暴的次数显著增多，这与黄河上中游过度伐林、放牧和水资源攫取，导致水资源涵养水平下降有明显关联。③ 为此，已经有很多北方城市开始寻求通过短距离的外调水来支撑区域经济可持续发展的方式，如 1983 年的"引滦入津"、1984 年的"引滦入唐"、1989 年的"引黄济青"、1995 年的"引黄入卫"、1997 年的"引碧入连"、1999 年的"富尔江引水"和"引松入长"等。

---

① 洼田顺平，王睿，福嶌义宏. 黄河断流：中国巨大河川的水和环境问题［J］. 当代日本中国研究，2014（2）：59-60.

② 中华人民共和国环境保护部. 全国地下水污染防治规划（2011-2020）［EB/OL］. 中华人民共和国生态环境部官方网站，2011-10-28. https：//www.mee.gov.cn/gkml/hbb/bwj/201111/t20111109_219754.htm.

③ 陈韶君，阮本清，杨小柳. 我国水资源开发利用中亟待解决的几个认识问题［J］. 中国人口·资源与环境，2000（4）：58-62.

四、协调性发展与差异化开发（2000～2012年）

加入世界贸易组织后，东部沿海地区得到进一步发展，资本、人才、技术等优质要素不断向南方的长江三角洲和珠江三角洲地区以及北方的环渤海地区聚集，逐渐形成了我国综合实力最强、经济增长最快、辐射能力最高的三大经济圈。为缩小区域经济发展差距，国家开始实行协调发展战略，西部大开发、中部崛起、东北振兴等重大区域战略于2000～2004年相继启动，直接推动东北地区经济增速回升，内蒙古、陕西、山西等省份资源开发进一步加快，促进了我国区域经济发展再平衡，各个板块发展差距逐渐缩小。

2000～2012年，南北GDP比值从1.39缩小至1.32，并稳定在1.33上下，2004～2008年北方经济增速一度高于南方；东西GDP比值则从3.29缩小至2.83，2006年西部经济增速持续高于东部，最大差距甚至达到5个百分点。[①] 这一时期，在我国协调性的区域经济政策下，全国区域经济增长差异逐渐呈现出收敛态势，协调发展程度有所提高。

为支撑我国区域协调发展战略，提升区域经济可持续发展能力，我国水资源利用策略也呈现出新的南北差异化倾向。

一方面，北方地区水资源开发潜力几乎枯竭，海河、黄河、辽河流域水资源开发利用率已经分别达到106%、82%、76%，西北内陆河流开发利用也已接近甚至超出水资源承载能力。[②] 在北方流域缺乏新水源补给的背景下，为保障北方地区经济社会可持续发展，以北

---

① 国家统计局国民经济综合统计司. 新中国60年统计资料汇编［M］. 北京：中国统计出版社，2010.

② 何艳梅. 最严格水资源管理制度的落实与《水法》的修订［J］. 生态经济，2017（9）：180－183＋236.

方城市为主的各个区域开展了大规模的节水、保水行动和水权制度建设。

一是节水行动。2003 年开始，水利部在全国范围内先后确定了 12 个地区为首批全国节水型社会建设试点，其中 8 个位于北方，重点是探索经济结构优化、种植结构调整、灌区节水改造、节水减污回用等一系列水资源高效利用措施，以提高用水效率，减少用水总量。[①] 此外，北方部分城市探索了雨水回用、再生水、海水淡化等诸多节水措施。

二是水权改革。自黄河"八七分水"后，流域内各省份用水总量上限明确，为提升水资源产出和经济效益，2003 年，黄河宁蒙河段的青铜峡河东灌区和河套灌区分别探索行业间的水权交易，也称为水权置换或水权转换。其主要思路是，工业部门出资改善农业灌溉渠系漏水渗水状况，从而实现节水，经黄河水利委员会监控批准后确认可交易水量，并转让给工业企业获取用水许可。

三是保水行动，主要包括退耕还林、退牧还草和植树造林等涵养水源的行动。2000 年，国务院在四川、陕西、甘肃等三省退耕还林试点的基础上，出台《关于进一步做好退耕还林还草试点工作的若干意见》，决定在长江上游、黄河上中游等地区开展退耕还林还草试点，并于 2008 年开始持续巩固退耕还林成果。截至 2013 年，全国共计完成退耕还林 4.47 亿亩。[②]

另一方面，南方地区水资源利用则进入了更加多元化的时代，水资源经济功能被进一步挖掘，流域经济逐渐进入一体化发展阶段。

---

① 中华人民共和国水利部. 关于公布新一批全国节水型社会建设试点的通知 [EB/OL]. 水利部官方网站，2006 – 11 – 06. http://www.mwr.gov.cn/zw/tzgg/tzgs/201702/t20170213_854690.html.

② 汪飞跃. 用矛盾分析法论退耕还林的六大关系 [J]. 国家林业局管理干部学院学报，2018（1）：12 – 15 + 31.

长江流域内，随着三峡工程建成，流域中下游地区防洪压力大大减轻，江汉平原等地区粮食产量进一步提升，长江黄金水道功能进一步显现，内河运输将流域上下游连接起来，推动了沿江地区的快速发展。

珠江流域内，长期的工业发展和人口聚集造成了水质性缺水问题。为缓解这一问题，该区域陆续实施海竹银水源工程、湛江鉴江供水枢纽等一批"西水东调"的跨流域调水引水工程，协同推进粤东、珠江三角洲、粤西、广深四大供水体系，在一定程度上保障了珠江三角洲地区的造陆进程，促进了区域经济的可持续发展。

五、转换式发展与保护下开发（2013 年至今）

2013 年后，北方地区部分能源产业集中的省份经济增长持续放缓，西南地区仍保持高增速。2000～2012 年陕西、宁夏、内蒙古三个北方省份以 16.9%、16.1%、15.6% 的名义 GDP 增速位列全国前三名，山西增速 14.9% 排名第五。2013～2021 年，全国增速排名前十的省份中，北方只剩下青海，增速排名最后的十个省份全部来自北方。2012 年开始，我国部分能源商品和基础原材料价格指数快速下跌，资本陆续撤出，生产价格指数（PPI）迅速下降，区域工业企业利润严重缩水，导致内蒙古、山西、河北等省份经济增速几乎停滞，使得 2013 年后南北 GDP 差距迅速扩大，南北 GDP 比值从 2013 年的 1.33 迅速扩大至 2021 年的 1.84，GDP 增速差距也逐渐拉大，内蒙古、山西等资源型地区增速长期处于 5% 左右。

反观西南地区，贵州、重庆、四川、云南、西藏等地经济增速持续位于全国前列，特别是贵州地区，长期受多山地貌限制，交通不便，但近年来不仅实现了县县通高速，更有多条高铁线路布局，一跃成为全国大数据产业基地，实现跨越式发展。2016 年后贵州、四川、重庆等西南省份年度经济增速几乎全部在 8% 以上，长期位于全国前列。[①]

在看到南北经济增长差距的同时，也应注意到对南北地区经济发展对水生态环境带来了巨大冲击。南方地区，长江中下游流域"化工围江"，千岛湖、太湖蓝藻频发，鄱阳湖、洞庭湖面积缩减，珠江三角洲咸潮压力增大、水质性缺水问题严重，水生态环境问题已经严重影响经济社会发展的正常秩序；北方地区，黄河上游来水持续偏少，小流域断流情况日益严重，下游城市水源地水位偏低，部分水源地甚至已经成了草原。

为此，我国开始实行最严格水资源管理制度，2013 年《实行最严格水资源管理制度考核办法》出台，明确我国水资源利用"三条红线"，31 个省份的用水总量、效率和水质达标率均被明确控制，其中 2020 年北方地区用水总量上限为 2 703 亿立方米，南方为 3 997 亿立方米。2013～2014 年，南水北调东线、中线工程先后通水，加上引汉济渭、鄂北引水等区域性工程，总设计调水量近 300 亿立方米，接近整条黄河的水资源可利用总量，配合单独的调水输水渠道、多样化的用水途径以及最高标准的水源保护，北方特别是黄河中下游地区的水资源利用危机将得到大幅缓解。[②] 2014 年 5 月，我国提出 2020 年前建设 172 项节水供水重大水利工程的决策部署，节水与供水同时发力的水利工程建设方针落定。[③] 2016 年 1 月，习近平总书记在推动长江经济带发展座谈会上提出，要"共抓大保护、不搞大开发"，走"生态优先、绿色发展"之路。[④] 2019 年 9 月，习近平总书记在黄河

---

① 资料来源：历年《中国统计年鉴》。
② 国务院南水北调工程建设委员会办公室. 南水北调工程总体布局 [EB/OL]. 中央政府门户网站，2006 - 1 - 2，http://www.gov.cn/ztzl/2006 - 01/02/content_145297.htm.
③ 陈晨. 重大水利工程建设交出亮眼成绩单 [N]. 光明日报，2018 - 12 - 07.
④ 习近平. 在深入推动长江经济带发展座谈会上的讲话 [J]. 求是，2019 (17)：4 - 14.

流域生态保护和高质量发展座谈会上指出"以水而定、量水而行、因地制宜、分类施策，上下游、干支流、左右岸统筹谋划，共同抓好大保护，协同推进大治理"。[①] 2021 年 5 月，习近平总书记在推进南水北调后续工程高质量发展座谈会上强调，要深入分析南水北调工程面临的新形势新任务，立足流域整体和水资源空间均衡配置，科学推进工程规划建设，提高水资源集约节约利用水平。[②] 我国水资源的约束性开发思路就此确立。

综上所述，我国南北地区经济增长与水资源利用关系的历史演进主要经历了五个阶段，我国南北地区经济社会发展经历"集中性—均衡式—非均衡—协调性—转换式"的演进，相应的水资源开发经历了"生存性—调节性—综合性—差异化—约束性"的变化。其间国家政策导向、水利工程建设思路也随之演化，具体如表 3 - 1 所示。

表 3 - 1 　中国南北地区水资源利用与经济增长关系的历史演进

时间	阶段	基本特征	政策导向	典型事实
1949 年以前	集中式发展生存性开发	北方长期是政治经济中心，但水资源开发潜力不足促进两次经济人口南迁，水资源开发、经济活动、政治局势也出现从北向南拓展趋势；水资源利用结构主要围绕居民饮水、农业灌溉和水灾治理，少量兼顾交通运输功能	保障居民生存，支持农业生产	郑国渠、都江堰、灵渠等水利工程，黄河决口、水患治理与黄河大堤建设，京杭大运河等内河运输发展

---

① 习近平. 在黄河流域生态保护和高质量发展座谈会上的讲话 [J]. 求是，2019 (20)：4 - 10.
② 新华社. 习近平主持召开推进南水北调后续工程高质量发展座谈会并发表重要讲话 [EB/OL]. 中央政府门户网站，http：//www.gov.cn/xinwen/2021 - 05/14/content_ 5606498. htm.

续表

时间	阶段	基本特征	政策导向	典型事实
1949~1977年	均衡式发展 工程性开发	南北经济均衡发展，水资源开发强度整体提高，北方地区水资源可利用量对经济增长约束力增强；水资源利用结构仍然以农业灌溉为主，工业、城镇用水逐渐增加，全国分段式开发态势明显	兴修水利，避免灾祸以粮为纲，大炼钢铁	三门峡、新安江、丹江口等水库和水电站建设，黄河、长江、珠江等水利委员会成立
1978~1999年	非均衡发展 综合性开发	南北经济增长差距出现，水资源开发强度呈现南北差异，南方开发效益逐渐显现，北方承载能力显著下降；水资源利用结构调整，工业、城镇用水显著增加，农业用水增长缓慢	改革开放、对外贸易东部率先、市场经济	小浪底、葛洲坝等综合性水利工程建设，黄河多年断流、"八七分水"，北方城市地下水超采、沙尘暴肆虐
2000~2012年	协调性发展 差异化开发	南北经济增长差距缩小，北方能源经济快速发展，水资源开发潜力逼近上限；水资源开发策略呈现南北差异，南方多元化开发，北方约束性开发	西部大开发、中部崛起，科学发展、资源节约	三峡工程建设，退耕还林还草、植树造林，节水试点和水权制度建设
2013年至今	转换式发展 保护下开发	南北经济增长差距扩大，北方能源开发潜力下降，部分地区出现负增长，西南地区增速提高；南水北调工程通水，北方水资源压力有所缓解，南方水污染问题严重，全国水资源约束力增强	不搞大开发，共抓大保护；最严格水资源管理制度；以水定产、以水定城	南水北调东线、中线工程通水，172项节水供水重大工程开建，长江中下游"化工围江"、珠江三角洲水质性缺水

第二节　动力：水资源约束下南北差距的演化特征

根据上述分析，1978年以前，中国南北地区GDP增速上呈现

"北高南低"的特征，而现在广泛关注到的由 GDP 增速"南高北低"差异导致的南北差距出现在 1978 年后，这一差距在 1978～2000 年扩大，2000～2012 年缩小，2013 年后再次扩大。其间，随南北地区经济发展变化，水资源利用的总量、结构和效率均有相应变化，导致南北地区水资源利用与经济发展关系亦不断演化。本节从南北地区水资源利用对经济增长影响的变化过程入手，动态分析这一影响的演化规律。

一、禀赋变化与人口迁徙

水资源是人类生存和社会运行的必需条件，南北水资源利用行为差异最初源于南北地区经济社会对水资源禀赋的认知和依赖。在经济发展初期，资源禀赋和基于禀赋认知的水资源利用行为影响着区域经济社会发展的规模和潜力。水资源利用行为逻辑演化集中体现在该阶段水利工程建设思路的变化上，水利工程建设水平在一定程度上反映了区域经济发展对水资源开发利用的需求。当水资源开发利用行为的强度超出其禀赋承载范围时，将积累形成禀赋变化，具体表现为北方地区水资源可利用量减少，而这一变化最先挤出的就是依赖水资源生存的当地居民，资源锐减促进了大规模的人口向南迁徙，同时意味着经济发展中心发生转换。这突出体现在第一阶段内部的演化过程中。

第一阶段跨度较大，虽然政治经济中心大多时间仍在北方，但东晋、南宋时期两次大规模经济人口的南迁仍然预示着南北经济发展格局转化，这与北方地区水资源过度消耗导致禀赋变化是分不开的，可从该阶段王朝都城的迁徙轨迹中窥得一二。古代城市多依水而建，为的是降低取水成本，方便人口聚集，北方地区的镐京、咸阳、长安、洛阳等曾经都是水资源量丰富、支流水系发达、取水成本较低的地区，水资源禀赋在北方地区具有明显比较优势，如秦都咸阳坐落在黄河最大支流渭河及其二级支流的流域范围内，拥有当时"天下第一大渡"的渭城古渡，在汉唐时期更有"八水绕长安"之称。

但即使如此，北方地区水资源相较于南方仍然不足，难以支撑其大规模的人口集聚和经济开发，虽然北方地区基于这一禀赋认知，通过修筑精密渠系和引水工程来降低水资源利用过程的中间损耗，使得短期内能够将水资源承载力挖掘到最大限度，保障水资源对区域经济社会的阶段性支撑，但这样的利用方式的实质是人类对水资源进行了最大限度占用，对自然生态系统的水资源补给较少，在一定程度上破坏了水生态的良性循环，当经济发展需求进一步扩大时，水资源禀赋的衰减就会对区域经济和人口增长产生较强约束。以古城长安为例，历史上长安建都朝代多达 27 朝，拥有 3 100 多年建城史和 1 100 多年的国都史，是长期保持全国人口最多的城市，但由于长期过度消耗导致水资源承载能力不足，宋朝之后，长安"八水"水量锐减，仅剩泾河、渭河水量尚可，其余"六水"常年缺水。① 在此背景下，由于上游黄土高原、河套、河西走廊等地区均不利于建都，因此后朝选都时多向下游迁徙，而下游水量不足或水灾增多时，则必然向南转移。南方地区水资源丰沛，堤坝和疏水工程较多，主要源于水系复杂、水量大且时空差异明显等因素，水资源利用并未对南方地区产生明显约束，而运河开凿等史实则证明了水资源利用对南方地区经济增长的促进作用。

可见，历史上北方地区的水资源禀赋变化与全国经济重心向南转移是有密切关系的。这一时期水资源约束主要体现在北方地区及农业用水中，由于政权更替和战乱影响，水资源约束对南北经济增长的影响表现不稳定。观察到我国经济政治中心大多时间处于北方，经济活力和水资源开发强度也是北方更高，但北方水资源开发仍然是以点状

---

① 冯晓多. 唐长安城的水资源及其利用 [J]. 唐都学刊, 2020 (4)：27 - 33.

的引水灌溉为主，因此可以推测，受水利工程技术水平限制，历史上我国南北地区水资源用量处于不断上升阶段。由于水资源利用情况缺乏具体统计数据，暂不进行详细讨论。

二、政策引导与要素集聚

区域发展政策的指引会促进各类要素向特定区域和产业聚集，在提高区域经济发展水平的同时，拉动各类资源消耗，而这种资源消耗的规模、结构和效率会根据要素集聚的空间和结构特征产生差异，资源的稀缺性会反作用于要素聚集的形态和规模，即一般意义上的资源承载力对经济社会发展的影响，这在水资源领域体现得更加明显。水资源相比其他资源用途更广，且对要素集聚的影响更加深刻，因此政策引导下的要素集聚更需要考虑水资源的利用水平，而水资源利用也会对这种非自发性的要素流动产生更加明显的约束力。这突出体现在新中国成立至 2000 年前后的发展阶段演化过程中。在初期的均衡发展政策引导下，由于限制了经济规模效应的发挥，全国资本、技术和产业劳动力要素积累缓慢，南北经济呈现慢速均衡发展，水资源整体开发强度低，对经济增长的影响也主要是保障农业扩大生产和促进发展工业起步。改革开放后的非均衡政策引导，使得前期积累的要素向东南沿海地区迅速集聚，南北差距开始扩大，东部地区工业城镇发展导致水资源空间利用强度提高，用水结构也逐渐向工业、城镇调整，在一定程度上挤出了农业用水，北方地区出现了局部性和结构性的水资源约束问题。具体如下：

第一阶段到第二阶段：1949 年新中国成立，南北地区经济发展格局由北方集中发展、南方支援北方转化为南北均衡发展，全国经济总量提升和人口增长对水资源保障提出了更高要求。此外，"以粮为纲""大炼钢铁"等政策的实施，也推动水资源开发由一般的生存性开发转向更大规模、更高强度的工程性开发。其演化逻辑在于：一是全国均衡发展政策指引。新中国成立后全国人民福利需要保障和提高，全国实施广泛的经济开发带动水资源开发强度、开发范围和用水总量提高，新中国成立初期仍然以生存性开发为主，"大炼钢铁"时期则逐渐转向产业开发。二是要素积累水平限制。由于全国资本存量严重不足，劳动力也主要集中在传统农业，经济发展只能先从农业入手，而当时农业基础并不牢固，其中北方地区基本是旱作农业，灌溉用水需求非常集中，南方地区农业生产中，水田也占据较大比重，用水量需求量也逐渐增加；全国工业基础几乎为零，虽然在全国均衡发展的策略下南北地区水资源得到全面开发，但产业结构和用水结构均以第一产业为主，工业用水缓慢增长，加之水利工程技术水平较低，整体用水效率仍然不高。可见，这一转化过程中，在经济发展水平不高、结构单一的状态下，水资源约束主要体现为水利工程建设水平较低，导致水资源供给无法满足农业灌溉、居民生活等经济社会基础需求，约束力的总体强度并不高。

第二阶段到第三阶段：1978 年开始实行改革开放政策，由于先前的均衡性发展难以发挥经济规模效应，经济产出水平低、要素积累速度慢，因此转向非均衡发展，东部率先发展战略实施，东部、南部地区区位优势明显、资源禀赋较好、政策红利集中，劳动力、资金等要素迅速集中，加上第二阶段中全国性的水利工程建设，兼顾经济效益的水资源综合性开发成为主流，全国特别是南方水资源开发强度显著提高，工业、城镇用水总量扩大，水资源潜力被逐渐挖掘，水资源禀赋优势迅速放大，进一步保障了南方地区的要素聚集和社会再生产，使得南北地区经济发展差距开始扩大。其演化逻辑在于：一是国家政策牵引，均衡发展战略成效不佳，改革开放政策实施推动要素向东向南集中，带动水资源要素投入规模增加，规模效应下各类要素产出提升；二是发展结构优化，国家投资和外来资本介入促进了工业经济发展，工业用水增长，农业用水被挤占，这个现象在北方地区更为突出。第三阶段中水资源利用对南北经济增长的约束主要体现在东北、华北地区工业、城镇用水对农业灌溉用水的挤出，约束强度有所提高，约束结构集中在农业，约束范围较小。

三、需求升级与制度约束

随着我国南北地区要素集聚变化和发展差异扩大，经济社会对水资源利用的需求也在不断拓展、提升和分化。全国经济增速大幅提升的背后是内陆地区不断的要素流出，东西差距显著扩大，内陆地区人民分享发展成果成为重要的现实需求，区域协调发展维护社会稳定成为重要的政策需求，适时社会主要矛盾虽然仍是人民群众日益增长的物质文化需要和落后的社会生产力的矛盾，但更多地体现为西部地区人民发展需求与区域发展滞后之间的矛盾。

在此之下的西部大开发、中部崛起等政策实施，体现了我国区域政策对经济发展需求升级的回应，在促进内陆地区产业发展的同时，进一步加速了北方地区的水资源消耗水平。虽然大规模的节水试点和水权改革在一定程度上缓解了矛盾，但产业和城镇发展需求增长已然超过资源开发潜力，形成了明显的结构性约束。但这些政策仍然促进了国家生产力的全面解放，使区域协调发展水平明显提升，东西差距不断缩小，社会主要矛盾已逐渐转化为人民日益增长的美好生活需要和不平衡不充分的发展之间的矛盾。

此时北方地区经济结构已经逐渐偏向能源矿产、机械制造等需要水资源支撑的传统重工业，农业生产已经没有拓展空间，城镇人口仍然持续增长，城市发展对生活用水、生态环境用水的需求不断扩大，挤出农业用水的用水结构调整已经无法满足工业和城镇发展需要，水资源对经济增长的约束已经拓展到各个领域，提高全社会用水效率已成为缓解水资源约束的必然选择。这时南方地区，特别是西南地区在前期的政策刺激和战略布局下达到了较高的经济增长水平，但禀赋依赖导致其农业和工业粗放发展的问题逐渐显现，在承接北方地区的产业和人口转移带来的要素集聚后，由于水利基础设施建设相对不足，水质性缺水、工程性缺水等区域性问题频发，开始对工业扩规和城镇发展产生一定约束。

在高质量发展需求不断提升、水资源制度约束逐渐增强的未来，可以预见经济社会发展对水资源利用的需求升级和水资源对经济发展各个领域约束的矛盾会更加突出，进一步影响我国南北地区经济增长差异水平。具体如下：

第三阶段到第四阶段：2000 年西部大开发战略实施，东西经济差距扩大，国家为平衡内陆地区发展需求、进一步释放全国发展活力，实施中部崛起、西部大开发等区域协调发展政策，华北、西北等地区能源、工业经济要素迅速集聚并发挥效益，南北经济增长也得到了平衡，在此期间，北方地区受制于较低的水资源开发潜力，用水思路已经转向节约化、制度化和数字化，但耗水产业发展导致北方地区水资源开发潜力被进一步消耗，对西北、华北地区经济可持续发展的约束大幅提升。这主要源于东西经济发展差距过大引发的两方面突出问题：一是东部地区要素成本提升，产出弹性下降，导致可持续发展能力下降；二是东部地区对中、西部地区带动能力不强，西部地区要素产出过低，资源被浪费。国家为协调发展差距出台了西部大开发、中部崛起、东北振兴等区域战略，对西北、华北、东北等地区的经济增长刺激作用较为明显，但由于北方前期水资源消耗过多，在产业结构和用水效率尚未改善的前提下，较高的经济增长速度导致水资源开发潜力进一步下降，特别是西北、华北地区，必须转向实施水资源约束性开发战略。第四阶段中水资源利用对南北经济增长的约束主要体现在工业、城镇、生态用水对农业灌溉用水的挤出，约束强度有所提高，约束结构扩展到工业和城镇，约束范围扩展到北方大部分地区。

第四阶段到第五阶段：2013～2014 年，国际能源、大宗商品价格开始迅速下跌，山西、内蒙古等能源省份以及东北老工业基地经济增长明显放缓，水资源开发潜力和能源储备日趋枯竭，国家推动全国范围内的新旧动能转换，这些省份转型任务最为艰巨，加之最严格水资源管理制度颁布，水资源利用的制度管理策略逐渐转向全国范围的刚性约束，"生态优先、绿色发展"的流域经济发展思路一经提出，对水资源的保护性开发成为必然选择，这对北方地区转型发展提出了更高要求。这一阶段的演化逻辑在于：华北、西北等地区资源消耗过度，能源经济增长放缓，水资源开发潜力已然逼近上限；西南地区资源潜力被进一步挖掘，投资规模提升，南方地区工业经济增长加快，水环境污染加重，水质性缺水问题突出，南北经济增长差异显著扩大，国家发展战略转向科学发展、可持续发展和高质量发展，颁布最严格水资源管理制度，流域生态保护重要性进一步突出，水资源利用总量、效率和质量成为前置性约束，进一步影响南北经济增长。第五阶段中，水资源利用对南北经济增长的约束强度明显提高，约束结构扩展到工业、城镇和生态用水，约束范围扩展到全国。另外，虽然南水北调工程缓解了黄河下游的用水危机，但由于最严格水资源管理制度的刚性约束影响了区域经济增长预期，水资源利用对全国经济增长的约束性普遍增强，对黄河中游地区的能源型省份更为明显。

综上所述，水资源供给规模、结构和效率难以满足经济发展需求时，水资源利用就会表现出对经济社会发展的约束作用，突出体现在对经济增长水平的约束上。这里的水资源供给规模不仅是水资源量的供给，也包括水资源利用指标的供给，水资源利用指标难以满足经济发展需求时也会产生水资源约束，即制度约束。具体表现为：1978年后，随着南北经济增长差距形成，水资源约束对北方经济增长的影响逐渐显现；1987 年，黄河"八七分水"方案限制流域各省份取用水量，黄河流域水资源利用进入制度约束时代；1993 年我国开始实行取水许可证制度，水资源用量的制度约束产生了对经济增长的影响，但此时全国水资源可利用量相对充足，且并未限制水资源利用指标上限，水资源约束总体强度不高，约束范围相对处于局部；2000年后，用水总量、污水排放量等已经影响到南北经济增长，北方经济增速较快导致水资源开发潜力枯竭，南方污水排放量显著提升导致水质性缺水问题突出，水资源约束强度提升，约束范围扩大至北方大部分地区和南方局部地区，2013 年后，最严格水资源管理制度将区域取水规模、用水效率和水质标准明确限定后，水资源约束逐渐成为经济发展的前置性条件，约束力进一步增强，约束范围进一步拓展至全国，约束类型扩大至总量、结构、效率和质量，进一步推动了经济增长南北差距的扩大。

第三节 演化：新世纪、新情况、新特征

在经历了禀赋推动、政策引导和需求升级后，21 世纪以来南北地区经济发展对水资源利用的需求已经转向对用水总量的增长需求、对用水结构的平衡需求、对用水效率的协调需求。相应地，在经历了生命支撑、要素承载和发展约束后，南北地区水资源利用及水资源管理制度对经济增长的影响也拓展为对要素集聚的规模约束、对产业发展的结构约束和对经济增长的质量约束。

一、经济增长、动能转换与资源约束

2000 年以来东西差距明显缩小，南北差距再次扩大，北方地区受到资源环境约束的更大影响，经济发展动能转换进程滞后，发展环

境和载体相比南方地区都有明显劣势，2013 年后南北差距出现加速扩大趋势，资源约束的南北差异进一步强化了这一差距的加速趋势。

东西差距缩小突出体现在两个层面：一是南北地区内部的东中西板块差距收敛。① 2021 年我国南北地区内部的东中西板块经济规模比例分别为 59.4∶22.9∶17.7 和 58.7∶25.4∶15.9，相比 2000 年东中板块差距分别降低 17.7 和 16.5 个百分点，东西板块差距分别降低 21.3 和 11.9 个百分点。二是两条"对角线板块"差距收敛。② 将 6 大板块数据再次排序分析，发现两条对角线板块差距均出现收敛趋势，但收敛程度不同。南方东部与北方西部的板块差距收敛 10% 左右，北方东部与南方西部的板块差距收敛超过 40%，进一步说明北方地区存在发展降速问题。

南北差距体现在 GDP 总量、人均 GDP 和 GDP 增速上。2021 年南方地区 GDP 是北方的 1.84 倍，2000 年为 1.39 倍，差距扩大 32%；2021 年南方地区人均 GDP 是北方的 1.25 倍，2000 年为 1.01 倍，差距扩大 24%。南北差距更突出地体现在经济增速上。2000～2021 年，南方地区名义 GDP 增速高于北方的年份有 15 年，占比超过 70%，2001～2003 年南北经济增速基本相当，2004～2008 年则表现出小幅的"北高南低"，2009 年 GDP 增速上的"北高南低"迅速收敛，此后四年间增速基本持平，2013 年后实现南北差距的反转。2013 年以前南北地区名义 GDP 平均增速分别为 14.91%、15.48%，2013 年后

---

① 据此，结合南北分界线和可比性要求，将全国进一步划分为 6 个板块，即北方东部，包括黑龙江、吉林、辽宁、河北、北京、天津、山东等 7 个省份；北方中部，包括山西、河南和内蒙古等 3 个省份；北方西部，包括陕西、甘肃、青海、宁夏、新疆等 5 个省份；南方东部，包括上海、江苏、浙江、福建、广东、广西、海南等 7 个省份；南方中部，包括安徽、湖北、湖南、江西等 4 个省份；南方西部，包括重庆、四川、云南、贵州、西藏等 5 个省份。

② "对角线板块"差距是指我国六大区域板块中排除中部地区的两块后，剩余四大板块的对角线板块差距，即南方东部与北方西部的差距、北方东部与南方西部的差距。

分别为 9.74、4.38%。2013 年前后经济平均增速南北差距扩大
5.93%，根据价格指数折算后实际 GDP 增速差距仍超过 3 个百分点，
而这一差距是在 2009～2012 年逐步演化形成的。这一时期属于金融
危机后的调整期，要素集聚程度和集聚形态重新调整，同时最严格水
资源管理制度确立，北方水资源开发潜力进一步下降，2013 年后
GDP 增长的"南快北慢"正式形成，如图 3－1 所示。

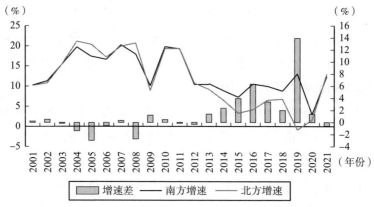

图 3－1 2001～2021 年我国南北地区 GDP 增速差异变化情况

资料来源：历年《中国统计年鉴》。

结合南北地区进一步观察南北差距背后的动能原因可以发现，世
界金融危机后，我国加速推进经济发展方式转变，南方地区各省份着
力于发展环境和载体的培育优化，特别是在贸易、投资、资源、政策
等发展环境上相较于北方地区都具有明显优势，经济实现恢复性增
长。在贸易环境方面，截至 2021 年，中欧班列开行数量前 3 的城市，
其中 2 个在南方，全国货物吞吐量前 5 的港口中有 4 个位于南方，良
好的地理区位条件和港口建设水平加速了南方特别是东南地区资本积
累的速度，进一步为科技创新提供了客观前提。在政策环境方面，全
国 18 个自由贸易试验区中的 11 个在南方，19 个国家级新区中的 12

个在南方，全国四大区域战略中的 3 个布局在南方，2019 年 2 月
《粤港澳大湾区发展规划纲要》颁布，2020 年成渝地区双城经济圈建
设成为国家战略，南方地区经济增长和科技创新潜力有望被进一步释
放。反观北方地区，其长期依赖粗放的能源产业发展带动 GDP 增长，
易受国际能源等大宗商品的价格波动影响。2012 年开始，我国部分
能源商品和基础原材料价格指数快速下跌，此后大规模资本陆续从资
源型地区撤出，制造业投资需求严重萎缩的同时造成资源开发潜力严
重不足，导致能源产业增长停滞。国家发展改革委办公厅《关于编
制资源枯竭城市转型规划的指导意见》确定了 69 个典型资源枯竭型
城市，其中 40 个位于北方，煤炭资源储量不足导致大批以煤炭开采
兴起的城市面临严重增长危机。

另外，考虑到从 2017 年开始，部分省份对 2009～2020 年虚高的
经济数据进行"挤水分"，东北、华北地区的辽宁、吉林、黑龙江、
山东、天津、内蒙古等地对 2011～2018 年部分年份的 GDP 总量和财
政收入数据进行了较大幅度的下调，其中 GDP 最高下调幅度接近
30%，使得经济增长上的南北差距更加突出，对北方地区真实的经济
转型情况也反映得更加充分。

必须指出的是，虽然北方地区在动能转换和资源约束上遇到更
多难题，但南北差距是否会成为长期趋势仍不得而知，目前的主流
观点仍然认为这是阶段性的差异。特别是考虑到 2014 年国家实施
京津冀协同发展战略，加大力度从区域协同角度来优化产业布局和
改善生态环境；2018 年《中共中央 国务院关于建立更加有效的
区域协调发展新机制的意见》指出推动河北雄安新区建设，使该区
域集中了我国最优惠的发展政策、最先进的建设理念和最高端的产
业布局。同时观察到 2000 年以来北京市的全社会 R&D 经费支出、
技术市场成交额两项数据持续位列全国前三，科研经费投入强度数

据持续位列全国第一,① 京津冀地区仍然是全国要素最集中、发展环境最优、增长载体最好的区域之一,在政策引导、动能转换和需求调整后,京津冀地区有望带动北方地区实现追赶发展。

二、要素禀赋、开发潜力与发展导向

"南方水多,北方水少"仍然是南北地区水资源利用的最基本也是最根本的差异,虽然南水北调工程在一定程度上缓解了黄河下游地区用水困难的问题,但调水规模和效益仍受多种因素制约,难以彻底解决北方地区缺水问题,南北地区水资源开发潜力的巨大差异仍然决定着南北地区在水资源承载和用水导向上的关键差异,这对南北地区经济增长的现状和趋势都有着不可估量的影响。

从水资源禀赋来看,北方地区水资源经过长期过度消耗后,其可利用量已经明显不足,黄河、海河等领域上游来水逐年减少,2000年以来基本维持在 5 000 亿立方米左右,其间 2008 年达到最低点 4 447.4 亿立方米,2020 年后由于南水北调中线、东线工程加大调水量以及降水量增加,水资源总量达到近 8 000 亿立方米;2000 年水资源利用率基本维持在 45% 左右,2015 年达到最高点 53.34%,2020 年后相关数据下降至 35% 左右。南方地区水资源利用潜力被逐渐挖掘拓展,2021 年水资源总量达到 21 835.9 亿立方米,2000 年以来基本维持在 22 000 亿立方米左右,其间 2011 年达到最低点 18 126.0 亿立方米,2020 年达到最高点 24 962.2 亿立方米;2000 年以来水资源利用率基本维持在 16% 左右,其间 2016 年达到最低点 13.19%,2011年达到最高点 20.26%,2020 年后利用水平无明显变化。总体来看,南方地区年度水资源量一般都在北方地区的 4 倍以上,差距最小也在

---

① 资料来源:2000 ~ 2019 年《全国科技经费投入统计公报》。

3 倍左右，最大时则超过 5 倍；从水资源开发率来看，北方地区水资源开发利用率一般在南方地区的 2 倍以上，差距最小为 24 个百分点，最大达到 35 个百分点。[①]

相对于南方地区，北方较少的水资源和较高的开发利用率，决定了其发展导向必须选择水耗较低的产业，能源重化工等传统耗水产业发展面临转型要求，进一步推进要素集聚面临更强的资源约束，城市缺水将成为长期面临的重要挑战，其水生态环境质量提升必然面临更多难题，水权制度改革、节水城市建设、发展循环经济是北方地区寻求可持续发展的必经之路。

2013 年 12 月 10 日，南水北调东线一期工程通水，输水区为江苏，借京杭大运河河道途经安徽至山东；2014 年 12 月 12 日中线工程通水，输水区主要为湖北丹江口水库，经河南至河北、天津、北京等广大地区（见表 3 - 2）。东线、中线一期工程设计多年平均规划供水量为 89 亿立方米、85.4 亿立方米，实际年均输水量约为 6.5 亿立方米、60 亿立方米，显著缓解了华北地区的用水矛盾，在一定程度上缩小了南北地区用水总量差异，但仍存在两方面挑战：一是东线工程受水区用水积极性不高。由于东线工程输水区为相对发达地区，工业集中导致输水地区水质保障不足，受水区山东为平原地区，各市、区、县的渠系配套难度大，工程效益未能完全发挥。二是中线工程来水全程架设高渠自流，水量不进入黄河河道，主要用于城市和工业的定向供给，因此北方地区的黄河、海河、淮河在流域经济发展上水量不足的天然劣势难以弥补，航运等需水量较大的产业几乎失去发展可能，水电产业发展潜力不高，涉水旅游发展水平受限，流域上下游间经济交流明显更加单薄，对整个地区的辐射带动水平更低。相比于 2012 ~ 2015 年南方地区的珠江—西江经济带、长江经济带等上升为

[①] 资料来源：历年《中国统计年鉴》。

国家战略从而实现全面发展，北方地区在流域经济发展上已然存在巨大劣势。

表 3 - 2　　　　　　　南水北调东线、中线工程供水情况

工程	通水时间	输水区	受水区	计划年调水量（亿立方米）	实际年调水量（亿立方米）	水质情况
东线（一期）	2013 年12 月 10 日	江苏	山东	89（远期 148）	6.5	监测达到Ⅲ类
中线（一期）	2014 年12 月 12 日	湖北	河南、河北、天津、北京	85.4（远期 130）	60	稳定Ⅱ类及以上

　　资料来源：（1）水利部南水北调规划设计管理局. 南水北调工程总体规划内容简介 [J]. 中国水利，2003（1）：11 - 13 + 18.（2）陈赟，等. 南水北调中线供水首次达到总体规划设计目标 [N]. 潇湘晨报，2020 - 12 - 04.（3）张艳玲. 南水北调东线一期工程向山东调水 7.03 亿立方米 7 年累计调入水量 46.1 亿立方米 [EB/OL]. 中国网，2020 - 04 - 30. http://www. nsbddx. com/single_detial/3597. html.

三、总量控制、结构调整与效率提升

　　结合南北地区资源禀赋差距、动能转换差异和 2000 年以来的南北差距变化情况来看，要理解南北地区经济增长差异的本质和长期性，必须关注资源约束问题，水资源约束是重中之重，这就要从南北水资源的最新变化入手，其中最严格水资源管理制度对经济发展的影响是关键所在。

　　2013 年后水资源管理制度对水资源开发行为的控制水平成为对经济社会的重要约束力量，而这一管理制度对经济发展的影响是全方面、前置性且意义深远的。2013 年以前，水资源对经济增长的约束主要源于水资源供给水平不足；2013 年后，最严格水资源管理制度明确限制各区域用水行为，与取水许可制度配合形成了水资源利用的制度约束，这种约束具有鲜明的多重性和前置性特征。

多重性体现在制度约束的范围上，最严格水资源管理制度确立水资源开发利用控制、用水效率控制、水功能区纳污限制"三条红线"，分别对用水总量、万元工业增加值用水量、农田灌溉水有效利用系数、水质达标率等指标进行了明确限制，如表3-3、表3-4、表3-5所示。进一步考察上述指标，可以发现"三条红线"也对区域用水结构进行了限制。在农业用水方面，在明确粮食播种面积和农业用水定额不出现大幅波动的前提下，同时排除短期内农业生产技术提升的影响，规定了区域农田灌溉水有效利用系数就相当于规定了区域农业用水总量；在工业用水方面，由于城镇、生活用水具有一定刚性，生态用水占比较小，明确对农业用水总量的限制后，配合区域用水总量控制指标，工业用水总量的上限实际也是明确的。可见，最严格水资源管理制度的实质是对区域用水总量、用水结构和用水效率进行了限制，是对区域用水行为进行的"多重约束"。

表3-3　　　　各省（自治区、直辖市）用水总量控制指标 单位：亿立方米

地区	2015 年	2020 年	2030 年	地区	2015 年	2020 年	2030 年
上海	122.07	129.35	133.52	北京	40.00	46.58	51.56
江苏	508.00	524.15	527.68	天津	27.50	38.00	42.20
浙江	229.49	244.40	254.67	河北	217.80	221.00	246.00
安徽	273.45	270.84	276.75	山西	76.40	93.00	99.00
福建	215.00	223.00	233.00	内蒙古	199.00	211.57	236.25
江西	250.00	260.00	264.63	辽宁	158.00	160.60	164.58
湖北	315.51	365.91	368.91	吉林	141.55	165.49	178.35
湖南	344.00	359.75	359.77	黑龙江	353.00	353.34	370.05
广东	457.61	456.04	450.18	山东	250.60	276.59	301.84
广西	304.00	309.00	314.00	河南	260.00	282.15	302.78
海南	49.40	50.30	56.00	陕西	102.00	112.92	125.51

续表

地区	2015 年	2020 年	2030 年	地区	2015 年	2020 年	2030 年
重庆	94.06	97.13	105.58	甘肃	124.80	114.15	125.63
四川	273.14	321.64	339.43	青海	37.00	37.95	47.54
贵州	117.35	134.39	143.33	宁夏	73.00	73.27	87.93
云南	184.88	214.63	226.82	新疆	515.60	515.97	526.74
西藏	35.79	36.89	39.77	北方合计	2 576.25	2 702.58	2 905.96
南方合计	3 773.75	3 997.42	4 094.04	全国	40.00	46.58	51.56

资料来源：国务院办公厅. 实行最严格水资源管理制度考核办法［EB/OL］. 中央政府门户网站，2013 - 01 - 06. http: // www. gov. cn/zwgk/2013 - 01/06/content_2305762. htm.

表 3 - 4　　　　各省（自治区、直辖市）用水效率控制指标

地区	2015 年万元工业增加值用水量比 2010 年下降（%）	2015 年农田灌溉水有效利用系数	地区	2015 年万元工业增加值用水量比 2010 年下降（%）	2015 年农田灌溉水有效利用系数
上海	30	0.580	北京	25	0.710
江苏	27	0.581	天津	25	0.664
浙江	35	0.515	河北	27	0.667
安徽	35	0.530	山西	27	0.524
福建	35	0.477	内蒙古	27	0.501
江西	35	0.588	辽宁	27	0.587
湖北	35	0.490	吉林	30	0.550
湖南	30	0.474	黑龙江	30	0.734
广东	33	0.450	山东	25	0.630
广西	35	0.562	河南	35	0.496
海南	33	0.478	陕西	25	0.550
重庆	33	0.450	甘肃	30	0.540
四川	35	0.446	青海	25	0.489

续表

地区	2015 年万元工业增加值用水量比 2010 年下降（%）	2015 年农田灌溉水有效利用系数	地区	2015 年万元工业增加值用水量比 2010 年下降（%）	2015 年农田灌溉水有效利用系数
贵州	30	0.445	宁夏	27	0.480
云南	30	0.414	新疆	25	0.520
西藏	35	0.600	北方平均	27	0.580
南方平均	33	0.510	全国	30	0.530

资料来源：国务院办公厅．实行最严格水资源管理制度考核办法［EB/OL］．中央政府门户网站，2013 – 01 – 06. http：//www. gov. cn/zwgk/2013 – 01/06/content_2305762. htm.

表 3 – 5　　　　各省（自治区、直辖市）重要江河湖泊
水功能区水质达标率控制目标　　　单位：%

地区	2015 年	2020 年	2030 年	地区	2015 年	2020 年	2030 年
上海	53	78	95	北京	50	77	95
江苏	62	82	95	天津	27	61	95
浙江	62	78	95	河北	55	75	95
安徽	71	80	95	山西	53	73	95
福建	81	86	95	内蒙古	52	71	95
江西	88	91	95	辽宁	50	78	95
湖北	78	85	95	吉林	41	69	95
湖南	85	91	95	黑龙江	38	70	95
广东	68	83	95	山东	59	78	95
广西	86	90	95	河南	56	75	95
海南	89	95	95	陕西	69	82	95
重庆	78	85	95	甘肃	65	82	95
四川	77	83	95	青海	74	88	95
贵州	77	85	95	宁夏	62	79	95

续表

地区	2015 年	2020 年	2030 年	地区	2015 年	2020 年	2030 年
云南	75	87	95	新疆	85	90	95
西藏	90	95	95	北方平均	56	77	95
南方平均	76	86	95	全国	60	80	95

资料来源：国务院办公厅. 实行最严格水资源管理制度考核办法 ［EB/OL］. 中央政府门户网站，2013 – 01 – 06. http：//www. gov. cn/zwgk/2013 – 01/06/content_2305762. htm.

　　可见，水资源制度约束对南北地区是有差异的。在用水总量上，南方可用水资源量指标 2015 年合计 3 773. 75 亿立方米、2020 年合计 3 997. 42 亿立方米、2030 年合计 4 094. 04 亿立方米，15 年间年均增长 0. 54%，北方地区相应年份指标分别为 2 576. 25 亿立方米、2 702. 58 亿立方米、2 905. 96 亿立方米，年均增长 0. 81%。虽然北方地区控制指标相对宽松，但从比值来看，2015 年、2020 年、2030 年南方地区可用水资源量指标分别是北方地区的 1. 46 倍、1. 48 倍、1. 41 倍，制度约束下南方可用水量仍然显著高于北方地区，但比值在 2020 年后开始缩小，可能在一定程度上推动南北经济增长差距在 2020 年后缩小。在用水效率上，目前仅控制 2015 年指标，南方地区 2015 年万元工业增加值用水量比 2010 年平均下降 33%，下降幅度高于北方地区，2015 年农田灌溉水有效利用系数为 0. 51，低于北方地区，虽然控制指标仅明确到 2015 年，但根据政策连贯性、延续性要求，结合 2010 年南北地区万元工业增加值用水量和农田灌溉水有效利用系数，可以推测，2013 年后，南方地区工业用水对工业经济增长约束水平高于北方地区，农业用水对农业经济增长的约束水平低于北方地区。在重要水功能区水质达标率上，2020 年以前，南北水质要求整体高于北方，2030 年后，全国要求统一为 95%，考虑到南北地区用水总量和用水效率差异，这一约束对南北经济增长的约束力度可能不强。

前置性主要体现在用水总量控制上。从理论上来说，各地区在扩大生产规模或新增要素投入时，必须优先考虑当地用水指标的储备情况。因为即使当年来水量较大，水资源供给充足，各区域用水总量也必须符合最严格水资源管理制度规定。在实际中，这种前置性约束可从区域用水总量和用水总量控制指标的对比情况来体现，如表 3 - 6 所示。

表 3 - 6 2020 年各省（自治区、直辖市）用水总量指标结余情况

地区	2020 年实际用水量（亿立方米）	2020 年控制指标（亿立方米）	指标结余（%）	地区	2020 年实际用水量（亿立方米）	2020 年控制指标（亿立方米）	指标结余（%）
上海	97.50	129.35	24.6	北京	40.60	46.58	12.8
江苏	572.00	524.15	-9.1	天津	27.80	38.00	26.8
浙江	163.90	244.40	32.9	河北	182.80	221.00	17.3
安徽	268.30	270.84	0.9	山西	72.80	93.00	21.7
福建	183.00	223.00	17.9	内蒙古	194.40	211.57	8.1
江西	244.10	260.00	6.1	辽宁	129.30	160.60	19.5
湖北	278.90	365.91	23.8	吉林	117.70	165.49	28.9
湖南	305.10	359.75	15.2	黑龙江	314.10	353.34	11.1
广东	405.10	456.04	11.2	山东	222.50	276.59	19.6
广西	261.10	309.00	15.5	河南	237.10	282.15	16.0
海南	44.00	50.30	12.5	陕西	90.60	112.92	19.8
重庆	70.10	97.13	27.8	甘肃	109.90	114.15	3.7
四川	236.90	321.64	26.3	青海	24.30	37.95	36.0
贵州	90.10	134.39	33.0	宁夏	70.20	73.27	4.2
云南	156.00	214.63	27.3	新疆	570.40	515.97	-10.5

续表

地区	2020 年实际用水量（亿立方米）	2020 年控制指标（亿立方米）	指标结余（%）	地区	2020 年实际用水量（亿立方米）	2020 年控制指标（亿立方米）	指标结余（%）
西藏	32.20	36.89	12.7	北方合计	2 384.40	2 702.58	11.8
南方合计	3 535.60	3 997.42	11.6	全国	5 812.00	6 700.00	13.3

资料来源：（1）国务院办公厅. 实行最严格水资源管理制度考核办法［EB/OL］. 中央政府门户网站，2013 - 01 - 06. http://www.gov.cn/zwgk/2013 - 01/06/content_2305762.htm.（2）国家统计局. 中国统计年鉴 2020［M］. 北京：中国统计出版社，2020.

可见，2020 年我国南北地区用水总量指标均节余 10% 左右，代表着 2020 年各地经济发展的水资源增长空间，节余指标将成为各地新增要素投入的重要保障和发展约束。根据指标情况，南方的江苏和北方的新疆 2020 年实际用水量已超出控制指标 10% 左右，经济增长将受到明显的水资源制度约束；南方的江西、安徽，北方的内蒙古、甘肃、宁夏等地用水指标节余低于相应区域平均水平，2020 年及之后的工业项目投资、农业引水灌溉、城镇规模拓展等方面也将受到一定程度的约束。进一步考察水资源"多重约束"和经济增长"南快北慢"表征发现，各地区各年的用水总量节余指标，可以在一定程度上代表水资源制度约束水平，其数据变化特征与南北地区经济年度增速变化特征有一定相似性，推测南北地区水资源约束对其经济增长有明显的影响，进一步促进了南北经济增长差异。为理解这种影响关系，下文将根据相关理论和我国实际情况，构建水资源约束下我国南北经济增长差异的解释框架，深度探索水资源约束下我国南北经济增长差异的内在规律。

根据我国水资源约束和南北经济增长的新特征和基本出发点，即 2000 年西部大开发战略实施后，东西差距开始缩小，南北差距逐渐成为更加重要的区域问题，结合数据连续性和可得性考虑，后文分析仅针对 2000 年后我国南北地区水资源利用与经济增长情况。

第四节　框架：水资源约束下南北差距的基本逻辑

根据上述我国南北地区水资源利用与经济发展关系的演化规律，结合前文对水资源约束下我国区域经济增长差异的理论逻辑，分析水资源多重约束下我国南北地区经济增长差异特征内涵。

一、丰水和贫水地区中的用水总量约束差异

从水资源禀赋来看，北方地区属于典型的贫水地区，2021 年人均水资源拥有量仅为 1 368.23 立方米，在联合国提出的水资源紧迫标准 1 000 ~ 1 667 立方米/（人·年）的范围内。[①] 南方地区属于相对丰水地区，水资源禀赋较好，2021 年人均水资源拥有量达 2 598.40 立方米，约为北方地区的 2 倍。[②] 显然，南方地区的水资源对经济社会的承载力较高，在相同发展水平下，北方地区用水总量约束明显更强。考虑到我国水资源时空分布不均，南方地区由于整体资源比较丰富，通过水利工程在流域内进行水资源配置和调度的空间更大，因此其水资源约束多表现为局部地区工程设施和制度管理不足导致的用水总量约束，而北方地区特别是黄河、海河流域等开发利用率超过 60% 的流域，其用水总量约束显然明显高于北方，而且相对于贫水地

---

① 联合国教科文组织. 世界水资源开发报告 2009 ［EB/OL］. UNESCO，2009 – 03 – 12. http：//www. unesco. org/new/en/natural – sciences/environment/water/wwap/wwdr.

② 国家统计局. 中国统计年鉴 2020 ［M］. 北京：中国统计出版社，2020.

区的发展需求，其用水结构调整和用水效率提升压力也在逐渐提升，
当下已经面临三重约束，而结构约束和效率约束也可能进一步强化总
量约束水平。

　　从区位条件来看，南北地区的主要流域多为自西向东，由于我国
地形地貌存在"三大阶梯"的特征，上游地区地形相对复杂，水资
源开发成本较高，中下游地区地势平坦开阔，适宜要素集中，但相比
于北方，南方地区中下游面积更广，中下游地区拥有的水资源量占南
方地区总量的 65.34%，高于北方地区 17 个百分点，在水资源禀赋
上更具优势。[1] 进一步对比北方地区黄河流域和南方地区长江流域可
以发现，黄河流域上游水系相对发达，70% 的水资源集中在上游地
区，下游为地上悬河，虽然开发成本相对上游较低但水资源量匮乏；
而长江流域则是中下游水系更加复杂，汉江、赣江、湘江、乌江等水
量较大的支流不断汇集，在中下游占据了 50% 以上水资源的同时，
复杂的水系覆盖了更广的流域范围，不必修建更多的渠系工程区进
行输配水，水资源开发成本进一步降低，在这一点上南北差异更为
明显。[2]

　　结合我国东西差距情况，上游地区经济发展相对滞后，经济社会
对水资源的需求较低，水资源约束总体水平不高；而中下游地区区位
条件较好，要素聚集程度高，经济相对发达，即使不考虑南北地区水
资源总体禀赋差异，在经济发展和人口增长水平对水资源的需求水平
相当的前提下，由于中下游水资源禀赋及区位条件的差异存在，北方
地区的用水总量约束也会明显更高。

---

　　[1]　国家统计局.中国统计年鉴 2020 [M].北京：中国统计出版社，2020.此处上游
地区指代西部地区，但考虑到新疆和西藏地区水资源开发的特殊性，暂不纳入计算。
　　[2]　中华人民共和国水利部.2019 年中国水资源公报 [EB/OL].水利部官网，2020 -
08 - 03. http：//www.mwr.gov.cn/sj/tjgb/szygb/202008/t20200803_1430726.html.

二、产业发展和城镇扩张后的用水结构约束差异

从产业发展来看，北方地区一直是农业生产的重要地区，华北、东北地区是我国的重要粮仓，农业经济和农业用水长期占据重要位置；改革开放后，传统重工业和国防科技工业在北方地区广泛布局，工业用水需求显著提升，此时由于水资源可开发量已经接近饱和，工业用水开始挤出农业用水；西部大开发战略实施后，能源经济飞速增长导致工业用水需求进一步扩大，特别是煤制油、煤制气等能源工业转型以及清洁能源发展均需要大量水资源进行保障，煤制油工艺产出1吨油就需要6吨水支撑，但在保障农业生产的基础上，北方地区农业可挤出水量已经逐渐达到上限，为进一步挖掘农业节水潜力，北方地区展开了以节水制度、水权交易、渠道衬砌和田间工程等手段为主的农业现代化改造，但这仍然是局限的存量调整，难以满足工业持续扩张需求，还会拉高工业经济发展成本，很多耗水工业已经完全不适合在北方布局，工业用水需求难以得到有效满足，用水结构约束已经对北方地区经济持续发展和产业结构优化产生较强影响。南方地区农业生产集中在长江中下游和珠江上中游地区，降水量丰富且与农业灌溉需求时段相匹配，农业生产不完全依赖灌溉设施和渠系条件，因此在工业扩张导致用水需求提升时，并未对农业用水产生过度挤出，通过对农业、工业的产业空间布局进行调整优化，即可在一定程度上缓解工业用水需求问题。

从城镇扩张来看，由于气候条件和生态环境上的劣势，北方地区城镇人口数量一直低于南方地区，加之东北、西北地区经济发展放缓后，人口存在持续向南流出的趋势。但城镇扩张属于人口向局部地区集中的过程，并不完全依赖于人口总规模的变化，由于北方地区水资源更多地分布在西部地区，而人口则向东部地区的城镇集中，这导致

水资源供需矛盾在黄河下游地区城镇中变得更加尖锐，况且2021年北方地区城镇化率超过60%①，2000~2021年南北地区城镇化率差值基本都在1个百分点左右，城镇集中导致生活用水、生态用水大幅增长，对用水结构调整产生较大压力，由于生活用水具有基础保障作用和绝对优先属性，城镇扩张带来的用水需求激增对工业和农业用水都产生了一定挤出作用，取水规模提升导致河道自净能力下降，对污废水排放的承载能力减弱，在水质达标管理下再次拉高了工业企业用水成本，这将强化北方地区用水结构约束作用，进一步加剧南北地区在工业发展上的差距。

三、工程支撑和制度引导下的用水效率约束差异

从工程支撑来看，北方地区整体水利工程建设更加充分，节水灌溉、循环用水、田间渠系等设施更加完善。以黄河和长江流域为例进行对比，黄河流域共建成了各类水库3 100多座，总库容约580亿立方米，已然超过全流域水资源量，自上游龙羊峡、刘家峡、黑山峡开始，至中下游龙门、三门峡、小浪底水库，流域上下游间调节水库分布均衡，对水资源的调度能力已能够支持全流域水资源的优化配置。② 长江流域水库总库容3 606.89亿立方米，调节能力仅为全流域水资源量的1/3，且调节能力较强的大中型水库主要分布在上游地区，宜昌以下地势平坦，大型水库极少，难以实现对全流域水资源的高效配置。③ 水库建设的优势在于保障北方地区能够有效调节流域水

---

① 国家统计局. 中国统计年鉴2020［M］. 北京：中国统计出版社，2020.

② 水利部黄河水利委员会. 2019年黄河水资源公报［EB/OL］. 黄河网，2020 – 10 – 16. http：//www.yrcc.gov.cn/other/hhgb/.

③ 水利部长江水利委员会. 2019年长江流域水资源公报［EB/OL］. 长江水利网，2020 – 09 – 15. http：//www.cjw.gov.cn/zwzc/bmgb/2019gb/.

资源的同时，更加方便流域内各区域取水，配合精密的渠系条件后可以实现高效输配水和精细化、数字化的资源管理，节水建设也具备更好的条件。截至 2021 年 3 月，住房和城乡建设部分 10 批次认定国家节水型城市 134 个，其中 2/3 的城市都在北方。① 良好的工程设施条件能够有效支撑北方地区提升用水效率，缓解用水总量约束问题，更保障了取水、输配水环节的用水效率，但终端用水效率约束问题仍然存在，这点可根据能源工业和传统重工业对水资源的依赖进行佐证。

从制度建设来看，由于北方地区受用水总量和用水结构约束影响更大，因此对于用水效率提升的需求更加迫切，在取用水制度、节水制度、水权制度、资源管理、工程管理制度上都相对更为严格。以水权制度建设为例，北方地区的水权确权、收储和交易等各项工作推进都比较顺利，2004 年第一批水权试点全部在北方黄河流域，2014 年新一轮 7 个水权试点中有 4 个在北方，最终试点成效也是北方地区较好，中国水权交易中心坐落于北京，平台上大部分水权交易均来自北方地区，主要集中在黄河、西北内陆河流域的区域间或大型灌区的农户间，跨区域水权交易多为工业企业投资农业节水产生节余水权并回购，农户间水权交易多伴随着农村土地流转和再开发，总体来看都是提高农业用水效率的制度方案。② 南方地区水权制度建设困难重重，水权确权难度大，水权交易基础差，整体积极性不高。良好的制度建设在一定程度上促进了北方地区整体用水效率的提高，在农业有效灌溉水利用系数方面比南方地区表现更好，农业用水效率对经济增长的约束力相比南方较低，能够在一定程度上抵消用水总量不足对经济增长的约束作用。但是，考虑到用水总量上的巨大差距，仅提升农业用

① 住房和城乡建设部，国家发展和改革委员会. 关于命名第十批（2020 年度）国家节水型城市的公告［EB/OL］. 中国政府网，2020 - 11 - 26. http：//www. gov. cn/zhengce/zhengceku/2021 - 01/15/content_5580126. htm.

② 赵永平. 全国 7 个水权改革试点基本完成［N］. 人民日报，2018 - 01 - 08.

水效率仍然难以满足北方地区经济社会发展需求，城镇和工业用水效率仍然亟待提高，全社会用水效率约束问题仍然必须受到重视。

综上所述，南北地区受各类因素影响产生用水总量、结构和效率等方面差异，对区域经济社会运行产生差异化的约束作用，从而促进南北地区经济增长差异的形成，后文将分别从上述三个方面具体分析其对南北地区经济增长差异的影响水平和影响机理，以期更好地理解经济增长南北差距现象及其背后的水资源约束问题。

第四章

用水总量约束、产出弹性
与南北地区经济增长差异

用水总量约束分析是对水资源约束水平的总体估计,代表着区域经济增长在特定时间内面临水资源约束的平均水平,从而形成水资源约束下南北地区经济增长差异比较分析的基础环节。本章通过观察南北地区经济增长与用水总量间的动态关系,掌握我国南北地区用水量与经济增长关系的阶段特征和空间特征,借鉴"木桶"理论分析用水总量对经济增长的约束机制,借鉴尾效理论构建水资源利用对经济增长的"阻尼效应"模型,分阶段、分板块讨论用水总量约束下的南北地区经济增长差异情况,思考我国未来区域经济和流域经济协调发展相关问题。

第一节　表征:南北用水总量与经济增长差异

一、总量视角

从 GDP 总量来看,南方地区持续高于北方,表现出较明显的南北差距。从南北变化曲线看,南北地区 GDP 总量均呈现出持续增长态势，且南方地区增速明显快于北方地区，并在 2012 年后开始扩大。从差异总体趋势看，南北地区经济差距呈扩大态，如图 4-1 所示。2021 年南方地区 GDP 是北方的 1.84 倍，2000 年为 1.39 倍，差距扩大 32%。从差异演化特征来看，差距扩大的加速点为 2013 年。2000 ~ 2008 年，南北差距从 1.39 缩小至最低点 1.32，2009 ~ 2012 年稳定在 1.33 上下，2013 年后差距迅速扩大，至 2021 年达到 1.84。这一判断已在学界达成基本共识（杨多贵等，2018；张红梅等，2019）。

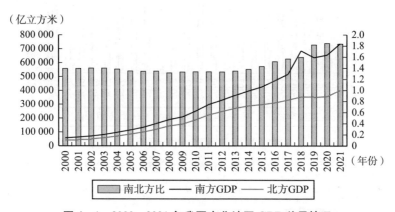

图 4-1　2000 ~ 2021 年我国南北地区 GDP 差异情况

资料来源：历年《中国统计年鉴》、各省份统计年鉴及水资源公报。

从用水总量来看，南方地区整体水平高于北方，但差异水平基本平稳有小幅波动。从总体趋势看，南北方用水总量差异水平维持在 1.45 ~ 1.55 之间，呈现小幅度下降态势，如图 4-2 所示。2021 年，南方地区用水总量是北方的 1.48 倍，2000 年该比值为 1.39，差异水平扩大 6%。从曲线特征看，2012 年是南北用水量差异变化的重要节点。2000 ~ 2012 年，南北地区用水总量呈现明显的波动上升趋势，2013 年后，南北地区用水总量分别出现小幅度的下降，降幅分别为 1.2%、3.1%，北方下降更为明显。从差异演化看，南北地区差异水平呈现出"上升—下降—上升"的"三段式"特征，三段过程中波动幅度在不断收敛。2000 ~ 2008 年，差异水平从期内最低点 1. 39 扩大至期内最高点 1. 55；2009 ~ 2012 年，差异水平从 1. 54 逐渐缩小至 1. 46；2013 年后差异水平再次呈现小幅扩大趋势。

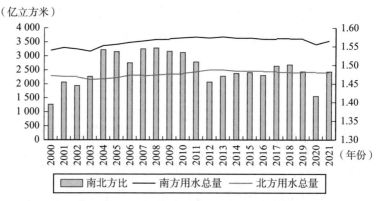

图 4 - 2　2000 ~ 2021 年我国南北地区用水总量差异情况

资料来源：历年《中国统计年鉴》、各省份统计年鉴及水资源公报。

二、均量视角

从人均 GDP 来看，南北地区间的人均 GDP 水平在 2013 ~ 2014 年前后差异较大，表现为北南差距到南北差距的演变，如图 4 - 3 所示。一方面，2013 年前后南北人均 GDP 差距态势不同。2000 ~ 2012 年整体趋势是北方人均 GDP 高于南方，即北南差距，2013 年基本相当，2014 年后则是南方人均 GDP 高于北方，形成南北差距。另一方面，2013 年前后南北地区的人均 GDP 差距绝对量不同，北南差距水平较小。2000 ~ 2013 年人均 GDP 北南差距绝对量的最高值为 1 419. 5 元，最低值为 45. 2 元，平均值为 641. 3 元。2014 ~ 2021 年人均 GDP 南北差距绝对量的最高值为 23 807. 0 元，最低值为 57. 9 元，平均值为

9 357.4 元，2013 年前后的人均 GDP 差距绝对量出现较大差异，后
一阶段南方人均 GDP 高于北方的绝对量明显更高。

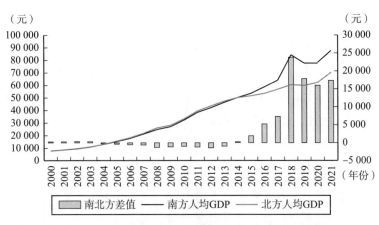

图 4-3 2000~2021 年我国南北地区人均 GDP 差异情况

资料来源：历年《中国统计年鉴》、各省份统计年鉴及水资源公报。

从人均用水量来看，南方地区持续高于北方，差异水平特征与用
水总量相似，总体平稳有小幅波动。从总体趋势看，南北方用水总量
差异水平基本在 1.05~1.12 范围内波动，并呈现小幅下降态势，如
图 4-4 所示。2021 年，南方地区人均用水量是北方的 1.05 倍，2000
年该比值为 1.01 倍，差异水平扩大 4.0%。从差异演化看，差异水
平仍然呈现出"三段式"特征，但演化时间节点和变幅与用水总量
有所差异。2000~2004 年，差异水平从期内最低点 1.01 扩大至
1.11；2005~2011 年，差异水平基本稳定在 1.11 上下小幅波动；
2012 年后开始扩大缩小 1.06 左右并保持相对稳定。可见，相对于用
水总量差异，南北地区人均用水量差异的变化时间节点更早，变化幅
度更小，主要是由于人口增长差异在一定程度上熨平了用水总量差
异。可以推测，人均用水的差异在特定阶段具有更强的空间一致性，

即相比于南北用水总量差异，南北地区的个人用水会随着外界因素变化而进行更加一致的调整。从曲线特征看，2004 年和 2012 年是南北地区人均用水量差异变化的节点。与用水总量变化特征不同的是，2012 年后南北地区人均用水量均出现了相对于用水总量更大幅度的下降，降幅均为 5.9%。这主要是由于南方人口增速较北方更快。可见，在加入了人口因素后，南北地区人均用水量变化与南北地区人均用水量差异变化的时间节点基本保持一致，可以推测南北用水总量差异与其人口变化存在较强的相关性。

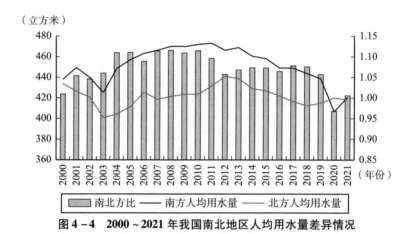

图 4 - 4　2000 ~ 2021 年我国南北地区人均用水量差异情况

资料来源：历年《中国统计年鉴》、各省份统计年鉴及水资源公报。

三、空间视角

从 GDP 来看，南北地区呈现出了鲜明的次经济板块发展空间转换。①

---

① 根据南北分界线和可比性要求，将全国进一步划分为六个板块进行考察，即北方东部，包括黑龙江、吉林、辽宁、河北、北京、天津、山东等 7 个省份，北方中部，包括山西、河南和内蒙古等 3 个省份；北方西部，包括陕西、甘肃、青海、宁夏、新疆等 5 个省份；南方东部，包括上海、江苏、浙江、福建、广东、广西、海南等 7 个省份；南方中部，包括安徽、湖北、湖南、江西等 4 个省份；南方西部，包括重庆、四川、云南、贵州、西藏等 5 个省份。

除了南北地区内部的东中西板块差距收敛外，最突出的特点是两条
"对角线板块"差距收敛，如图4-5所示。"对角线板块"指南方东
部与北方西部的差距、北方东部与南方西部的差距。一方面，两条对
角线板块差距均出现收敛趋势，但收敛程度不同。南方东部与北方西
部的板块差距收敛超过10%，北方东部与南方西部的板块差距收敛
超过40%，相比另一条对角线收敛水平更高，进一步说明北方地区
发展降速问题。另一方面，南方东部与北方西部差距总体收敛，但在
2015~2021年出现小幅扩大趋势；北方东部与南方西部差距则持续
收敛，且在2011年后收敛幅度显著增大，这可能有两方面原因：一
是2010年前后北方东部部分省份增速明显放缓；二是2012年之后西
南地区实现了跨越式增长。

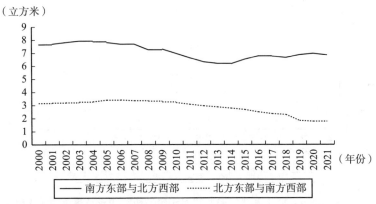

图4-5　2000~2021年我国两条"对角线板块"GDP差异变化情况

资料来源：历年《中国统计年鉴》。

从用水量来看，六大板块的水资源利用水平在一定程度上对应了
南北地区的次经济板块发展空间转换情况，如图4-6所示。一是南
北方各自地区内部的东中西板块用水总量差异收敛。2021年我国北
方东部、中部、西部用水总量分别为1 028.8亿立方米、487.2亿立

方米、868.4 亿立方米，东中西板块用水比例为 43.1∶20.4∶36.5，
2000 年这一比值为 46.4∶18.9∶34.7，东西板块极差降低了 5.1 个百
分点。2021 年我国南方东部、中部、西部用水总量分别为 1 742.8 亿
立方米、1 179.6 亿立方米、613.2 亿立方米，东中西部用水比例为
49.3∶33.4∶17.3，2000 年这一比值为 58.5∶23.8∶17.7，东西板块极
差降低 8.8 个百分点，下降幅度明显大于北方地区。二是两条"对角
线板块"用水总量差异收敛。2000 年南方东部用水总量是北方西部
的 2.35 倍，2021 年则为 2.01 倍，差距收敛了 14.5%。2000 年北方
东部用水总量是南方西部的 1.88 倍，2021 年则为 1.68 倍，差距收
敛了 10.64%，虽然这一条对角线差距收敛较快，但整体差距水平
更小。

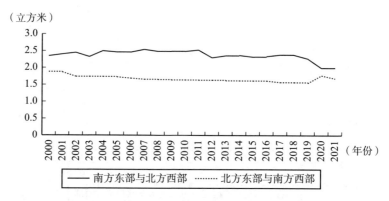

图 4-6 2000～2021 年我国两条"对角线板块"用水总量差异变化情况

资料来源：历年《中国统计年鉴》、各省份统计年鉴及水资源公报。

四、若干推论

综合总量和均量两个视角下南北方经济增长和水资源用量等相关
数据情况，我们可以得出以下初步推论。

（1）关于南北地区在经济增长和用水量上的差异表征。第一，目前我们普遍观察到的 GDP 南北差距扩大趋势，其本质是 2012 年后北方地区 GDP 增长速度的明显回落，可能是因为 2008 年金融危机冲击和国家供给侧结构性改革政策的影响，北方地区受冲击更大、恢复更慢。将东西差距缩小、"对角线差距"变化、经济增速"南快北慢"等现象结合起来考虑，南北差距正逐渐成为比东西差距更需重视的区域发展格局问题，这一点可以从区域用水总量差异的变化上得到验证。第二，2012 年后我国水资源利用总量增速明显放缓，这可能有两方面原因：一是经济增长放缓，导致经济社会对水资源的利用需求下降；二是来源于水资源约束整体趋紧，这种约束来自部分地区的水资源开发潜力下降，也来自国家生态保护、产业调整、资源管理等相关政策压力加大。第三，2012 年后的南方地区用水总量并未出现明显下降趋势，北方则出现了下降趋势，而该阶段人均用水量的南北差异水平没有明显扩大。这可能与 2012 年后南方人口增速高于北方有关。南方地区人均水资源拥有量为北方的 3 倍左右，城市绿地总面积则为北方的 1.5 倍左右，且这两项差距均在 2012 年后呈现小幅扩大趋势，良好的水生态环境在一定程度上促进了人口由北向南流动，提高了南方地区人口自然增长率。第四，2012 年后北方地区经济增长放缓，可能是在相对于南方地区较强的水资源约束下，出现了要素流出、产出下降、产业转型等情况，从而导致了南北 GDP 差距的扩大。

（2）关于南北地区用水总量差异与经济增长差异的数据关系。总体来看，用水总量差异与经济总量差异是相对应的，但用水总量上的南北差异波动水平要明显更低。从时间上看，用水量上的南北差异，特别是人均量上的差异，有更明显的阶段性特征，即在 2004 年、2012 年等节点两侧上呈现离散变化。可以推测，南北地区经济增长差异并非直接由水资源利用差异导致，但 2013 年前后的阶段差距与水资源利用水平变化特征的契合使得分析二者的阶段性变化变得很有意义。结合 2004 年北方节水和水权试点推进、2013 年最严格水资源管理制度深度实行等制度因素的介入，可以推测，2020 年和 2030 年最严格水资源管理制度考核节点两侧，南北地区水资源差异对经济增长差异的影响将有新的变化。从空间上看，南方东部地区一直是全国用水总量最高的地区，这与其人口规模、工业发展都有着密切关系。我国北方东部地区是用水总量占比下降最快的地区，而南方中部地区是上升最快的地区，但这并不意味着北方东部地区用水总量约束水平更高，这很可能是由于农业生产压力由南向北转移导致的。

综上所述，2012～2013 年是水资源约束下我国南北经济增长差异变化的重要节点，这可能与我国 2013 年颁布《实行最严格水资源管理制度考核办法》有关。进一步推测 2013 年后，北方地区用水总量不足问题更加凸显，但用水结构面临农业、城镇和生态用水刚性导致难以及时调整，使得用水结构约束加重，其中农业灌溉和工业用水效率可能面临技术水平和管理组织等方面的其他约束，因此来自农业、城镇的用水结构约束和来自农业的用水效率约束加重了 2013 年后的北方用水总量约束，导致南北差距扩大。后文将持续围绕这一时间节点展开分析。

第二节　实证：南北地区水资源阻尼效应估计

一、模型设置与调整

根据第一章第二节中的理论分析思路，使用增长尾效法量化南北经济增长中水资源阻尼效应，比较分析南北地区用水总量约束水平，并验证第四章第一节中的各项推论。借鉴并调整罗默（Romer）和诺德豪斯（Nordhaus）的做法，在柯布—道格拉斯生产函数中加入水资源要素，根据实际调整优化水资源受限时的投入增长条件。[1] 进而建立水资源投入受限和不受限两种情境下的经济增长模型，通过这两个模型下人均经济增长率的差值推算水资源阻尼效应。[2] 结合测算结果调整优化水资源阻尼效应的比较和分析方法，厘清用水总量约束对我国南北地区经济增长差异的影响水平。

建立加入自然资源和土地投入的生产函数，如式（4-1）所示：

$$Y(t) = K(t)^{\alpha} R(t)^{\beta} T(t)^{\gamma} [A(t)L(t)]^{1-\alpha-\beta-\gamma} \qquad (4-1)$$

其中，$Y(t)$、$K(t)$、$R(t)$、$T(t)$、$A(t)$、$L(t)$ 分别为第 t 年系统产出、资本投入、资源投入、土地投入、劳动有效性及劳动投入（Romer, 2001）。[3] α、β、γ 分别为资本、土地资源和其他自然资源的产出弹性，且 α、β、$\gamma > 0$，$\alpha + \beta + \gamma \leq 1$。为获得此时经济增长率，对式（4-1）两边取对数：

$$\ln Y(t) = \alpha \ln K(t) + \beta \ln R(t) + \gamma \ln T(t) + (1-\alpha$$
$$-\beta-\gamma)[\ln A(t) + \ln L(t)] \qquad (4-2)$$

再对 t 求微分可得：

$$g_y(t) = \alpha g_k(t) + \beta g_r(t) + \gamma g_T(t) + (1-\alpha-\beta-\gamma)[g_A(t) + g_L(t)]$$
$$(4-3)$$

其中，$g_k(t)$、$g_r(t)$、$g_T(t)$、$g_A(t)$、$g_L(t)$ 分别表示相应要素的增长率。长期来看，土地投入无法持续增长，自然资源消耗会随着生产扩大而下降，因此假设土地投入增长率为 0，自然资源投入增长

---

[1]　Nordhaus WD. Lethal Model 2: The Limits to Growth Revisited [J]. Bookings Papers on Economic Activity, 1992 (2): 1-43.

[2]　Romer PM. Endogenous Technological Change [J]. Journal of Political Economy, 1990 (10): 71-102.

[3]　戴维·罗默. 高级宏观经济学 [M]. 上海：上海财经大学出版社，2009：42-46.

率为 $-b$，且 $b > 0$，而资本运动方程为：

$$\dot{K}(t) = sY(t) - \delta K(t) \qquad (4-4)$$

则 K 的增长率为 $sY(t)/K(t) - \delta$，当经济处于平衡增长路径时，必有产出增长率等于资本增长率，即 $g_y(t) = g_k(t)$，同时让 R、T、A 和 L 等变量增长率为 $-b$、0、g 和 n，对 $g_y(t)$ 求解可得，处于平衡增长路径时的经济增长率 $g_y(t)$ 如式（4-5）所示：

$$g_y(t) = [(1-\alpha-\beta-\gamma)(n+g) - \beta b]/(1-\alpha) \qquad (4-5)$$

则每单位劳动力产出增长率为：

$$g_{y/l}(t) = [(1-\alpha-\beta-\gamma)(n+g) - \beta b]/(1-\alpha) - n$$
$$= [(1-\alpha-\beta-\gamma)g - \beta b - (\beta+\gamma)n]/(1-\alpha) \qquad (4-6)$$

上述增长率与自然资源投入增长率有关，为求得自然资源的"增长阻力"，需明确不存在自然资源和土地限制的情况，此时自然资源和土地要素投入可实现与人口同步增长，则 $T(t)$ 导数为 $nT(t)$，$R(t)$ 导数为 $nR(t)$（Nordhaus，1992）。[①] 则每单位劳动力产出增长率 $g_{y/l}(t)^*$ 为：

$$g_{y/l}(t)^* = (1-\alpha-\beta-\gamma)g/(1-\alpha) \qquad (4-7)$$

自然资源与土地投入的约束水平可量化为投入不受限时和受限时的每单位劳动力产出增长率之差：

$$DRAG = g_{y/l}(t)^* - g_{y/l}(t) = [\beta b + (\beta+\gamma)n]/(1-\alpha) \qquad (4-8)$$

可见，自然资源与土地投入的增长阻力大小与自然资源、土地和资本产出弹性以及自然资源、人口要素的投入增长率有关。

目前来看，式（4-1）~式（4-8）的推导过程，是使用加入自然资源投入的柯布—道格拉斯生产函数来测算资源阻尼效应的基本过程。虽然这一模型看似缺乏水资源利用在微观层面的理论基础，但考

---

① Nordhaus WD. Lethal Model 2: The Limits to Growth Revisited [J]. Bookings Papers on Economic Activity, 1992 (2): 1 - 43.

虑到南北地区在人均水资源利用水平上并无较大差异，且在样本期内其差异也并无明显变化，加之企业、居民、农民等终端用水户用水习惯变化会在水资源投入水平中得到一定体现，因此该模型是分析我国南北地区用水总量约束问题的可行方法。为使这一过程更加适用于南北地区水资源阻尼效应分析，需对该模型条件进行适应性调整，根据文献和理论综述结果，调整办法可从两个方面展开：一是在空间效应研究中加入空间溢出性分析，在对原函数进行对数变换后，将余量中的空间效应分解出来，从而使得自然资源约束具有区域层面的空间特征（秦腾等，2018；佟金萍，2019；严翔，2018）；二是在非空间效应研究中调整已有参数性质，使其符合研究区分析特征，例如对劳动力和自然资源增长率参数的针对性讨论等（薛俊波等，2017；章恒全，2016；华坚等；2018；张陈俊等，2014）。本书将南北地区看作独立的空间个体，未考虑南北地区间的空间相关性，因此采用第二种优化思路，进一步根据南北地区水资源利用的阶段特征，调整各个要素的参数性质以及对要素投入增长率的取值范围，使得阻尼效应分析结果更加贴近实际，具体如下所示。

为测算水资源投入的阻尼效应，将土地资源和自然资源合并为一个要素，假设其不受限时的增长率只与劳动力增长率相关，根据式（4 - 1）调整为：

$$Y(t) = K(t)^{\alpha} W(t)^{\beta} [A(t)L(t)]^{1 - \alpha - \beta} \qquad (4 - 9)$$

其中，$W(t)$ 为当期水资源投入；β 为水资源产出弹性；其他要素性质保持与原函数一致。同时令 $g_k(t)$、$g_w(t)$、$g_A(t)$、$g_L(t)$ 分别表示相应要素的增长率。增长阻力计算方法和过程与上述相似。

先对式（4 - 9）两边取对数：

$$\ln Y(t) = \alpha \ln K(t) + \beta \ln W(t) + (1 - \alpha - \beta)[\ln A(t) + \ln L(t)]$$

$$(4 - 10)$$

再对 t 求微分可得：

$$g_y(t) = \alpha g_k(t) + \beta g_w(t) + (1 - \alpha - \beta)\left[g_A(t) + g_L(t)\right]$$

$$(4-11)$$

相关参数性质与原函数保持一致，可得水资源不受限、受限时的单位劳动力产出增长率分别为：

$$g_{y/l}(t)^* = \left[\beta g_w(t)^* + (1 - \alpha - \beta)g_A(t) - \beta g_L(t)\right]/(1 - \alpha)$$

$$(4-12)$$

$$g_{y/l}(t) = \left[\beta g_w(t) + (1 - \alpha - \beta)g_A(t) - \beta g_L(t)\right]/(1 - \alpha)$$

$$(4-13)$$

则水资源阻尼效应为：

$$DRAG_W = \beta\left[g_w(t)^* - g_w(t)\right]/(1 - \alpha) \qquad (4-14)$$

可见，水资源阻尼效应决定于资本、水资源产出弹性以及两种状态下的水资源投入增长水平。

为使式（4-14）能够适用于南北地区水资源约束问题分析，特别是要能够对水资源阻尼效应的总体水平、阶段变化和板块特征进行充分体现，需要根据我国实际情况对 $g_w(t)^*$、$g_w(t)$ 进行重新理解和定义，关键在于 $W(t)$ 函数的性质。

从总体效应的估计上，大部分学者都认为资源投入在没有受到限制的情况下，其投入增长率等于劳动增长率，[①] 且这种假设存在于土壤、水、能源等多个领域的研究中。本书赞同这种假设，即认为 $g_w(t)^* = n$，并根据前文分析，进一步将水资源受到约束时的投入增长率分为三种状态：水资源紧缺加重、水资源紧缺缓解、水资源投入水平不变。这里的水资源紧缺程度是相对概念，是水资源投入增长相对于经济增长速度的比例或差值。因为即使水资源投入保持一定增速，但经济增速过高或提升过快，都可能产生正向的水资源阻尼，而当这

---

① 章恒全，张陈俊，张万力. 水资源约束与中国经济增长：基于水资源"阻力"的计量检验 [J]. 产业经济研究，2016（4）：87-99.

种过快的经济增速在某些经济体内不反映在 n 的数值时，若只单纯看水资源投入增长水平，则会缺乏对实际情况的解释能力。

在阶段效应的估计上，需要根据南北地区水资源利用规模的变化情况确定用水总量约束演化特征，从而进行分段测算和比较分析。水资源紧缺加重时，水资源投入增长难以满足经济增长需求，一般是由经济增长进入加速时期，而水资源开发潜力不足导致的。当水资源紧缺缓解时，意味着水资源投入增长的相对速度提升，这可能有两种状态：一是水资源约束力增长或其他原因导致经济增速下滑，水资源投入水平实现相对增长，使得水资源供需矛盾关系缓解，水资源约束水平下降；二是技术进步带来的水资源利用效率提高，导致用水需求下降，使得水资源紧缺程度缓解，当水资源投入不变时，一般代表着水资源承载力饱和，经济社会应当进入成熟增长阶段，此时 $DRAG_W = \beta n/(1-\alpha)$，这是一种相对短暂且极端的情况，对应 EKC 曲线顶端。根据前文数据分析情况，观察期内我国经济一直处于中高速以上增长，水资源投入增长水平持续低于经济增长，因此无论是何种情况，我们均将 $g_w(t)$ 记为实际的 w，故 $DRAG_W = \beta(n-w)/1-\alpha$。

为探讨用水总量约束水平的演化过程，需进一步确定阻尼效应的阶段特征。结合第三章提出的水资源约束演化过程，我国南北地区水资源约束水平最有可能由紧缺加重转换为紧缺缓解，$g_w(t)$ 由正降至零后转负，转换的时间节点为 2013～2014 年。因此在做实证分析和结果对比时，会采用分段的方法进行，并同时观察年度阻尼效应变化。

探讨阶段阻尼效应及比较分析方法的意义在于，根据上述原理，水资源约束与水资源投入的相对速度和水资源产出弹性有关，即 $DRAG_W$ 的符号性质决定于水资源产出弹性 β 以及 n 与 $g_w(t)$ 的大小关系。根据我国水资源实际、管理情况和人口政策要求，劳动力增长率和水资源增长率具有较强的波动，特别是当下人口压力和资源压力增长，某一阶段的 n 和 $g_w(t)$ 受其他因素影响导致波动水平较大，

导致 $DRAG_W$ 的符号性质可能存在长期与短期不一致的情况，这对于估计这一阶段的水资源阻尼效应水平是不利的，很容易忽略阻尼对南北差距影响的细节问题，而仅从单一年份的截面数据去观察阻尼效应，则容易出现较强的随机效应。

综上所述，水资源投入增长与经济增长的相对水平是分析水资源阻尼效应的重要衡量标准，是在分析阶段性阻尼效应时确定分段的方法和依据，因而后文将从总体、阶段、空间及其演化趋势等多个层次进行水资源阻尼效应分析，以期全面观测用水总量约束对南北经济增长差异的影响。

二、资料来源与处理

本章分析所需数据包括我国 31 个省（自治区、直辖市）自 2000 年西部大开发战略实施以来的相关指标，主要包括总产出、三次产业产出、资本投入、劳动力投入以及水资源消耗情况，具体指标选取和资料来源如下：①

（1）产出 Y，用国内生产总值表示。数据来自历年《中国统计年鉴》以及各省份的统计年鉴，并根据各年价格指数以 2000 年为基期进行调整。

（2）资本投入指标 K，用固定资产投资存量表示。借鉴单豪杰（2008）② 的研究，采用永续盘存法估算资本存量，方法为：

$$K_t = I_t + (1 - \delta)K_{t-1} \tag{4-15}$$

---

① 截至本书出版，2022 年部分省（区市）统计数据尚未公布，考虑到 2020 年、2021 年受新型冠状病毒感染疫情冲击，部分数据对研究扰动较大，且本书不关注疫情对水资源约束下南北地区经济增长差异的冲击，故本章计量分析中采用 2000～2019 年这二十年的数据。

② 单豪杰. 中国资本存量 K 的再估算：1952～2006 年［J］. 数量经济技术经济研究，2008（10）：17-31.

其中，K_t、K_{t-1}、I_t 分别为第 t 期和第 $t-1$ 期期末的资本存量以及 t 期全社会固定资产投资额；δ 为折旧率。资料来源于历年《中国统计年鉴》及各省份统计年鉴，并以 2000 年为基期，根据相应年份的价格指数进行调整折算。

（3）劳动投入指标 L，用全社会从业人口数表示，实际计算时取当年与上一年末数据的平均值，减少采取年底数时带来的误差。资料来源于《新中国六十年统计资料汇编》、历年《中国统计年鉴》以及各省份的统计年鉴。

（4）水资源投入指标 W，用各地区总用水量表示。资料来源于历年《中国统计年鉴》及各省份统计年鉴、水资源公报。

（5）增长率。根据国家统计局公布的平均增长率计算公式。[①]

$$R = \left[\sqrt[(n-m+1)]{\frac{Y_n}{Y_{m-1}}} \right] \times 100 - 100 \qquad (4-16)$$

其中，R 为平均增速，n 是计算平均时期的终止年份，m 是起始年份，Y 为相应年份的数值。

三、实证过程与结果

（一）基本策略

据前文分析，测算水资源阻尼效应不仅需要计算出劳动力变化率 n 和水资源投入变化率 w，还需要估计资本产出弹性 α、水资源产出弹性 β，并考虑常数项和随机干扰项因素。因此将估计模型设置为：

$$\ln Y_{it} = c + \alpha \ln K_{it} + \beta \ln W_{it} + (1-\alpha-\beta)(\ln A_{it} + \ln L_{it}) + \varepsilon_{it}$$

$$(4-17)$$

---

① 国家统计局官方网站，https：//data. stats. gov. cn/staticreq. htm？m = aboutctryinfo。

其中，i、t 分别为面板数据下的样本和时间；c 为常数项；ε_{it} 为随机误差项。

本章观测的是 $t=22$，$n=31$ 的短面板数据，采用 LLC、IPS、ADF – Fisher 进行单位根检验后发现各变量属于一阶单整，因此对 $\ln Y$、$\ln W$、$\ln K$、$\ln L$ 进行一阶差分得到变量 $d\ln Y$、$d\ln W$、$d\ln K$、$d\ln L$，由于存在多个解释变量，采用目前较多使用的 Kao、Pedroni 等方法，构建 6 个主要统计量观察模型协整关系，大部分结果均在 1% 水平下拒绝原假设，仅 Pedroni 检验部分统计量不显著，但不影响最终结果，仍然认为变量间存在协整关系，可进行回归，具体结果如表 4 – 1 所示。

根据估计模型构建思路与水资源阻尼效应的理论逻辑，参考曹翔和傅京燕（2016）[①] 的研究，由于各省份水资源利用、资本、劳动投入等数据均存在较强的个体差异，并随着时间推移存在明显变化趋势，经检验选取加入时间效应的固定效应模型进行参数估计，根据模型要求采用对数化处理后的面板数据，减弱异方差和自相关问题的影响。

表 4 – 1　　　　南北地区用水总量约束模型面板协整检验结果

地区	Kao			Pedroni		
	M – DF	DF	ADF	M – PP	PP	ADF
南方地区	– 8. 7480 ***	– 7. 2187 ***	– 1. 9082 **	0. 0522	– 6. 5635 ***	– 5. 5021 ***
北方地区	– 8. 2867 ***	– 5. 9141 ***	– 3. 6245 ***	0. 6006	3. 7974 ***	– 4. 2426 ***

注：*、**、*** 分别表示在 10%、5% 和 1% 的显著性水平上通过了检验。

（二）用水总量约束的总体特征

根据建模中对水资源投入紧缺程度差异对水资源阻尼效应测算公

---

① 曹翔，傅京燕. 供给侧要素投入的"增长红利"与"增长尾效"研究 [J]. 经济学家，2016（9）：25 – 31.

式的讨论，此处采用 $DRAG_W = \beta(n-w)/1-\alpha$ 来计算水资源阻尼效应，具体结果如表 4-2 所示。

表 4-2　　　　2000～2021 年回归结果及水资源阻尼效应估计

变量	南方地区			北方地区		
	Coefficient	Std. Err.	p-value	Coefficient	Std. Err.	p-value
$\ln W$	0.0743269	0.0215482	0.001	0.0211581	0.0224461	0.096
$\ln K$	0.374391	0.0234922	0.000	0.3374863	0.0157653	0.000
$\ln L$	0.0665767	0.0303145	0.028	0.0910329	0.021271	0.000
R^2	0.9960			0.9911		
n	0.01150719			0.011850365		
w	0.006132275			0.002890694		
$DRAG/\%$	0.152433864			0.0198347		

从模型回归结果来看，南北地区模型拟合优度分别为 99.60%、99.11%，主要变量系数均通过检验，且标准误较低，具有一定的解释力。根据水资源阻尼效应估计方法，南北地区水资源、资本、劳动力产出弹性系数估计结果均为正，而水资源投入增长水平明显滞后于劳动力投入，从而计算得出 2000～2021 年南北地区水资源增长平均阻尼分别为 0.15%、0.02%，南北地区均表现为较低水平的正阻尼，南方地区对水资源投入增长更为依赖。

虽然 2000～2021 年水资源阻尼的平均效应呈现"南高北低"状态，并不直接支持经济增长南北差距现象，但单纯依靠静态观察南北地区水资源阻尼效应，实际上只能得出南方地区对水资源投入的依赖水平比北方更高，并无法判定用水总量约束与经济增长南北差距扩大有关。关于总体水资源阻尼效应的"南高北低"，可从南方地区发展路径上窥得一二。21 世纪以来，南方地区特别是长江、珠江等流域范围内的沿江地区发展了大量耗水型产业，如化工、纺织、大型装备制造等，这些产业要实现扩容必须依赖水资源的加速投入，而人口向南流动也意味着南方地区城镇建设需要更多的水源保障。相对的，北方地区随着经济转型发展推进，已经逐渐摆脱过度依赖水资源投入的状态，在发展了更多节水型产业和城镇的同时，还推广了更多的高效用水制度和技术，使得经济社会在发展中适应了水资源短缺的状态，这很大概率是由于水资源利用效率的提升已经基本抵消了水资源投入降低对经济社会发展的影响。

由此，2013 年前后水资源阻尼效应是否对南北地区产生了差异化的影响，从而促进了 2013 年后经济增长南北差距现象的扩大？为验证这一推论，进行分阶段水资源阻尼效应估计。

(三) 用水总量约束的阶段特征

根据上述策略，结合相关数据，推测我国南北地区用水总量在 2013 年前后存在突变，故分别计算 2000～2013 年、2014～2021 年南北地区水资源对经济增长的阻尼效应，如表 4-3、表 4-4 所示。

表 4-3　　　2000～2013 年模型回归结果及水资源阻尼效应估计

变量	南方地区			北方地区		
	Coefficient	Std. Err.	p - value	Coefficient	Std. Err.	p - value
$\ln w$	0.1710612	0.0358464	0.000	-0.1037453	0.057	0.070
$\ln k$	0.063368	0.0228808	0.006	0.2921083	0.027348	0.000
$\ln l$	-0.0930979	0.0400129	0.021	0.4331319	0.0655117	0.000
R^2	0.9955			0.9901		
n	0.014546877			0.016261276		
w	0.010781389			0.00666085		
$DRAG/\%$	0.077767945			-0.140699356		

据表 4 - 3 所示，第一阶段南北地区模型拟合优度分别为 99.55%、99.01%，所有变量系数均通过检验，回归结果具有较强解释力，经计算可得，2000 ~ 2013 年南北地区经济增长速度受到水资源约束作用而分别表现为降低 0.08 个百分点和增长 0.14 个百分点，阻尼方向表现为"南正北负"，阻尼强度则"南低北高"。

阻尼符号差异主要源于水资源产出弹性符号差异，南方地区水资源产出弹性达到 0.17，丰富的水资源储备和充足的开发潜力保障了经济社会发展对水资源投入水平的正向预期，因而经济产出对水资源投入有一定依赖，但整体依赖程度并不高；北方地区水资源产出弹性为 - 0.10，由于水资源投入的边际成本递增，边际效益递减，增加水资源投入会导致整体发展成本有所提升；相反，水资源投入受限时不仅能够明显降低经济社会整体发展成本，更有助于倒逼经济社会用水效率提高和产业结构优化，从而促进经济增长。

阻尼强度差异不仅与水资源弹性有关，资本产出弹性和水资源投入增长率上的差异也有明显贡献。一方面，北方地区资本和劳动力产出弹性相对较高，与其整体的产业结构有关，北方地区劳动力规模相对较小，大量的固定资产投资和产业投资带动了经济增长，使得 $\beta(1 - \alpha)$ 项较高，因此即使水资源产出弹性绝对值较低，但实际是由投资替代了水资源产出效益，也能够拉高水资源阻尼绝对值；另一方面，南方地区水资源投入增长率比北方地区高出 60%，$(n - w)$ 项仅为北方 50%，可见 2013 年之前北方水资源开发利用率已经达到较高水平，在经济结构尚未调整之前，经济社会运行已经对较低的水资源供给水平有了一定程度的适应，用较低的水资源投入实现了更高水平的劳动力增长，在规模效应下取得了一定的水资源"增长红利"。

据此来看，2013 年经济增长南北差距较小，未出现明显的扩大趋势，与北方地区水资源负阻尼的贡献有一定关系。

表 4-4　　2014~2021 年模型回归结果及水资源阻尼效应估计

变量	南方地区			北方地区		
	Coefficient	Std. Err.	p-value	Coefficient	Std. Err.	p-value
ln$w$	-0.0396892	0.0458506	0.089	0.186909	0.043641	0.000
ln$k$	0.3453326	0.0385544	0.000	0.2666318	0.0302934	0.000
ln$l$	-0.1622608	0.064556	0.014	0.0500859	0.0731603	0.496
R^2	0.9940			0.9880		
n	0.003626517			-0.000850939		
w	-0.002154776			-0.002813329		
$DRAG/\%$	-0.035049075			0.05001422		

据表 4-4 所示，第二阶段南北地区模型拟合优度分别为 99.40%、98.80%，所有变量系数均通过检验，回归结果具有较强解释力，经计算可得 2014~2021 年南北地区经济增长速度受到水资源约束作用而分别增长 0.04 个百分点和降低 0.05 个百分点，阻尼方向表现为"南负北正"，阻尼强度则"南低北高"。

在这一阶段，南北地区阻尼符号均出现了变化。在最严格水资源管理制度下，南北地区用水总量都出现了明显下降，南方地区水资源阻尼由正转负，北方地区水资源阻尼由负转正。符号变化可能有两方面原因：一是北方地区劳动力流失外加水资源投入潜力不足，经济增长所必需的水资源投入减少，同时经济结构调整、制度技术提升和城镇加速发展等因素促进了水资源边际收益的提高，推动了水资源产出弹性转负为正；二是南方地区水资源和劳动力投入持续增长导致边际效益递减，使得相应弹性系数降为负值，而大规模的固定资产投资在较高的产出弹性下促进了经济增长。

阻尼强度上的差异主要体现在两个方面：一是劳动力投入增长率差异，经过上述分析，结合常住人口正增长情况，可推测北方劳动力投入负增长是由于这一时期出现了比较明显的劳动力由北向南流动的趋势，从而降低了 $(n-w)$ 项绝对值，使得水资源阻尼水平降低，可见，虽然用水总量约束强度不高，但北方地区发展活力和潜力已经明显下降。二是水资源产出弹性的差异，这一阶段南方地区受到用水总量指标控制后，经济社会对水资源投入增长预期降低，从而使水资源产出弹性降低至 -0.04，北方地区则受经济结构调整导致水资源产出弹性增长至 0.19，相比第一阶段，南北地区阻尼强度差异逐渐缩小。据此来看，经济增长南北差距在 2013 年后加速扩大，可能与这一时期南北地区水资源阻尼效应方向变化有关。

另有两点需要说明：第一，虽然劳动力产出弹性不直接影响水资源阻尼效应测算，但可以看到，分阶段回归后南北地区劳动力的弹性系数特征变化存在明显差异，南方地区劳动力产出弹性在大多时间均为负，并且绝对值有增大趋势，可解释为南方地区整体劳动力成本较高，增加劳动力投入会导致发展成本提升，这主要源于南方地区在部分行业和地区保留了相对较多的剩余劳动力，因而呈现出要素边际收益递减现象，使得劳动力的产出弹性形成了较低水平的负值，可以理解为劳动力结构性矛盾，而第二阶段中北方地区劳动力向南流动加剧了劳动力成本提升，使得劳动力产出弹性进一步降低。第二，虽然进一步观察南北地区水资源阻尼效应的年度变化有助于更加全面地认识用水总量约束的南北差异，但由于计算截面数据样本量较小，且每年水资源投入水平与当年区域的气候、降水和上游地区来水直接相关，具有一定随机性，在尝试进行回归时发现各项系数均不显著，故本章并未对其展开分析。

（四）用水总量约束的空间特征

我国南北地区水资源阻尼效应总体呈现"南高北低"，且在 2013 年前后存在明显变化，具体表现为南方地区水资源阻尼效应由正转负，北方地区则由负转正，促进了经济增长南北差距扩大，为进一步分析两阶段中水资源阻尼效应变化成因，从空间视角继续考察"六大板块"用水总量约束情况，测算结果如表4-5所示。

表4-5　　　　　　"六大板块"水资源阻尼效应估计　　　　　单位：%

时间	南方东部	北方东部	南方中部	北方中部	南方西部	北方西部
2000~2013年	0.270488191	0.145618713	-0.036483977	-0.173524173	-0.15613527	0.039886267
2014~2021年	-0.158038049	0.203775123	0.158331197	-0.073774041	0.0135074	0.34899208
2000~2021年	0.459888619	-0.041230736	0.014612853	-0.310545423	-0.087930391	0.169570742

据表4-5所示，2000~2021年"六大板块"水资源总体阻尼差异较大，南方东部、南方中部、北方西部表现为一定强度的正阻尼，其余三个板块为较低强度负阻尼，其中，南方东部为最大正阻尼，北方中部为最大负阻尼。将"六大板块"进行对位比较发现，南北地区西部板块的水资源阻尼效应差异支持南北差距，而南北地区东部、中部板块阻尼差异不直接支持南北差距。

具体来看，南方东部各项要素产出弹性均为正，劳动力增长率明显高于水资源投入增长率，是我国劳动力、资本等要素聚集的重要区域，是劳动力增长率最高的板块，也是经济增长的先发地区，由于要素聚集水平较高，对水资源投入增长的依赖程度较高，因此水资源正阻尼较高。南方中部的水资源产出弹性为负，其余要素产出弹性均为正，但劳动力增长率略低于水资源投入增长率，呈现出较低水平的正阻尼。该区域是我国重要的粮食基地和农业生产集中区，但受东部地区辐射影响，劳动力流出情况严重，水资源投入增长乏力，而大规模的农业用水也在一定程度上制约了工业和城镇用水增长，导致经济增长降速，这可以从阶段阻尼由负转正中得到验证。南方西部的劳动力产出弹性为负，其余为正，出现负阻尼的主要原因在于劳动力增长率较低，且水资源丰富降水量大，在产业发展上较少受到水资源不足的限制，在水电、农业等方面享受了一定的水资源投入"增长红利"。北方东部水资源产出弹性为负，其余为正，是呈现负阻尼的主要原因，且是唯一实现水资源投入负增长的板块，考虑到京津冀地区水资源开发潜力几乎为零，科技投入水平位居全国前列，加之东北地区水资源投入较大部分属于工业冷却水，产出弹性相对较低，多重原因导致区域水资源产出弹性为负，较高的用水效率和技术水平使得经济增长得到了水资源投入的微弱"红利"，这种情况在很多发达国家已经出现。北方中部地区与北方东部情况接近，但是水资源产出弹性绝对值和水资源投入增长水平均更高，导致负阻尼强度更高，水资源投入不足实际上能够倒逼北方中部能源省份和农业省份提高用水效率，从而促进经济增长。北方西部地区劳动力产出弹性为负，其余为正，与南方西部情况相似，但区别在于北方西部劳动力流出较少，且由于用水总量指标限制，水资源投入增长率出现负增长情况，因此在较高的水资源产出弹性下形成了一定强度的正阻尼，在实践中体现为水资源投入难以保障本地要素聚集需求，使得劳动力产出弹性为负，影响经济增长。

进一步观察两个阶段的板块差异情况。2000~2013年，南方东部、北方东部、北方西部依次表现为由强到弱的正阻尼，北方中部、南方西部、南方中部依次表现为由强到弱的负阻尼。其中，只有南北地区西部板块直接支持南北差距现象，事实上这一时期在经济增速上南北地区并没有太大差异，甚至常出现"北高南低"现象。另外，仅有南方中部的阶段阻尼与总体阻尼符号不一致，呈现低强度的负阻尼，其主要源于这一时期该区劳动力投入的高速增长，受益于中部崛起政策、工业和城市发展、流域治理水平提升，南方中部板块劳动力年均增长率达到2.24%，为全时段全区域最高，大量人口聚集对水资源投入需求的提升导致水资源阻尼为负。

2014~2021年，南方东部、北方中部板块表现出一定负阻尼，其余为正阻尼，阻尼强度由强到弱依次为北方西部、北方东部、南方中部、南方东部、北方中部、南方西部。总体来看，南北东部、西部地区水资源阻尼差异均支持经济增长南北差距现象。由于这一时期经济增速上"南高北低"现象已经出现，且呈现扩大趋势，单纯从静态考察阻尼效应的空间特征已经无法满足分析需要，因此从各个板块阶段阻尼的演化趋势上观察用水总量约束下的动态特征。

（五）用水总量约束的演化特征

将我国南北地区以及"六大板块"在2000~2013年、2014~2021年的水资源阻尼效应以及相关系数进行对比，将第二阶段阻尼效应、变量系数和要素投入增长率相对第一阶段的变化量分别记为$\Delta DRAG$、$\Delta \ln W$、$\Delta \ln K$、$\Delta \ln l$、Δn、Δw，结果如表4-6所示。

表4-6 　　　　2013年前后南北地区水资源阻尼效应变化情况

变量	南方	北方	南方东部	北方东部	南方中部	北方中部	南方西部	北方西部
$\Delta DRAG/\%$	-0.11281	0.19071	-0.42853	0.05816	0.19482	0.09975	0.16964	0.30911
$\Delta \ln W$	-0.21075	0.29065	-0.24526	0.07285	-0.03229	0.13701	-0.48779	0.09285
$\Delta \ln K$	0.28196	-0.02548	0.21322	0.24540	-0.31059	0.01164	0.02474	-0.20528
$\Delta \ln l$	-0.06916	-0.38305	-0.47386	-0.69125	0.57610	-0.24905	1.11318	0.07195
Δn	-0.01092	-0.01711	-0.01244	-0.02123	-0.04742	-0.00780	0.00082	0.00002
Δw	-0.01294	-0.00947	-0.01686	-0.01389	-0.00547	-0.00834	-0.00338	-0.01185

据表4-6所示，南北地区水资源对经济增长的阶段阻尼效应在2013年后分别下降了0.11、上升了0.19，直接支持2013年后的南北差距扩大，即用水总量约束差异对经济增速上的南北差距具有一定贡献，使得南北经济增速上的差距扩大了0.3个百分点。从板块对位情

况，可观察到更为明显的支持证据。

一是南北地区东部板块的阻尼效应阶段变化量差异直接支持2013年后南北差距扩大，且贡献度较高。2013年后南方东部阻尼效应降低0.43，而北方东部提升0.06，使得板块差值达到0.49，对东部地区的南北差距扩大具有一定促进作用，继续观察资本和劳动力产出弹性以及劳动力增长水平等其他数据变化量，也是南方东部板块占据一定优势，这一点可以从东北地区与东南沿海地区、长三角地区与京津冀等区域增速上得到验证。

二是南北地区西部板块的阻尼效应阶段变化量差异直接支持2013年后南北差距扩大。2013年后南方西部阻尼效应增加0.17，而北方西部增加0.31，板块差值为0.14，对西部地区的南北差距扩大具有一定促进作用，结合劳动力产出弹性变化量来看，南方西部在大量投资的促进下，基础设施建设水平得到大幅提升，城镇承载能力进一步增强，人口加速集聚，劳动密集型产业发展的规模效应逐渐显现，从而实现了跨越式增长。

三是南北地区中部板块的阻尼效应阶段变化量差异不直接支持2013年后南北差距扩大。2013年后南方中部相比北方中部，其水资源阻尼效应的增强更为明显。但观察到2013年后南方中部水资源投入仍能保持一定增长，且劳动力产出弹性显著提升，而资本和水资源投入的产出弹性的变化幅度与北方中部并无较大差异，南方中部仍具有较强的经济增长潜力。

第三节　小　　结

综上所述，本章建立了加入水资源投入的生产函数模型，在讨论水资源受限情况的基础上，细化了模型的适用范围并完善了测算依据，依据"增长尾效"理论估计出南北地区 2000～2021 年水资源利用对经济增长的约束水平，并结合相关数据分析了用水总量约束差异对经济增长上南北差距的影响作用，目前可以初步得出三点结论。

（1）南北地区用水总量约束的总体差异客观存在，但并不直接支持观察期内南北差距现象的出现，即南北差距并非由水资源投入规模差异导致。2000～2021 年水资源阻尼效应均为正值，且表现为"南高北低"，南方地区更加依赖水资源投入增长。

（2）南北地区用水总量约束的阶段特征差异明显，直接支持 2013 年后南北差距扩大现象。2013 年后，南方地区水资源阻尼效应由正转负，北方地区由负转正，南北地区用水总量约束水平变化趋势差异使得南北地区经济增速差距扩大了 0.3 个百分点。

（3）南北地区东部、西部内部的对位板块用水总量约束差异较大，对经济增长南北差距贡献度较高。2013 年后北方东部、北方西部水资源阻尼效应明显增强，而南方东部、南方西部水平有所下降，直接促进了经济增长南北差距的扩大。

此外，2013 年前后是最严格水资源管理制度实施节点，也是南水北调工程通水的时间窗口，亦是供给侧结构性改革推进的重要时期，从政策实施角度来看，结合相关数据和时间节点，还可进行进一步推测。

（1）第一轮用水总量控制取得一定成效，使得南北地区水资源阻尼效应方向产生明显变化。最严格水资源管理制度考核实施后，南北地区水资源投入产出差异显著缩小，南方地区水资源阻尼效应平均每年下降 0.23 个百分点，北方则上升 0.38 个百分点，结合用水总量指标结余情况来看，南北地区在应对"三条红线"考核时表现出的响应性是有明显差异的，在强度相近的制度控制下，北方地区用水总量约束强度明显增大，在未来制定第二轮"三条红线"考核指标时，应当坚持第一轮考核中的基本原则，并结合南北地区经济增长水平，为促进南北地区协调发展适当调整政策方向和考核强度。

（2）南水北调工程对北方地区稳定发展起到了重要的保障作用，但目前来看尚未完全破解北方地区用水总量约束。工程通水后，受水区水资源产出弹性有所提高，整体发展质量提高，但无法避免资本和劳动力的流出及其产出弹性下降，水资源对经济增长变为正阻尼。在水资源供给增长的短期冲击下，单纯增加水资源量可能导致发展成本提升，还可能制约动能转换步伐，使得相关科技研究和制度进步放缓，经济增长对水资源更为依赖。

（3）南北地区用水总量约束变化趋势均是由相对线性向非线性转化，很大可能是由于面临了前文中提出的"约束衍生""约束强化"现象，即用水总量约束达到一定水平后，由于部分产业的水资源投入增长率明显快于产出水平增长，导致用水结构约束和用水效率约束水平增强，从而集中体现在用水总量约束上。可以推测，在水资源禀赋和制度的双重约束下，不同产业或生产过程用水受到的限制是不同的，由于用水结构约束是用水总量约束的细化体现，而用水总量约束水平并不是不同产业经济增长中用水约束的结构加权，而是在更大程度上决定于区域用水结构约束中最突出的一部分，可能是工业、城镇等。结合南北地区经济增长和用水总量变化，也能发现北方地区用水效率已经提升到一个较高的水平，但仍然无法有效缓解用水总量约束问题，因此其面临的问题可能是结构性的。

第五章

用水结构约束、产业调整
与南北地区经济增长差异

根据前文中的结论分析及推测展望，用水总量约束的总体效应差异难以解释水资源约束下的南北经济增长差异，特别是无法体现经济增长结构和用水结构的变化。用水总量约束的阶段特征差异对南北差距的扩大有促进作用，而其阶段特征变化与用水结构约束问题具有密切联系。因此，进一步从用水结构约束的角度勾勒和分析南北水资源利用与产出的细化特征，有助于我们进一步观测南北差距问题的本质和发展趋势。长期以来，我国农业用水占比较大，城镇生活用水持续扩大，用水结构是否对我国南北地区经济增长及结构变化有一定的影响？要理解并分析这种影响关系，必须了解各个产业用水与经济增长之间的外显关系和内在机理。本章将刻画各个产业用水与经济增长关系曲线，应用 EKC 曲线相关理论分别对其特征和趋势进行宏观识别，进一步构建 PVAR 模型量化各个类别用水约束的动态关系，从而对用水结构约束下南北地区经济增长差异进行细化分析。

第一节　表征：南北用水结构与产业经济增长差异

一、数据对应性分析

为理解我国产业用水与产业经济增长的关系，必须首先将产业用水量与相应的产业经济产出对应起来。我国用水总量统计口径包括农业、工业和生活用水以及生态环境补水等。根据《中国统计年鉴2022》中的指标解释，农业用水一般包括农田、林果地和草地的灌溉用水以及鱼塘补水和畜禽用水；工业用水是指工矿企业在生产过程中用于制造、加工、冷却、空调、净化、洗涤等方面的用水；[①] 生活用水主要是城镇和农村的生活用水，城镇生活用水包括居民和公共用水，农村生活用水只统计农村居民生活用水；生态环境补水则仅指城镇环境用水和河湖、湿地补水。[②]

目前相关文献中第一产业用水一般使用农业用水数据，第二产业用水使用工业用水数据，第三产业用水则近似采用生活用水数据，从而分析产业结构与用水结构的关系。但这样的分析方法在数据对应性上仍有一定改进空间，主要体现在第二、第三产业上。第二产业包含工业和建筑业，但建筑业用水在实际统计中往往被计入生活用水，统计口径上第二产业增加值范围明显大于工业用水量。特别是我国建筑产业规模巨大，建筑业要占用相当水量，随着 2020 年水利部印发

---

① 马海良，徐佳，王普查. 中国城镇化进程中的水资源利用研究 [J]. 资源科学，2014（2）：334 – 341.

② 国家统计局. 中国统计年鉴 2020 [M]. 北京：中国统计出版社，2020.

《住宅房屋建筑等两项建筑业用水定额》，建筑业用水也将进入制度约束时代。第三产业用水、建筑业用水和居民生活用水将全部计入生活水，统计口径上生活用水量大于第三产业增加值。生态环境补水主要用于城市绿地灌溉和河道冲污，其中河道冲污虽然与工业排放有一定关系，但由于河道冲污多为临时性用水，占比相对较少，整体来看生态用水与工业、农业相关性不大，而与第三产业发展有一定关联。

据上文所述，基于水资源利用的现实过程，兼顾经济增长的理论意义，为强化经济增长结构与用水结构间的对应关系，进一步完善数据分析的科学性，按照农业、工业、其他产业（服务业和建筑业）等三类进行产业结构划分，其中农业包括农、林、牧、渔业，工业包括电力、热力、燃气、制造业、采矿业以及水的生产和供应业等，其他产业包括服务业、建筑业，即本书所指的三次产业结构为农业、工业、其他产业，对应三次产业用水结构为农业、工业和其他用水，其中其他用水包括生活用水和生态环境补水。

二、用水量与产业增加值

（一）农业

如图 5-1 所示，农业用水量和农业增加值均呈现出明显的南北差异，南方地区具有一定优势。南北地区农业用水量比值呈现先降后升趋势，从 2000 年的 1.14 开始缩小，至 2013 年前后达到最低点 1.05，随后再次扩大至 2021 年的 1.14。农业增加值的南北差异与农业用水量的情况相似，从 2000 年的 1.46 开始下降，在 2010~2013 年保持在 1.23 左右，后迅速扩大至 2021 年的 1.45。

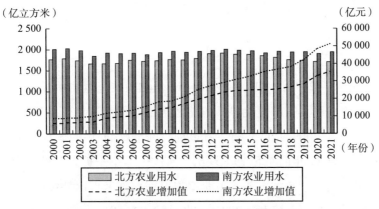

图5-1　南北地区农业用水及农业经济增长情况

资料来源：历年《中国统计年鉴》、各省份统计年鉴及水资源公报。

2003年、2013年是南北地区农业用水量趋势变化的时间节点，在2000~2003年、2014~2021年下降，2003~2013年上升，且2003年后北方地区农业用水量变化幅度更大。2000~2003年，南方地区农业年用水量从2 008.53亿立方米下降到1 845.17亿立方米，下降8.85%；北方地区从1 766.05亿立方米下降到1 663.08亿立方米，下降6.19%，南方地区下降更快。至2013年，南北地区农业年用水量分别提高到2 006.4亿立方米、1 915.2亿立方米，分别增长8.74%、15.16%，北方地区增长更快。至2021年，南北地区农业年用水量分别下降到1 940.20亿立方米、1 704.10亿立方米，分别减少3.30%、11.02%，北方地区下降更快。

2013年是南北地区农业增加值趋势变化的时间节点，2013年后北方地区农业经济增速明显放缓。2000~2013年，南方地区农业增加值从8 755.10亿元提高到29 278.00亿元，增长234.41%；北方地区农业增加值从5 960.70亿元提高到23 645.10亿元，增长296.68%，北方地区增长更快。至2021年，南北地区农业增加值分别提高到51 295.5亿元、35 480.1亿元，分别增长75.20%、

50.05%，南方地区增长更快。

（二）工业

如图5-2所示，工业用水和工业增加值均呈现出明显的南北差异，南方地区具有明显优势。南北地区工业用水量比值从2000年的2.55增加至2009年的3.83，后短暂回调至2011年的3.66，此后迅速扩大至2021年的4.51，呈现出"扩大—缩小—扩大"的三段式特征，总体上属于扩大态势。工业增加值差异则呈现出持续扩大态势，从2000年的1.37扩大至2021年的1.89，在2013年前后存在一个差距扩大的加速点。

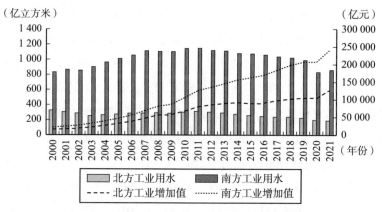

图5-2　南北地区工业用水及工业经济增长情况

资料来源：历年《中国统计年鉴》、各省份统计年鉴及水资源公报。

2011年是南北地区工业用水量变化趋势出现差异的时间节点，主要体现为2011年后北方地区工业用水量出现加速下降。2000～2011年，南方地区工业年用水量从833.39亿立方米提高到1148.4亿立方米，增长37.80%；北方地区年用水量先从326.47亿立方米下降至2003年的252.29亿立方米后再提高到313.3亿立方米，下降

4.20%,南方地区增长较快。至 2021 年,南北地区工业年用水量分别减少到 859.00 亿立方米、190.50 亿立方米,分别下降 25.20%、39.20%,北方地区下降更快。

2013 年是南北地区工业增加值趋势变化的时间节点,主要体现在 2013 年后北方地区工业经济增长明显放缓。2000~2013 年,南方地区工业增加值从 22 043.4 亿元提高到 145 660.1 亿元,增长 560.79%;北方地区工业增加值从 16 039.6 亿元提高到 89 322.3 亿元,增长 456.89%,南方地区增速略高。至 2021 年,南北地区工业增加值分别提高到 241 188.4 亿元、127 381.3 亿元,增长 65.58%、42.61%,南方地区增长明显更快。

(三) 其他产业

如图 5-3 所示,其他产业(服务业和建筑业)用水量和增加值均存在一定的南北差异,南方地区具有优势,且两项差异的变化趋势差异较大。南北地区其他产业用水量比值从 2000 年的 1.77 缩小至 2011 年的 1.70,后短暂扩大至 2014 年的 1.94,此后再次缩小至 2021 年的 1.45,呈现出"缩小—扩大—缩小"的三段式特征,总体上属于缩小态势。其他产业增加值上的南北差异则是在 2000~2012 年从 1.39 缩小至 1.19,2013 年后开始迅速扩大,至 2021 年达到 1.86,呈现出"缩小—扩大"的两段式特征,总体上属于扩大态势。

2014 年是南北地区其他产业用水量趋势变化的时间节点,主要体现为 2014 年后北方地区其他产业用水量的快速增加。2000~2014 年,南方地区其他产业年用水量从 360.16 亿立方米提高到 573.2 亿立方米,增长 59.15%;北方地区从 202.97 亿立方米提高到 296.2 亿立方米,增长 45.93%,南方地区增速略高。至 2021 年,南北方地区其他产业年用水量分别提高到 710.90 亿立方米、489.80 亿立方米,增长 24.02%、65.36%,北方地区增速明显更快。

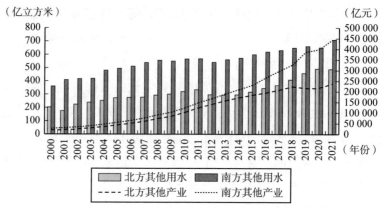

图 5 - 3 南北地区其他用水及其他产业经济增长情况

资料来源：历年《中国统计年鉴》、各省份统计年鉴及水资源公报。

2012 年是南北地区其他产业增加值趋势变化的时间节点，主要体现为 2012 年后南方地区其他产业增加值快速提升。2000~2012年，南方地区其他产业增加值从 46 186.5 亿元提高到 165 381.82 亿元，增长 258.07%；北方地区其他产业增加值从 34 650.06 亿元提高到 139 497.42 亿元，增长 302.59%，北方地区增速略高。至 2021年，南北地区其他产业增加值分别提高到 444 220.3 亿元、238 177.8亿元，增长 168.60%、70.74%，南方地区增长明显更快。

三、用水结构与产业结构

(一) 用水结构

用水结构上的南北差异主要体现在农业、工业用水占比上，南方地区工业用水占比相对北方明显较高，用水结构更加均衡，如图 5 -4、图 5 -5 所示。2021 年，南方地区用水结构为 54.9∶24.3∶20.8，北方地区为 71.5∶8.0∶20.5，南方地区农业用水占比低于北方 16.6 个

百分点，工业用水占比则高于北方16.3个百分点，其他用水相差不
大。南方地区较高的工业用水占比意味着其拥有更高工业经济发展规
模和效益。

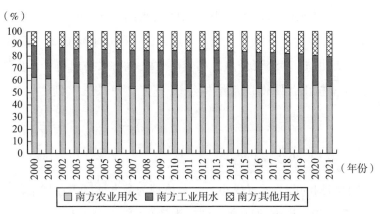

图5-4 南方地区用水结构变化情况

资料来源：历年《中国统计年鉴》、各省份统计年鉴及水资源公报。

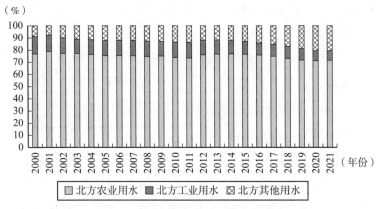

图5-5 北方地区用水结构变化情况

资料来源：历年《中国统计年鉴》、各省份统计年鉴及水资源公报。

南北地区农业用水占比均呈小幅下降趋势，其他产业用水占比均

呈小幅上升趋势，工业用水占比变化趋势有所差异。2000 年南方地区用水结构为 62.7∶26.0∶11.3，至 2021 年农业用水占比下降 7.8 个百分点，工业用水增加 1.7 百分点，其他用水增加 9.5 个百分点，虽然部分农业用水被工业、其他用水挤出，但仍保持着"一二三"的用水结构。相应地，2000 年北方地区用水结构为 76.9∶14.2∶8.9，至 2021 年农业用水下降 5.4 个百分点，工业用水下降 6.2 个百分点，其他用水增加 11.6 个百分点，相较南方农业用水挤出更少，但工业用水被大幅挤出，使得用水结构经历了从"一二三"到"一三二"的转变。

（二）产业结构

产业结构的南北差异较小，主要体现为南方地区工业增加值占比略高。2021 年，南方地区产业结构为 7.0∶32.7∶60.3，北方地区为 8.8∶31.8∶59.4，南方地区农业增加值占比低于北方 1.8 个百分点，工业增加值占比则高于北方 0.9 个百分点，其他产业增加值高于北方 0.9 个百分点。南方地区较高的工业增加值占比验证了前文关于工业用水占比的推测。

南北地区农业和工业增加值占比均被其他产业挤出，变化趋势也比较相似，且始终保持着"三二一"的产业结构，如图 5-6、图 5-7 所示。2000 年南方地区增加值结构为 15.2∶38.4∶46.4，至 2021 年农业增加值占比下降 8.2 个百分点，工业增加值下降 5.7 个百分点，其他产业增加值增加 13.9 个百分点。相应地，2000 年北方地区增加值结构为 14.5∶38.9∶46.6，至 2021 年农业增加值下降 5.7 个百分点，工业增加值下降 7.1 个百分点，其他产业增加值增加 12.8 个百分点，相比南方地区其他产业增加值占比提升较少，农业占比也被挤出得更少，导致工业占比则大幅挤出。

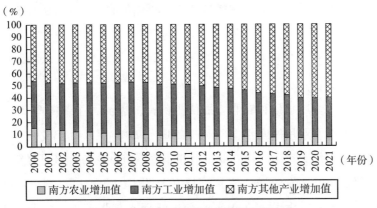

图 5 - 6　南方地区产业结构变化情况

资料来源：历年《中国统计年鉴》、各省份统计年鉴及水资源公报。

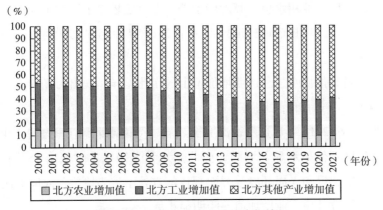

图 5 - 7　北方地区产业结构变化情况

资料来源：历年《中国统计年鉴》、各省份统计年鉴及水资源公报。

四、若干推论

据上文所述，可以推测，在最严格水资源管理制度实施后，北方地区由于人口增长的压力，其他用水的增长对农业用水和工业用水均产生了挤出，由于农业用水挤出潜力不足导致工业用水和工业增加值的更大幅度挤出，工业经济增长乏力，进而引起经济增长放缓。南方地区水资源相对丰富，其他用水对工业用水挤出水平较低，保障了经济持续增长，因而拉大了经济增长上的南北差距。具体包括三方面特征：

一是农业用水量和农业增加值上的南北差异，主要源于 2013 年后北方地区农业用水量明显下降。2000 ~ 2003 年，由于气候变化和节水试点工作导致第一轮农业用水量下降，其间南方地区下降幅度较大，但这一时期农业增加值并未拉开差距，因此可以推测，2013 年后的南北差异扩大关键在于工业和生活用水扩张带来的农业节水压力，可能会在一定程度上导致北方农业经济增长放缓。

二是工业用水量和工业增加值上的南北差异，主要源于 2011 年后北方地区工业用水更大幅度的下降，在一定程度上制约了区域工业企业扩规和新项目落地速度，促进了 2013 年后北方工业经济增长加速放缓。

三是其他用水量和产业增加值上的南北差异呈现出明显的阶段变化，2014 年以前南北地区其他产业用水量保持较大差距，而增加值差距较小；2014 年后这一情况完全反转，受南水北调工程输水影响，北方地区其他用水显著增长，南北用水量差距缩小，但由于工业发展、城市建设和人居环境等方面相较南方处于劣势地位，人口加速向南流动导致其他产业增加值差距明显扩大。

另外，根据第四章第一节中关于用水总量约束的推论及第四章第三节中的结论，可以初步判定关于用水总量对用水结构的"约束衍生"在研究期内持续存在，而"约束强化"在 2013 年后有较为明显的变化，可能突出体现在南北地区的农业和工业领域，考虑到工业领域产出效率明显较高，因此北方地区在工业经济增长乏力的情况下用水量下降并不明显，可能成为加强其在 2013 年后用水总量约束的关键。后文将对北方地区工业领域用水问题进行持续关注。

第二节　实证：南北地区用水结构约束效应估计

此处实证分析的主要目的在于描述我国南北地区用水结构约束差异，结合相关理论检验已有推论的有效性。由于用水结构与经济增长间的动态关系缺乏严密的理论说明，且用水量作为内生变量可能会出现在方程等号两侧，使得模型设置后的推算过程变得很困难。目前，应对变量可能存在的内生性问题时，一般策略有两个：一是联立方程组，分别建立产业用水规模、经济增长水平作为因变量的两个方程分别估计，联立估计结果进行分析；二是运用向量自回归模型，将产业用水和产业经济增长指标均作为内生变量来进行动态估计。[①] 彭水军等（2006）、李青等（2014）、李双（2020）的研究中均指出，向量自回归模型相比联立方程策略具有更明显的优势，特别是通过将变量纳入统一系统进行动态分析，能够在一定程度上缓解经济理论的约束，从数据特征角度建立并分析各变量间的相关性、冲击影响及其贡献度等。

一、模型设置与数据说明

（一）研究方法

面板向量自回归（PVAR）模型分析一般包括两个部分：一是模型检验，主要是单位根检验和协整性检验，分别考察相关变量数据平

[①] 潘丹，应瑞瑶. 中国水资源与农业经济增长关系研究：基于面板 VAR 模型［J］. 中国人口·资源与环境，2012（1）：161–166.

稳性以及模型变量系统是否存在长期均衡关系，为回归分析奠定基础；二是模型分析，主要是面板矩估计、脉冲响应和方差分解，考察变量间总体回归关系、面临冲击时变量的动态响应机制，以及动态变化中变量的相互影响程度。本章重点考察三类产业用水与经济增长间的双向动态影响关系，借鉴潘丹和应瑞瑶（2012）、李青等（2014）的做法，通过使用面板数据拓展样本量，建立 PVAR 模型，借助非结构性方法对南北地区农业、工业和其他用水与经济增长间的关系进行回归分析，在提升参数估计有效性的同时克服截面数据估计的非一致性。通过脉冲响应和方差分解的方法综合分析南北地区经济产出、农业产出、工业产出和其他产业产出与相应用水量之间的动态关系，尝试刻画用水结构与经济增长之间的动态关系，定量分析不同时期的影响程度。滞后阶数为 p 的 PVAR 模型一般形式为：

$$Y_{i,t} = \alpha_i + \beta_0 + \sum_{p=1}^{k} A_p Y_{i,t-p} + \eta_i + \varphi_t + \varepsilon_{i,t} \qquad (5-1)$$

其中，$Y_{i,t}$ 是包含用水量和产业经济增长两个向量的内生变量矩阵；$Y_{i,t-p}$ 是解释变量矩阵；η_i 代表固定效应用以解释个体异质性；φ_t 代表时间效应用以解释时间趋势特征；$\varepsilon_{i,t}$ 代表随机误差项。i 代表地域单元；t 代表时间单元；$t = 1, 2, \cdots, T$；T 是样本量；p 是滞后阶数；A_p 是待估系数矩阵。

根据本章情况，可将模型设定为：

$$\ln Y_{i,t} = \alpha_i + \sum_{p}^{k} \beta_p \times \ln AW_{i,t-p} + \sum_{q}^{k} \beta_q \times \ln IW_{i,t-p} +$$
$$\sum_{r}^{k} \beta_r \times \ln IW_{i,t-r} + \eta_i + \varphi_t + \varepsilon_{i,t} \qquad (5-2)$$

（二）变量选择

本章分析的是用水结构变化与产业经济增长的动态双向关系，为此需要观察包含我国南北地区用水结构与经济增长间多变量系统的动态变化情况，即南北地区 GDP 与农业用水量、工业用水量、其他用水量的 PVAR 模型，因此需要从产业用水量和产业经济增长两个方面选取变量及代表性指标，从而实现对南北地区产业用水和经济增长的比较分析，探索用水结构约束下南北增长差异的内在逻辑，结合本书南北差距现实表征分析，选择 GDP（Y）代表南北地区经济增长，选择农业（AW）、工业（IW）、其他用水（OW）代表产业用水。为避免数据的异常波动，考虑到对数化后的数据能够减弱异方差问题，对各原始变量数据进行自然对数化处理，分别命名为 $\ln AY$、$\ln AW$、$\ln IW$、$\ln OW$，相关变量代码如表 5 – 1 所示。

表 5 – 1　　　　　　　　　用水结构约束变量代码

类别	国内生产总值	农业用水	工业用水	其他用水
普通变量	Y	AW	IW	OW
对数变量	$\ln Y$	$\ln AW$	$\ln IW$	$\ln OW$

（三）数据说明

关于研究区间，目前我国各省份的《水资源公报》最早编制时间为 1997 年，但各省份水资源利用相关数据水平有差异，考虑到数据可得性和可靠性问题，结合前文计量分析的时间阶段，选取 31 个省份相关数据建立面板，南北地区划分与前文无异，不再赘述。[①] 模型所需南北地区 GDP、农业用水、工业用水、生活用水、生态用水数据来源于国家统计局官方网站，其中数据与历年《中国统计年鉴》

---

① 截至本书出版，2022 年部分省（区市）统计数据尚未公布，考虑到 2020 年、2021 年受新型冠状病毒感染疫情冲击，部分数据对研究扰动较大，且本书不关注疫情对水资源约束下南北地区经济增长差异的影响，故本章计量分析中采用 2000 ~ 2019 年这二十年的数据。

中数据无异。

用水量数据处理。由于《中国统计年鉴》和各省份统计年鉴未收录 2000~2003 年各省份用水量相关数据，故从各省份相应年份《水资源公报》中查找相关数据。2000~2003 年各省份未统计生态用水量数据，为保障数据一致性，其他用水量采用用水总量与农业和工业用水量差值进行计算，避开生态用水统计，农业和工业用水量数据直接使用原始数据。

经济增长数据处理。由于《中国统计年鉴》中增加值相关数据均以当年价格计算，其中价格变动因素会影响回归分析结果，为消除其波动影响，各省份历年农业增加值用第一产业增加值指数重新核算，工业增加值调整思路借鉴张兵兵和沈满洪（2015）的做法，采用工业生产者出厂价格指数进行逐年调整，其他产业增加值采用经过 GDP 指数重新核算的实际 GDP 与调整后的实际农业和工业增加值间的差值进行计算，将各省份历年数据均调整为以 2000 年为基期的可比数据。

二、模型检验与实证准备

（一）面板单位根检验

由于 PVAR 模型对变量间理论关系的要求较低，需要进行比较完整的检验以避免伪回归等问题。首先进行变量平稳性检验，由于南北地区样本容量较小（$n \leqslant 16$，$t = 22$），考虑到各单位根检验方法本身的局限性，为了保证结论的稳健性，本章同时采用 LLC 检验、IPS 检验、ADF - Fisher 检验和 PP - Fisher 检验等四种方法进行检验，在检验时包含时间效应和固定效应，并重点观察异质性面板适用的 IPS 检验、ADF - Fisher 检验和 PP - Fisher 检验等三种检验结果，如表 5 - 2 所示。

表 5 - 2   南北地区面板单位根检验结果

地区	类别	检验方法	lnY	lnAW	lnIW	lnOW
南方地区	水平值	LLC	− 5. 1897 ***	− 3. 4787 ***	− 4. 6626 ***	− 1. 8150 **
		IPS	− 0. 6473	− 4. 4583 ***	− 4. 5918 ***	− 4. 4578 ***
		ADF – Fisher	69. 9138 ***	46. 1191 **	83. 8075 ***	43. 9305 *
		PP – Fisher	19. 4105	52. 9429 **	127. 9743 ***	102. 1218 ***
	一阶差分值	LLC	− 3. 2192 ***	− 8. 3897 ***	− 9. 5457 ***	− 7. 3397 ***
		IPS	− 2. 9378 ***	− 9. 9238 ***	− 8. 4643 ***	− 9. 7845 ***
		ADF – Fisher	55. 8590 ***	94. 0219 ***	153. 6954 ***	58. 7001 ***
		PP – Fisher	62. 3371 ***	485. 9170 ***	363. 7106 ***	503. 1226 ***
北方地区	水平值	LLC	− 3. 3413 ***	− 1. 6567 **	− 2. 1874 **	− 2. 1887 **
		IPS	0. 2570	− 2. 8293 ***	− 1. 1121	− 3. 5189 ***
		ADF – Fisher	54. 5603 ***	61. 4782 ***	39. 5642	99. 7206 ***
		PP – Fisher	8. 2516	54. 9679 ***	21. 4056	73. 3192 ***
	一阶差分值	LLC	− 1. 6505 **	− 6. 7707 ***	− 5. 8616 ***	− 10. 2766 ***
		IPS	− 2. 2398 **	− 10. 8124 ***	− 10. 3873 ***	− 10. 6500 ***
		ADF – Fisher	48. 0862 **	148. 0872 ***	73. 9293 ***	110. 4919 ***
		PP – Fisher	43. 9497 **	790. 0109 ***	677. 4536 ***	670. 1837 ***

注: * 、 ** 和 *** 分别表示在 10% 、5% 和 1% 的显著性水平上通过了检验。

结果显示:根据多数原则,南方地区 lnAW、lnIW、lnOW 为平稳过程,lnY 可能为非平稳过程;北方地区 lnAW、lnOW 为平稳过程,lnIW、lnY 可能为非平稳过程。对南北地区相关数据进行一阶差分后,在检验时仅包含固定效应进行检验,均显著拒绝"存在单位根"原假设,可认为南北地区所有变量均为一阶单整。

(二) 面板协整检验

由于样本时间跨度较短,为避免面板单位根检验方法选择可能产生的局限性，进一步增强回归结果的可靠性，对相关变量进行面板协整检验，以检验南北地区产业用水与产业经济增长之间是否存在长期均衡关系。采用目前使用较多的 Kao、Pedroni、Westerlund 等三种方法，构建 7 个主要统计量观察模型协整关系，并加入时间趋势和个体效应进行检验，结果如表 5 - 3 所示。

表 5 - 3　　　　　　　　　南北地区面板协整检验结果

检验方法	Kao			Pedroni			Westerlund
	M - DF	DF	ADF	M - PP	PP	ADF	Vr
南方地区	- 3. 8749 ***	- 1. 4972 *	- 2. 0666 **	4. 2294 ***	2. 3736 ***	- 12. 7759 ***	4. 3485 ***
北方地区	- 5. 6498 ***	- 3. 8442 ***	- 4. 2135 ***	4. 7323 ***	3. 7640 ***	3. 7393 ***	2. 8503 ***

注：* 、** 和 *** 分别表示在 10%、5% 和 1% 的显著性水平上通过了检验。

结果显示：统计量均通过了显著性检验，其中南方地区模型在 Kao 检验中的 DF 统计量显著性相对较低，但更为重要的 ADF 检验值显著性较高，并不影响总体结果，因此认为南北地区的 PVAR 模型均通过协整检验，即南北地区农业用水、工业用水、其他用水与 GDP 间具有协整关系，可以进行建模回归分析。

三、实证过程与结果

面板 VAR 模型，又称 PVAR 模型，能够将大量信息包含在随机误差项中，因此其估计策略往往不仅仅是回归分析，一般包括三个层次，三者间存在一定的先后次序和条件关系：第一是面板矩估计，主要目标在于解释变量回归关系，分析相关性水平；第二是脉冲响应分析，重点是观察目标变量在面临一单位其他变量的冲击性变化时各阶段的反应程度；第三是误差项的方差分解，对随机误差项进行方差分解，观察各个变量对其动态影响水平。本书研究重点在于定量把握南北地区产业用水与经济增长关系的差异情况，且时间较短，因此着重分析面板矩估计和方差分解情况，通过比较回归系数与影响贡献度来探索用水结构约束下的南北地区经济增长差异特征。

（一）面板矩估计

面板矩估计的主要方法包括 GMM 法和偏差校正 LSDV 法，较常用的是 GMM 法。GMM 方法包括差分 GMM 和系统 GMM，经检验发现两种方法估计系数差异较小，虽然系统 GMM 方法估计结果标准误较小，但由于我国南北地区各省（自治区、直辖市）在观察期内均处于快速发展阶段，且在 2013 年前后存在制度变迁冲击，相关变量大概率未处于稳态附近，无法忽视个体效应扰动，而差分 GMM 法有助于减弱这一影响，保障估计系数有效性，本章也采用这一方法，用横截面均值差分去除时间效应，进行前向差分去除模型中的固定效应，以避免个体差异和时间趋势影响面板矩估计系数的有效性。另外，对于模型滞后期数，根据 AIC、BIC、HQIC 等信息准则，考虑南北地区可比性要求及样本区间较短，重点考察滞后 1 期的估计结果，具体如表 5-4、表 5-5、表 5-6 所示。

表 5-4　　　　2000~2021 年南北地区模型 GMM 估计结果

变量	南方地区				北方地区			
	$h\_\ln Y$	$h\_\ln AW$	$h\_\ln IW$	$h\_\ln OW$	$h\_\ln Y$	$h\_\ln AW$	$h\_\ln IW$	$h\_\ln OW$
$L.\ln Y$	0.892*** (0.013)	-0.010 (0.012)	-0.014 (0.025)	0.060* (0.037)	0.952*** (0.021)	-0.002 (0.014)	-0.015 (0.027)	0.137 (0.085)
$L.\ln AW$	0.610*** (0.159)	0.894*** (0.153)	-0.043 (0.228)	-0.005 (0.226)	0.141*** (0.051)	0.954*** (0.055)	-0.002 (0.068)	-0.513* (0.294)

续表

变量	南方地区				北方地区			
	$h\_\ln Y$	$h\_\ln AW$	$h\_\ln IW$	$h\_\ln OW$	$h\_\ln Y$	$h\_\ln AW$	$h\_\ln IW$	$h\_\ln OW$
$L.\ln IW$	0.197 ***	0.031	0.905 ***	0.003	-0.003	0.006	0.894 ***	0.041
	(0.036)	(0.034)	(0.065)	(0.078)	(0.044)	(0.033)	(0.055)	(0.194)
$L.\ln OW$	-0.022	0.045	-0.018	0.602 ***	-0.140 ***	0.016	0.034	0.444 **
	(0.043)	(0.043)	(0.083)	(0.166)	(0.047)	(0.034)	(0.062)	(0.193)

注：（1）PVAR 程序包由世界银行 Love 博士提供，PVAR2 程序包由连玉君老师提供；（2）括号内数字表示 GMM 估计系数的 T 检验值；（3）*、** 和 *** 分别表示在 10%、5% 和 1% 的显著性水平上通过了检验。

表 5-5　　　　2000~2013 年南北地区模型 GMM 估计结果

变量	南方地区				北方地区			
	$h\_\ln Y$	$h\_\ln AW$	$h\_\ln IW$	$h\_\ln OW$	$h\_\ln Y$	$h\_\ln AW$	$h\_\ln IW$	$h\_\ln OW$
$L.\ln Y$	0.732 ***	-0.023	-0.046	0.069	0.900 ***	0.000	0.005	0.168 ***
	(0.055)	(0.026)	(0.040)	(0.063)	(0.038)	(0.015)	(0.026)	(0.055)
$L.\ln AW$	1.392 *	0.620	0.667	1.474 *	0.739 **	1.049 ***	0.009	-0.824
	(0.787)	(0.409)	(0.598)	(0.799)	(0.337)	(0.191)	(0.295)	(1.114)
$L.\ln IW$	0.492 ***	0.040	1.065 ***	-0.017	-0.018	0.015	0.872 ***	-0.400
	(0.135)	(0.064)	(0.153)	(0.186)	(0.115)	(0.055)	(0.079)	(0.338)
$L.\ln OW$	-0.009	0.118	-0.091	0.262	-0.181	0.025	0.035	0.078
	(0.152)	(0.113)	(0.156)	(0.187)	(0.141)	(0.051)	(0.085)	(0.198)

注：*、** 和 *** 分别表示在 10%、5% 和 1% 的显著性水平上通过了检验。

表 5-6　　　　2014~2021 年南北地区模型 GMM 估计结果

变量	南方地区				北方地区			
	$h\_\ln Y$	$h\_\ln AW$	$h\_\ln IW$	$h\_\ln OW$	$h\_\ln Y$	$h\_\ln AW$	$h\_\ln IW$	$h\_\ln OW$
$L.\ln Y$	0.789 ***	0.130	0.035	0.154 *	0.782 ***	-0.225	-0.014	0.321
	(0.071)	(0.110)	(0.113)	(0.082)	(0.118)	(0.331)	(0.401)	(0.506)
$L.\ln AW$	0.362 *	0.697 ***	0.061	0.008	0.070 *	0.681 ***	-0.026	0.260 *
	(0.215)	(0.223)	(0.292)	(0.184)	(0.039)	(0.115)	(0.134)	(0.156)

续表

变量	南方地区				北方地区			
	$h\_\ln Y$	$h\_\ln AW$	$h\_\ln IW$	$h\_\ln OW$	$h\_\ln Y$	$h\_\ln AW$	$h\_\ln IW$	$h\_\ln OW$
$L.\ln IW$	0.190 * (0.111)	0.208 (0.155)	0.754 *** (0.215)	0.273 (0.196)	−0.032 (0.105)	−0.180 (0.288)	0.729 * (0.382)	0.315 (0.433)
$L.\ln OW$	−0.001 (0.072)	−0.090 (0.102)	−0.028 (0.126)	0.572 *** (0.182)	−0.052 (0.050)	0.073 (0.122)	0.034 (0.166)	0.756 *** (0.253)

注：*、** 和 *** 分别表示在 10%、5% 和 1% 的显著性水平上通过了检验。

结果显示：第一，2000 ~ 2021 年，南方地区对 GDP 影响最显著的是滞后一期 GDP、农业用水和工业用水，其他用水影响不显著，其中滞后一期农业用水和工业用水的回归系数分别为 0.610 和 0.197，农业用水系数明显较高，说明南方地区农业用水和工业用水对经济增长都有明显的促进作用，其中农业部门用水产出效率较高，而工业部门总体上处于以大量水资源消耗推动经济增长的阶段，生活和生态用水的增长可能会通过挤出作用导致对经济增长产生了小幅的约束作用。另外，滞后一期的 GDP 对当期生活用水有一定正向影响，系数为 0.060，说明南方地区经济增长会导致生活和生态用水提升，促进居民用水增长和水环境改善，进而推动居民生活质量和城镇建设水平提升。第二，2000 ~ 2021 年，北方地区对 GDP 影响最显著的是滞后一期 GDP、农业用水和其他用水，工业用水影响不显著，其中滞后一期农业用水和其他用水的回归系数分别为 0.141、− 0.140，即上一期农业用水增长会对经济增长产生一定的促进作用，生活用水和生态用水显然已经开始挤出北方地区经济产出从而约束区域经济增长，而工业用水在经历转型发展和节水改造后已经对经济增长影响不大。另外，滞后一期的农业用水对当期生活用水有一定的负向影响，系数达到 − 0.513，即上一期农业用水减少会促进当期生活用水增加，说明北方地区近年来农业节水取得了一定成效，可能存在农业用水向生活用水转移的趋势。第三，南北地区相比，南方地区农业用水、工业用水增长对 GDP 的促进作用更加明显，经济产出更加依赖相关用水投入；而北方地区其他用水增长对 GDP 的约束作用更加明显，经济产出对水资源的依赖较小。可见，在农业、工业、其他用水对经济增长的促进作用上南方地区均具有一定优势，而北方地区受用水结构约束作用更明显。

结果显示：第一，2000～2013 年，南方地区对 GDP 影响最显著的是滞后一期 GDP、农业用水和工业用水，其他用水影响不显著。滞后一期农业用水和工业用水的回归系数分别为 1.392 和 0.492，这一时期相关系数与 2000～2021 年估计系数符号一致，且绝对值较高，说明这一时期水资源投入潜力充足，农业、工业部门对水资源投入的依赖性相对较高，用水对经济增长的促进作用更加明显。第二，2000～2013 年，北方地区对 GDP 影响最显著的是滞后一期 GDP、农业用水，其中滞后一期农业用水系数为 0.739，此时经济产出对水资源投入的依赖性仍然较高，农业部门生产仍然需要大量水资源，而工业用水和其他用水虽然符号为负，但影响均不显著。第三，南北地区相比，南方地区农业、工业用水增长对 GDP 的促进作用更加明显，北方地区其他用水增长尚未对 GDP 产生明显的约束作用。

另外，上述回归结果与邓朝晖等（2012）采用向量自回归模型对我国 1980～2007 年水资源与经济增长关系的估计结果是接近的。

结果显示：第一，2014～2021 年，南方地区对 GDP 影响最显著的仍然是滞后一期 GDP、农业用水和工业用水，其他用水影响不显著。滞后一期农业用水和工业用水的回归系数分别为 0.362、0.190，这一时期相关系数与其他模型估计系数符号一致，而绝对值明显较低，说明这一时期水资源投入潜力下降，农业、工业部门产生经过技术更新和节水改造后已经大幅降低对水资源投入的依赖。第二，

2014～2021 年，北方地区对 GDP 影响最显著的是滞后一期 GDP、农业用水，其中滞后一期农业用水回归系数分别为 0.070，此时农业用水投入对经济增长的影响已经显著降低，在经历水权试点和灌区现代化改造等一系列节水措施后，北方地区农业部门对水资源投入的依赖性大幅降低，而工业用水和其他用水符号仍为负且绝对值增大，p 值也明显下降，无法通过显著性检验。第三，南北地区相比，南方地区农业用水、工业增长对 GDP 的促进作用更加明显，北方地区其他用水增长逐渐对 GDP 产生约束作用。

（二）脉冲响应分析

脉冲响应是指内生变量在面临误差项冲击的动态反应，即当受到一个标准差大小的冲击时，扰动项产生的内生变量当期值和未来值的变化情况，根据本书研究需要，此处将冲击响应期设定为 10 期，图 5－8、图 5－9 显示了产业用水与 GDP 的脉冲响应分析结果。

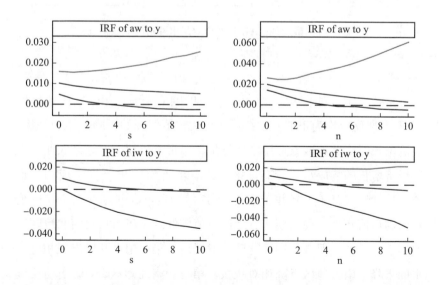

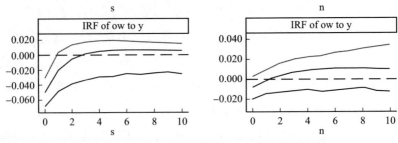

图 5 - 8　南北地区产业用水对 GDP 冲击的响应情况

注：S 代表南方地区，n 代表北方地区。

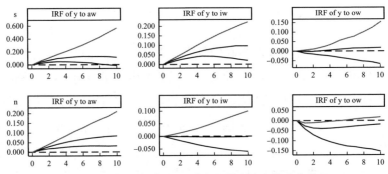

图 5 - 9　南北地区 GDP 对产业用水冲击的响应情况

注：S 代表南方地区，n 代表北方地区。

从各类用水对 GDP 一个单位冲击的响应来看：第一，南北地区 lnAW 当期反应均为正值，后续反应均为正值但开始下降并逐渐平稳，经济增长对南北地区农业用水始终呈正向影响，而南方地区农业用水对经济增长的响应水平较高。第二，南北地区 lnIW 当期反应均为正值，后续反应开始下降并于第 4 ~ 5 期转为负值，并逐渐稳定在低绝对值的负值水平，稳定期南方地区负值较低。经济增长对南北地区工业用水增长产生促进作用后随着技术提高，工业用水开始出现相近水平的下降，南方地区下降相对较快。第三，南北地区 lnOW 当期反应均为负值，且北方地区明显绝对值更大，下一期反应开始提升并分别于第1、第3周期转为正值，后续稳定在一定水平的正值，平稳值南方地区较高。经济增长对南北地区其他用水增长初期产生抑制作用，后续立刻提高，北方地区反应变化较快。总体来看，南方地区经济增长对各类用水的影响将稳定在相对较高的水平。

从 GDP 对各类用水一个单位冲击的响应来看：第一，南北地区 GDP 对 $\ln AW$ 冲击的当期反应均为正值，后续反应均为正值且逐渐上升并逐渐平稳，南北地区农业用水对经济增长始终呈正向影响，而南方地区经济增长对农业用水的响应水平较高。第二，南方地区 GDP 对 $\ln IW$ 冲击的当期反应均为正值，后续反应开始增长并于第9期达到最大值并逐渐稳定，而北方地区 GDP 响应则始终保持在微弱水平的负值。南方地区工业用水增长对经济产出产生促进作用，而北方地区经过技术改造后工业用水已经达到较高水平，其变化对经济增长产生的影响较小，呈现逐渐外生化趋势。第三，南北地区 GDP 对 $\ln OW$ 冲击的当期反应均为负值，且北方地区明显绝对值更大，后续反应开始逐渐提升，南方地区于第2周期转为正值，后续稳定在较低水平的正值，北方地区则在第3周期达到最低后开始提升，逐渐向正值靠拢。其他用水增长初期均对经济增长产生微弱的抑制作用，南方地区立刻转正使得其他用水增长产生经济红利，而北方地区由于用水总量不足，将长期处于生活和生态用水对经济增长的约束阶段。

（三）误差项的方差分解

根据动态面板分析特性，考虑对南北地区产业用水与经济增长动态关系的深入分析，详细刻画产业用水与经济增长间的相互影响程度，进一步分析用水结构约束对南北地区经济增长差异的影响及变化趋势，对模型误差项进行方差分解，参考邓朝晖等（2012）的做法，计算方差分解平均贡献度，从而重点考察各类用水对经济增长偏差贡献率的大小，如表5-7所示。

表 5 – 7　　　　　　　南北地区模型方差分解结果　　　　　　　单位: %

变量	南方地区经济产出对水资源利用的方差分解平均贡献度	北方地区经济产出对水资源利用的方差分解平均贡献度
$\ln Y$	49.25	62.19
$\ln AW$	34.91	20.7
$\ln IW$	12.72	2.6
$\ln OW$	3.12	14.51

结果显示: 影响南北地区 GDP 的主要贡献还是来源于 GDP 本身, 贡献度均达到 50% 以上; 其次是农业用水, 均达到 20% 以上, 而农业用水、工业用水和其他用水对南北地区 GDP 的贡献度有明显差异。第一, 南方地区水资源利用对经济产出的总体贡献度较高, 水资源在社会经济系统运行中参与度较高, 南方地区水资源利用对经济产出的贡献度相对较高; 第二, 南方地区农业和工业用水对经济产出的贡献度较高, 北方地区生活用水对经济产出的贡献度较高。

第三节　小　　结

(1) 2000 ~ 2021 年, 在农业、工业、其他用水上对经济增长的促进作用上, 南方地区均具有一定优势, 而北方地区受用水结构约束作用更明显, 因此用水结构约束下的南北经济增长差异, 更多地表现为北方地区由于人口增长的压力, 生活用水和生态用水提升挤出其他领域的经济产出。虽然北方地区近年来农业节水取得了一定成效, 但仍然无法消弭对区域经济增长的约束作用。南方地区水资源相对丰富, 农业用水和工业用水对经济增长都有明显的促进作用, 生活和生态用水的增长通过挤出作用仅对经济增长产生了小幅的约束作用, 保障了经济持续增长，因而促进了经济增长上的南北差距。

（2）2013 年前后南北地区用水结构约束特征发生变化，主要体现在生活和生态用水对经济增长的影响变化上。在第一阶段中，南方地区农业、工业用水增长对 GDP 的促进作用更加明显，北方地区其他用水增长尚未对 GDP 产生明显的约束作用；在第二阶段中，南方地区工业部门经过技术更新和节水改造后已经大幅降低对水资源投入的依赖，北方地区农业部门也在水权试点和灌区现代化改造后经历了类似的过程，使得南方地区农业用水、工业增长对 GDP 的促进作用更加明显，北方地区其他用水增长逐渐对 GDP 产生约束作用。

（3）南北地区经济增长对生活用水变化的差异化响应，将会持续推进南北地区经济增长差异扩大化。南北地区经济增长对农业用水变化的响应均为正值，且南方的响应水平较高；对工业用水变化的响应仍然是南方地区较为明显，北方地区经过技术改造，工业生产已经逐渐摆脱用水约束；对其他用水变化冲击的响应，南北地区表现出了明显差异，初期其他用水对经济增长仅产生了微弱的抑制作用，但南方地区很快便消化了这一冲击，并实现了其他用水的增长红利，而北方地区用水总量不足，将长期处于生活和生态用水对经济增长的约束阶段。这一点可从方差分解结果上进一步验证。

此外，第四章第三节关于用水总量约束与用水结构约束关系的推测展望，以及第五章第一节关于北方地区工业领域用水约束的数据推论也在一定程度上得到了验证和拓展。虽然从 EKC 曲线上看，北方地区农业和工业领域表现出面临更强的用水约束，但这实际来源于城镇规模扩张带来的挤出作用。因此北方地区面临更加严重的"约束强化"，实际上是用水总量约束达到一定水平后，生活和生态用水持续增长缺乏保障问题变得更加突出，并对其他领域用水和生产形成挤出，从而强化了用水总量约束水平。当然，我们也必须看到，虽然城镇用水与人口规模和居民生活需求高度相关且具有调整刚性，但北方地区在农业和工业领域仍然具有较高的用水效率，这种较高的农业和工业用水效率与一般的城镇用水效率与南方地区的差异，在用水效率约束上是如何体现的，对经济增长又具有怎样的作用，仍然需要进一步分析。

第六章

用水效率约束、协调发展与南北地区经济增长差异

　　用水总量约束和用水结构约束分析结果提供了水资源约束下南北差距的阶段性解释和结构化原因，但难以回答为何北方地区具有较高的农业和工业用水效率，却无法有效缓解用水结构约束问题，因此仍需进一步从用水效率约束的角度勾勒和分析南北水资源利用与产出的动态特征，从用水效率与经济增长需求提升的相互关系及动态变化中，观测南北差距问题的本质和发展趋势。本章将借鉴已有研究中耦合协调度的研究方法，根据我国南北地区用水效率系统和经济发展系统的特征进行调整优化，从而建立具有针对性和科学性的评价策略，在对南北地区耦合协调度及影响其提高的障碍因素进行全面剖析的基础上，掌握南北地区用水效率约束对经济增长差异的影响水平，分析这一差异形成的原因，从而为因地制宜制定用水效率与经济增长相协调的发展战略提供参考。

第一节 表征：南北用水效率与经济增长质量

一、演化特征

（一）综合用水效率

从万元 GDP 水耗变化和 GDP 变化用水系数两个方面观察南北地区用水效率差异，如图 6-1 和图 6-2 所示。从万元 GDP 用水量上看，南方地区总体高于北方地区，但差异逐渐缩小并反转。从总体趋势看，南北方万元 GDP 用水量差异水平基本在 0.8~1.2 范围内波动，差异水平呈现明显的下降态势。2021 年，南方地区万元 GDP 用水量是北方的 0.81 倍，2000 年该比值为 1.00，差异水平扩大 19%。从

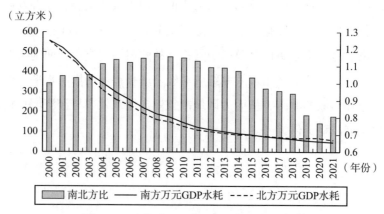

图 6-1 南北地区万元 GDP 水耗变化情况

资料来源：历年《中国统计年鉴》、各省份统计年鉴及水资源公报。

变化特征看，差异水平呈现出"二阶段"特征。2000～2008 年，差异水平逐渐扩大至 1. 17 左右，随后差异水平逐渐缩小，于 2016 年后转向"南低北高"，且差距呈现扩大趋势。从差异形成过程看，变化节点有两个：2008 年成为南北用水效率差异缩小的起始点，主要表现为 2008 年后北方万元 GDP 用水量下降速度开始放缓；2016 年成为南北用水效率差异变化的反转点，主要表现为南方用水效率持续提升，逐渐超过北方。

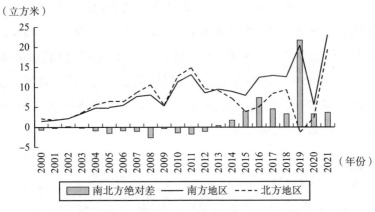

图 6 - 2　南北地区 GDP 变化用水系数情况

资料来源：历年《中国统计年鉴》、各省份统计年鉴及水资源公报。

GDP 变化用水系数上的南北差异表征与万元 GDP 水耗有所不同，[①] 呈现出更复杂的变化趋势和明显的阶段特征。2013 年是南北系数差值变化时间节点。2000～2012 年，北方地区系数略高于南方地区，南北差值从 2000 年的 - 0. 64 元/立方米调整到 2012 年的 - 1. 06 元/立方米，降幅为 1650%，总体呈现小幅扩大趋势；2013 年南北差

---

① 根据廖桂萱（2018）的观点，GDP 变化用水系数 =（当期 GDP - 前一期 GDP）/当年用水量。

值扭负为正,此后迅速扩大,从 2013 年的 0.39 元/立方米扩大至 2021 年的 3.66 元/立方米,增幅达 8.38 倍。南北系数差值变化趋势不稳定,与 GDP 增速曲线略有相似。南北系数差值最低点出现在 2008 年,为 -2.60,最高点为 2019 年的 21.71。

(二) 农业用水效率

从农业水资源生产率和利用率两个方面来观察南北农业用水效率差异,如图 6-3 和图 6-4 所示。在农业水资源生产率上,选取单位水耗产粮量为观察指标。[①] 2000~2021 年,南方地区 1 亿立方米农业灌溉用水产粮量从 13.95 万吨增加到 16.20 万吨,增长 16.13%;北方地区 1 亿立方米农业灌溉用水产粮量从 13.27 万吨增加到 26.46 万吨,增长 89.15%。2000 年后北方地区数值始终高于南方地区,且北方地区增长较快,南北方比由 2000 年的 1.05 倍下降至 2021 年的 0.61 倍,降幅达 41.90%。

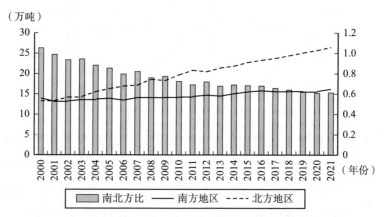

图 6-3 南北地区每亿立方米农业灌溉用水产粮量变化情况

资料来源:历年《中国统计年鉴》、各省份统计年鉴及水资源公报。

---

① 根据范群芳 (2007) 等的相关研究和统计,我国农业灌溉用水量约占农业用水总量的 90%,则单位水耗产粮量 = 粮食产量/(农业用水量×90%)。

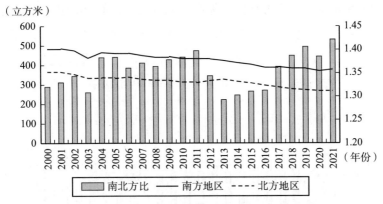

图 6-4 南北地区每亩有效灌溉面积用水量变化情况

资料来源：历年《中国统计年鉴》、各省份统计年鉴及水资源公报。

在农业水资源利用率上，选取单位面积灌溉用水量①为观察指标。北方地区数值始终低于南方地区，且降幅较大。2000～2021 年，南方地区每亩有效灌面用水量从 482.84 立方米缩小到 378.47 立方米，下降 18.37%；北方地区每亩有效灌面用水量从 365.74 立方米缩小到 266.25 立方米，下降 27.20%。单位面积灌溉用水量上的南北比值呈现"上升—下降—上升"的三段式趋势。2000～2011 年，南北比值由 1.32 扩大至 2011 年的 1.40，后持续下降至 2016 年的 1.31，后再次上升至 2021 年的 1.42。考虑到农业用水上的南北比值在 2012 年前后呈现由降转升的变化，此突变点很可能源于 2012 年北方地区部分省份出现较为严重的旱灾，导致有效灌溉面积突然减少。

（三）工业用水效率

从万元工业增加值用水量和万元工业增加值变化用水系数两个方面观察南北地区用水效率差异，如图 6-5 和图 6-6 所示。万元工业

---

① 单位面积灌溉用水量＝农业用水量×90%/有效灌溉面积。

增加值用水量上，南方地区总体高于北方地区，但差异呈现逐渐缩小态势。从总体趋势来看，南北地区万元工业增加值用水量均呈现明显下降趋势，2000～2021年，南方地区万元工业增加值用水量由378.07立方米调整到35.62立方米，下降90.58%；北方地区万元工

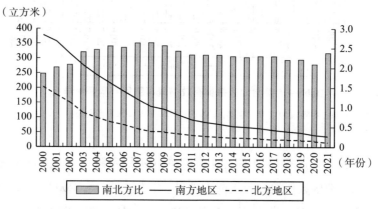

图6-5 南北地区万元工业增加值用水量变化情况

资料来源：历年《中国统计年鉴》、各省份统计年鉴及水资源公报。

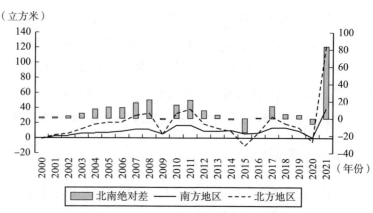

图6-6 南北地区万元工业增加值变化用水系数情况

资料来源：历年《中国统计年鉴》、各省份统计年鉴及水资源公报。

业增加值用水量由 203.54 立方米调整到 14.96 立方米，下降 92.65%，北方地区下降幅度略大，且同期指标显著低于南方。从变化特征来看，差异水平呈现出先扩大后缩小的"二阶段"特征。2000~2008 年，南北比值从 1.86 扩大至 2.64；2009~2021 年，该比值从 2.56 逐渐下降至 2.38。

在万元工业增加值变化用水系数[①]上，北方地区大多时间高于或接近南方地区水平，呈现出较高的用水效率，但差异变化趋势缺乏明显规律。从总体上看，"北南差值"呈现出波动缩小态势，从 2000 年的 0.49 提高到 2021 年的 83.64，增幅扩大 169.69 倍。其间于 2008 年、2011 年出现较高值 21.71、21.39，于 2015 年出现最低值 -16.01，2009 年、2014 年、2016 年中"北南差值"基本消除。从阶段上看，南北系数数值变化趋势不稳定，除 2021 年的高值外，总体上呈现"二阶段"波动特征：2000~2011 年波动上升，波动幅度较小；2012 年后波动下降。

（四）其他用水效率

其他用水包括生活用水和生态用水，其中生活用水包括城乡居民生活用水和城镇公共用水等，是其他用水的主要组成部分。生活用水和生态用水虽不直接形成产品，但支撑着服务业、建筑业、城镇居民生活等正常运转，与城乡人口有正相关关系，故从人均其他用水量、万元其他服务业和建筑业增加值用水量两项指标考察南北地区生活用水效率差异，如图 6-7、图 6-8 所示。在人均其他用水量上，南方地区显著高于北方地区，且差距正逐渐扩大。南北地区人均其他用水量均呈现小幅上升趋势，南方地区上升幅度略高于北方。2000~2021

---

① 根据廖桂萱（2018）的观点，工业增加值变化用水系数 =（当期工业增加值 - 前一期工业增加值）/当期工业用水量。

年，南方地区人均其他用水量从 49.27 立方米提升至 87.63 立方米，增长 77.86%；北方地区人均其他用水量从 38.37 立方米提升至 85.89 立方米，增长 123.85%，北方地区增长明显更快。南北人均其

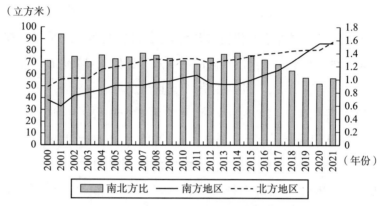

图 6-7　南北地区人均其他用水量变化情况

资料来源：历年《中国统计年鉴》、各省份统计年鉴及水资源公报。

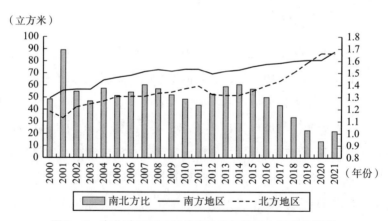

图 6-8　南北地区万元其他产业增加值用水量变化情况

资料来源：历年《中国统计年鉴》、各省份统计年鉴及水资源公报。

他用水量比值总体呈明显缩小趋势，且经历了两次"先升后降"：2000～2011 年南北比值先升后降，从 1.28 扩大至 1.69 再下降至 1.24；2012 年后再次呈现先升后降趋势，至 2021 年调整到 1.02，22 年间比值下降了 20.55%。

在万元其他产业增加值用水量上，南方地区显著高于北方地区，南北差异经历了先升后降趋势。总体来看，南北地区数值均呈不断下降趋势，南方地区下降更快。2000～2021 年，南方地区万元其他产业（服务业和建筑业）增加值用水量从 135.09 立方米减少至 16.58 立方米，增长 87.73%；北方地区从 105.53 立方米减少至 20.56 立方米，下降 80.52%，南方地区下降略快。从差异特征来看，南北差异同样经历了两次"先升后降"：2000～2011 年，从 2000 年的 1.28 扩大至 2008 年的 1.54 后回调到 2011 年的 1.43，随后 2014 年后扩大至 1.58 后回调到 2021 年的 0.81，南方地区首次实现了其他用水效率上的反超，但总体差异已经较小。

二、若干推论

（1）南北地区综合用水效率差异对经济增长南北差距有正向作用。北方地区特别是 2013 年后，受产业结构和产出水平影响，用水效率提升受到一定程度约束，导致经济增长放缓。

（2）南北地区农业用水效率差异对经济增长南北差距的影响水平较低。特别是北方地区农业水资源生产率显著高于南方地区，对经济增长的南北差距贡献不大。

（3）南北地区工业用水效率差异对经济增长南北差距的影响在 2011 年前后有所差异。2000～2011 年，南北地区工业用水效率差异经历先升后降，但整体差异水平较高，对南北差距扩大可能存在负向作用。2011 年后，南北地区工业用水效率差异已经维持在一个相对稳定的阶段，结合南北地区工业用水变化趋势，推测是由于工业用水受到生活用水挤出，导致南北地区工业用水效率进入一个缓慢但是均衡的增长阶段。考虑到南方地区万元工业增加值用水的显著减少，较高的用水效率增长水平可能对南北差距扩大存在正向作用。

（4）南北地区其他用水效率差异对经济增长南北差距的扩大具有正向作用。南方地区由于水资源有较大的调度空间和配置余地，较高的人均生活用水量不仅有助于提升劳动效率，加快第三产业发展，而且不会大量挤出农业和工业用水，因此能够全面激发经济增长动能。北方地区承受着与南方地区相当的人口增长压力和较差的水生态环境及承载力，为保障城镇发展需求和流域生态需求，生活和生态环境用水迅速增长，在用水总量约束下势必会对农业、工业用水产生挤出，导致经济增长放缓，进而促进经济增长南北差距扩大。

另外，结合第四章第三节和第五章第三节的结论及推论验证逻辑，南北地区在研究期内的用水总量约束平均水平差异不大，而2013年后北方地区约束较强，这种增强现象很大程度上是源于城镇扩张导致生活生态用水提升引发的挤出效应，结合此处关于南北地区农业、工业和其他用水效率约束差异的判断，可以进一步推测：在城镇发展领域，南北地区用水效率约束与用水结构约束对用水总量约束形成了多重叠加的"约束强化"，且在北方地区更为严重；在工业生产领域，2011年前后由于北方地区工业用水效率存在"先升后降"的趋势，因此工业用水效率约束也从"约束对冲"转向"约束强化"，这里的对冲是指用水效率提高后对用水总量约束的缓解效应；在农业生产领域，北方地区实际存在着长期的用水效率领先，但由于其用水效率实际保持在一个稳定区间，因此并未对不断提高的用水总量约束形成有效对冲，特别是在2011年后甚至可能表现为一定程度上的"约束强化"。

第二节　实证：南北地区用水效率评价

一、实证方法与准备

（一）指标选择

从综合用水效率、农业用水效率、工业用水效率、其他用水效率等 4 个维度选择用水效率系统评价指标，从增长水平、经济结构、发展动能等 3 个维度选择经济增长系统评价指标，以能够充分反映用水效率与经济发展情况为基本原则，综合考虑指标科学性、代表性和可得性，结合目前我国政策实施和地方考核的主要参考指标进行指标选择。

用水效率系统指标，目前相关研究主要选取了单位产值用水、单位灌面用水、人均用水、产业用水占比、产业增加值变化用水系数等，此处主要从单位产值用水、单位灌面用水和人均用水等方面着手筛选，适当补充变化类动态指标，形成指标观察库。综合用水效率，选择目前现行的统计指标万元 GDP 用水量、人均用水量；农业用水效率，现行政府主要考核指标为农业灌溉有效水利用系数，但其统计结果并未全部公布，因此选择每亩有效灌溉面积用水量、每亿立方米农业灌溉用水产粮量；工业用水效率，目前统计指标主要为万元工业增加值用水量，属于单位产值用水类别，因此增加万元工业增加值变化用水系数作为观察指标；其他用水效率，除农业和工业外的用水，包括生活用水和生态用水，其实际对应的产出主要包括服务业和建筑业，因此将生活用水和生态用水合并计算为其他用水，将 GDP 扣除农业、工业后的增加值作为其他产业增加值，选取人均其他用水量、万元其他产业增加值用水量作为用水效率，补充每立方米城市绿地生态环境补水量指标作为生态用水效率指标。

经济增长系统指标，量化经济增长水平和效率的指标比较广泛，目前主要包括经济规模、结构等，使用最多的为 GDP、人均 GDP 和 GDP 增长率等指标。此处聚焦南北地区经济增长差异分析需要，考虑与用水效率指标的对应性，选取人均 GDP、GDP 增长率代表增长水平，选取农业增加值占 GDP 比重、其他产业增加值占 GDP 比重代表增长结构，外贸依存度、财政集中度代表增长活力，人均固定资产投资、人均 R&D 经费支出代表增长动能。

（二）评价策略

采用 min - max 标准化法进行指标无量纲化处理，消除指标间单位量纲差异可能带来的评价偏误。正向指标标准化公式为：

$$\mu_{ij} = \frac{x_{ij} - x_{\min}}{x_{\max} - x_{\min}} \qquad (6-1)$$

负向指标标准化公式为：

$$\mu_{ij} = \frac{x_{\max} - x_{ij}}{x_{\max} - x_{\min}} \qquad (6-2)$$

其中，x_{ij} 为指标数据原始值；μ_{ij} 为第 i 子系统的第 j 个指标；$x_{\max}$ 和 $x_{\min}$ 分别为第 j 个指标的最大值和最小值。

接着，借用 CRITIC 权重法对各指标进行客观赋权，CRITIC 赋权法融合了熵权法和变异系数法中的优点，在考虑指标变异性大小的同时，能够兼顾指标之间的相关性，基于评价指标的对比强度和指标之间的冲突性来综合衡量指标的客观权重，从而构造判断矩阵。设 m 为评价指标数。指标变异性可根据式（6-3）进行计算。

$$\begin{cases} h_j = \dfrac{1}{m} \sum_{i=1}^{m} \mu_{ij} \\[2mm] S_j = \sqrt{\dfrac{\sum_{i=1}^{m} (\mu_{ij} - \overline{\mu_j})^2}{m-1}} \end{cases} \tag{6-3}$$

其中，S_j 为第 j 个指标的标准差。进一步计算指标冲突性。

$$R_j = \sum_{i=1}^{m} (1 - r_{ij}) \tag{6-4}$$

判定公式。

$$\begin{cases} C_j = S_j \cdot R_j \\[2mm] p_j = \dfrac{C_j}{\sum_{j=1}^{n} C_j} \end{cases} \tag{6-5}$$

其中，C_j 表示第 j 个指标携带信息量，信息量越大则赋权越大；p_j 为该指标权重。则相应指标评价值方法如式（6-6）所示。

$$U_j = \sum_{j=1}^{n} p_j \cdot (1 + \mu_{ij}) \tag{6-6}$$

（三）体系构建

根据前文所述，参考表 6-1 中指标方向，分别对原始数据进行标准化，并以 CRITIC 权重法计算权重。

表 6-1　　　　　　　　用水效率与经济增长指标体系

系统	类别	指标	单位	代码	方向	权重
用水效率系统	综合用水效率	单位 GDP 用水量	立方米/元	W1	负向	10.35
		GDP 变化用水系数	元/立方米	W2	正向	11.49
	农业用水效率	单位有效灌溉面积用水量	立方米/亩	W3	负向	16.64
		单位农业灌溉用水产粮量	吨/立方米	W4	正向	20.35

续表

系统	类别	指标	单位	代码	方向	权重
用水效率系统	工业用水效率	单位工业增加值用水量	立方米/元	W5	负向	15.15
		单位工业增加值变化用水系数	元/立方米	W6	正向	8.81
	其他用水效率	人均其他用水量	立方米/人	W7	负向	10.99
		单位其他产业增加值用水量	立方米/元	W8	负向	6.23
经济增长系统	增长水平	人均GDP	元/人	E1	正向	9.57
		GDP增长率	%	E2	正向	16.98
	增长结构	农业增加值占GDP比重	%	E3	负向	10.98
		其他产业增加值占GDP比重	%	E4	正向	11.56
	增长活力	财政集中度	%	E5	负向	14.15
		外贸依存度	%	E6	正向	14.26
	增长动能	人均固定资产投资	元/人	E7	正向	16.12
		人均R&D经费支出	元/人	E8	正向	6.37

(四) 模型设置

耦合度函数是关于子系统间相互作用程度的函数,我们构建的用水效率与经济增长子系统耦合度函数为:

$$C = \sqrt{\frac{U_1 \cdot U_2}{(U_1 + U_2)^2}} \qquad (6-7)$$

其中,U_1 为用水效率子系统;U_2 为经济增长子系统;C 为耦合度,且取值 $0 \leqslant C \leqslant 1$。$C$ 越接近 1 表示系统关联性越大。由于系统耦合度在度量动态数据上可能存在一定片面性,无法满足对于南北地区用水效率系统与经济发展系统协调情况的全面解释,为对比分析用水效率约束对南北地区经济增长差异的整体影响和功效,建立耦合协调度模型,并在后文中重点分析耦合协调度情况,具体如下:

$$\begin{cases} T = \alpha U_1 + \beta U_2 \\ D = \sqrt{C \cdot T} \end{cases} \quad (6-8)$$

其中，D 为用水效率和经济增长的耦合协调度；$0 \leqslant D \leqslant 1$，$T$ 为用水效率与经济增长系统的综合协调指数；α、β 分别代表两系统的权重配比。考虑到用水效率和经济发展是互相支撑和影响的两大系统，对水资源—经济社会复合系统具有同等重要的作用，因此界定 $\alpha = \beta = 0.5$。

建立上述系统评价模型后，为分析用水效率约束下南北地区经济增长差异的成因和趋势，需要进一步识别系统中各个因素表现对耦合协调度的影响水平，参考邢霞等（2020）的做法建立"障碍度模型"。

$$R_{ij} = \frac{(1 - \mu_{ij}) \cdot p_{ij}}{\sum\limits_{j=1}^{n} (1 - \mu_{ij}) \cdot p_{ij}} \quad (6-9)$$

其中，R_{ij} 代表某指标对用水效率和经济增长系统实现耦合协调的障碍水平；μ_{ij} 代表该指标标准化后的数值，p_{ij} 代表该指标权重配比；n 代表指标数。

二、数据来源与处理

本章所用到数据主要来自历年《中国统计年鉴》、各省份统计年鉴和历年《中国科技统计年鉴》，相关数据均根据年鉴中数据计算得出。其中，财政集中度可从财政收入或财政支出与 GDP 比重上具体考察。财政支出是财政在 GDP 使用过程中的活动，通过规模和结构的变化实现资源要素配置，直接影响社会再生产的规模和结构，更加契合本书研究动能的概念，也更能反映财政对市场经济运行的影响程度，因此此处重点考察南北地区财政支出占 GDP 比重的差异情况。外贸依存度指货物进出口总额占 GDP 总量的比重，进出口总额一般有两个统计口径：按经营单位所在地货物进出口总额、境内目的地和货源地货物进出口总额统计。实际上，由于很多企业并不具有完全的商品进出口权，很多企业会选择通过与有进出口权的企业签订委托代理协议，从而获得进口资格，进行进出口贸易，但在这种情况下，该企业仅为代理商身份，其完成的商品进口贸易往往并不能带动当地经济发展，故采用按境内目的地和货源地划分的货物进出口总额进行分析，即外贸依存度等于按境内目的地和货源地划分的货物进出口总额与 GDP 总量的比值。其他用水量、其他产业增加值等数据计算方法与前文无异。

三、实证过程与结果

将用水效率系统和经济增长系统各指标数据进行标准化处理，运用上述方法和过程分别计算南北地区用水效率系统和经济增长系统的综合评价值和耦合协调度，以及其省级层面相关结果，并根据障碍度公式推导其成因，综合分析用水效率约束下南北地区增长差异的特征和成因。

（一）南北地区用水效率与经济增长耦合协调的总体水平分析

运用式（6-1）~式（6-6）计算南北地区用水效率系统和经济增长系统的综合评价值，观察南北地区用水效率和经济增长的总体水平，具体如表6-2所示。2000~2021年，南北地区用水效率和经济增长评价值不断提升，经济增长上南方具有一定优势，且优势随时间推移显著扩大，2000 年南北经济增长评价差值为 0.044，2013 年后这一差值开始扩大，到 2021 年达到 0.26。用水效率上北方具有明显优势，2000 年南北用水效率评价差值为 -0.221，至 2011 年达到最大差值 -0.319，后随着北方整体经济增长下滑和水资源约束增大，这一优势逐渐缩小，至 2021 年下降为 − 0.143。经济增长系统评价值的变化印证了前文对于南北地区经济增长差异变化水平的判断，由于用水效率系统与经济增长系统有直接的关系，特别是人均 GDP、万元 GDP 用水量等指标使得两系统评价值和变化趋势更加相关，北方地区经济增长水平下降也在一定程度上促进了南北地区在"投入产出"这一维度上用水效率差距的缩小。同时，排除北方地区经济增长降速的影响，南北地区在"有效投入率"这一维度上的用水效率差距仍然存在，这可以根据南北地区用水效率与经济增长耦合协调水平及其障碍因子变化情况进行验证。

表 6 - 2　　　　南北地区用水效率与经济增长综合评价结果

年份	用水效率		经济增长	
	南方	北方	南方	北方
2000	0.119	0.340	0.272	0.228
2001	0.114	0.396	0.283	0.235
2002	0.165	0.421	0.316	0.255
2003	0.256	0.490	0.390	0.340
2004	0.247	0.545	0.448	0.376
2005	0.280	0.580	0.458	0.401
2006	0.298	0.597	0.482	0.401
2007	0.353	0.658	0.526	0.434
2008	0.380	0.706	0.525	0.468
2009	0.367	0.628	0.445	0.374
2010	0.445	0.748	0.568	0.496
2011	0.473	0.792	0.579	0.524
2012	0.459	0.735	0.536	0.483
2013	0.470	0.735	0.574	0.504

续表

年份	用水效率		经济增长	
	南方	北方	南方	北方
2014	0.491	0.736	0.581	0.515
2015	0.489	0.698	0.547	0.481
2016	0.534	0.746	0.594	0.493
2017	0.546	0.810	0.634	0.528
2018	0.552	0.802	0.677	0.544
2019	0.588	0.731	0.734	0.456
2020	0.598	0.784	0.729	0.497
2021	0.616	0.793	0.756	0.496

运用式（6-7）~式（6-9）计算南北地区用水效率系统和经济增长系统的耦合度、协调度和耦合协调度，重点观察耦合协调度变化情况，具体如表6-3所示。2000~2021年，南北地区用水效率系统和经济增长系统耦合协调均明显提高，北方地区耦合协调度高于南方地区，且较早步入中高水平协调阶段，随时间推移，南北地区耦合协调度差距不断缩小，从2000年的-0.104下降到2021年的0.035，南方地区实现反超。结合南北地区用水效率和经济增长系统综合评价情况来看，南方地区耦合类型属于用水效率滞后型，而北方地区属于经济增长滞后型，因此南北地区耦合协调度提高且差值缩小，可进一步解释为南方地区用水效率随经济增长而实现了较快的提高，达到了0.387，而北方地区用水效率提升则未能实现相应的经济增长，仅为0.232，南方地区用水效率对经济增长的约束作用更加明显地减弱，这在一定程度上促进了南北经济增长差异扩大。这一差异现象在2011~2021年间更加明显，北方地区耦合协调度基本不变，而南方地区则实现了持续提升，这是南北地区用水效率对经济增长约束差异形成的关键。

表 6-3　　　　南北地区用水效率与经济增长的耦合协调情况

年份	南方地区			北方地区		
	协调度	耦合协调度	协调等级	协调度	耦合协调度	协调等级
2000	0.196	0.424	濒临失调	0.284	0.528	勉强协调
2001	0.198	0.424	濒临失调	0.316	0.552	勉强协调
2002	0.240	0.478	濒临失调	0.338	0.572	勉强协调
2003	0.323	0.562	勉强协调	0.415	0.639	初级协调
2004	0.348	0.577	勉强协调	0.461	0.673	初级协调
2005	0.369	0.598	勉强协调	0.490	0.694	初级协调
2006	0.390	0.616	初级协调	0.499	0.699	初级协调
2007	0.440	0.656	初级协调	0.546	0.731	中级协调
2008	0.453	0.668	初级协调	0.587	0.758	中级协调
2009	0.406	0.636	初级协调	0.501	0.696	初级协调
2010	0.506	0.709	中级协调	0.622	0.780	中级协调
2011	0.526	0.723	中级协调	0.658	0.803	良好协调
2012	0.498	0.704	中级协调	0.609	0.772	中级协调
2013	0.522	0.721	中级协调	0.619	0.780	中级协调
2014	0.536	0.731	中级协调	0.625	0.785	中级协调
2015	0.518	0.719	中级协调	0.589	0.761	中级协调
2016	0.564	0.750	中级协调	0.619	0.779	中级协调
2017	0.590	0.767	中级协调	0.669	0.809	良好协调
2018	0.615	0.782	中级协调	0.673	0.813	良好协调
2019	0.661	0.811	良好协调	0.594	0.760	中级协调
2020	0.665	0.814	良好协调	0.642	0.792	中级协调
2021	0.688	0.829	良好协调	0.646	0.794	中级协调

（二）南北地区用水效率与经济增长耦合协调的影响因素分析

根据障碍度评价模型分别计算得到南北地区用水效率和经济增长

耦合协调系统各项指标的障碍度，对各年障碍度指标进行排名，得到影响南北地区耦合协调最显著因素的前3位，如表6-4所示。2000～2021年，南北地区用水效率与经济增长耦合协调障碍度最高的因素是单位灌溉面积用水、单位灌溉用水产粮、万元工业GDP用水、人均固定资产投资、外贸依存度、财政集中度、GDP增长率等，可见主要障碍因子集中在农业用水效率、工业用水效率、增长水平、增长活力、增长动能等方面，且各类用水效率指标障碍度均在明显提升。具体来看，观察期内影响南方地区耦合协调度最显著的指标为单位灌溉面积用水、单位灌溉用水产粮、人均固定资产投资、人均其他用水，其中农业用水效率的障碍度持续最高并随时间推移不断增长，即农业用水效率提升缓慢影响了南方地区整体用水效率对经济增长的耦合协调。2013年后人均其他用水的障碍度明显提高，由于本书定义其为负向指标，因此南方地区人均其他用水的提高制约了系统耦合协调水平。相比之下，观察期内影响北方地区耦合协调度最显著的多为人均固定资产投资、外贸依存度等经济类指标，2011年后用水效率以及人均固定资产投资对系统的障碍度明显下降，财政集中度和GDP增长率等指标障碍度提升。可见，2011年以前较大规模的投资和农业节水措施使得北方地区农业等部门用水效率得到了较高水平的提升，但这些措施并不足以缓解北方经济增长困境，在一定程度上影响了北方地区政府财政实力提升和贸易开放进程；而南方地区则在规模化的固定资产投资下促进了经济增长，但这些投资显然较少用于农业用水效率提升和城镇节水设施改善，而更多地作用于经济部门或者城市生态改善，结合北方地区生活生态用水的大幅提升来看，不排除北方地区由于必须应对城镇建设和人口集中化带来的水资源压力，不得不将部分资源要素投入农业用水和工业用水，推动其效率提升，导致经济部门产出水平在一定程度上被挤占，影响了经济持续增长，使得南北增长差异扩大。

表 6 - 4　　南北地区用水效率与经济增长耦合协调障碍度情况

年份	地区	第一产业		第二产业		第三产业	
		指标	障碍度（%）	指标	障碍度（%）	指标	障碍度（%）
2000	南方	W4	12.449	E7	10.007	W3	9.629
	北方	W3	11.492	E7	11.255	E6	9.948
2001	南方	W4	12.695	W3	10.380	E7	9.986
	北方	W3	11.990	E7	11.700	E6	10.414
2002	南方	W4	12.704	W3	10.835	E7	10.447
	北方	E7	11.987	W3	11.458	E6	10.734
2003	南方	W3	11.860	W4	11.571	E7	11.514
	北方	E7	13.306	W3	12.762	E6	11.657
2004	南方	W4	14.062	W3	12.156	E7	11.705
	北方	E7	14.065	W3	12.349	E6	11.976
2005	南方	W4	14.187	W3	12.338	E7	11.813
	北方	E7	14.372	E6	12.433	W3	12.035
2006	南方	W4	14.817	W3	13.275	E7	11.882
	北方	E7	14.045	E6	12.206	W3	11.393
2007	南方	W4	15.076	W3	13.663	E7	12.437
	北方	E7	14.703	E6	12.791	W3	12.145
2008	南方	W4	14.626	W3	13.996	E7	12.117
	北方	E7	15.025	E6	12.788	W3	10.992
2009	南方	W4	13.793	W3	12.840	E7	10.326
	北方	E6	12.419	E7	11.148	W3	9.526
2010	南方	W4	15.549	W3	15.303	E7	11.353
	北方	E6	14.990	E7	12.919	W3	9.920
2011	南方	W4	16.153	W3	15.739	E7	11.056
	北方	E6	15.948	E7	13.088	E5	12.222

续表

年份	地区	第一产业		第二产业		第三产业	
		指标	障碍度（%）	指标	障碍度（%）	指标	障碍度（%）
2012	南方	W4	15.074	W3	14.395	E7	9.198
	北方	E6	13.856	E5	11.887	E2	10.249
2013	南方	W3	15.448	W4	15.052	W7	9.272
	北方	E6	14.181	E5	12.679	E2	12.073
2014	南方	W3	15.058	W4	14.378	E2	10.179
	北方	E2	15.059	E6	14.417	E5	12.800
2015	南方	W3	13.843	W4	12.998	E5	11.199
	北方	E2	16.739	E6	15.237	E5	13.890
2016	南方	W3	14.845	W4	12.643	W7	11.703
	北方	E6	17.624	E2	17.188	E5	15.751
2017	南方	W3	16.154	W4	13.813	W7	12.698
	北方	E6	19.397	E5	18.035	E2	17.009
2018	南方	W3	17.126	W7	14.007	W4	13.800
	北方	E6	19.420	E5	18.898	E2	16.926
2019	南方	W3	19.673	W7	16.188	W4	15.543
	北方	E2	20.878	E5	17.399	E6	15.700
2020	南方	W5	18.824	W4	17.903	W3	14.194
	北方	E2	19.129	E5	17.739	E6	16.967
2021	南方	W3	18.051	W4	17.322	W7	15.238
	北方	E5	19.952	E6	19.739	E7	18.745

（三）南北地区用水效率与经济增长耦合协调总体水平的省级尺度分析

运用上述办法分别计算南北地区 31 个省份的用水效率系统和经

济增长系统的综合评价值，观察各省用水效率和经济增长的总体水平，具体如表6-5、表6-6所示。从用水效率评价结果来看，南方地区用水效率最高的地区主要在东部沿海和西南地区，其中长江三角洲及周边省份工业基础良好，工业产业门类经历多次迭代，相关技术设施在全国领先，传统的高耗水行业如化工、纺织等均已逐步向内陆地区转移，较高的工业用水效率提升了整体评价结果；西南地区重庆、四川等省份则是我国重要的粮食生产基地，经济类作物占比整体不高，且降雨时节与农业灌溉需求较为契合，在较少的农业灌溉用水下，实现了较高的农业生产效率；用水效率最低的主要是广东、广西、江西等地区，珠三角地区在实现了经济高速增长后，相同的水资源投入已经难以实现相应的经济增长，"投入产出"维度的用水效率提升乏力。江西地区由于承担了长三角地区的大量产业转移，化工、纺织等耗水产业集中发展导致用水量增长而产出提升缓慢，影响了用水效率评价结果。反观北方地区省份整体用水效率明显较高，其中，华北平原相关地区最为突出，这一区域水资源利用潜力已经枯竭，即使持续开发地下水也无法支撑区域持续发展，在长期的用水设施投入、耗水产业转移和节水意识培育后，用水效率已经提升到全国最高水平。而西北地区由于经济发展和社会进步水平制约，耕地相对贫瘠，农业生产效率提升空间有限，同时农业灌溉设施投入力度难以满足农业发展需要，而传统的大水漫灌情况仍然存在，导致整体用水效率评价较低。

表6-5　　　　南北地区各省份用水效率综合评价结果

省份	2000 年	2013 年	2021 年
上海	0.553	0.586	0.642
江苏	0.562	0.623	0.642
浙江	0.569	0.639	0.693

省份	2000 年	2013 年	2021 年
安徽	0.632	0.685	0.706
福建	0.509	0.600	0.650
江西	0.434	0.612	0.628
湖北	0.427	0.638	0.661
湖南	0.519	0.634	0.640
广东	0.440	0.560	0.599
广西	0.394	0.522	0.578
海南	0.379	0.544	0.578
重庆	0.691	0.775	0.826
四川	0.602	0.697	0.711
贵州	0.514	0.681	0.703
云南	0.578	0.661	0.680
西藏	0.328	0.528	0.571
北京	0.622	0.724	0.755
天津	0.662	0.748	0.749
河北	0.655	0.729	0.771
山西	0.685	0.732	0.800
内蒙古	0.596	0.678	0.689
辽宁	0.620	0.691	0.742
吉林	0.590	0.726	0.763
黑龙江	0.505	0.673	0.706
山东	0.669	0.780	0.791
河南	0.694	0.782	0.845
陕西	0.650	0.731	0.718
甘肃	0.479	0.633	0.649
青海	0.423	0.570	0.615

续表

省份	2000 年	2013 年	2021 年
宁夏	0.339	0.554	0.590
新疆	0.414	0.541	0.532

表 6-6 南北地区各省份经济增长综合评价结果

省份	2000 年	2013 年	2021 年
上海	0.724	0.765	0.806
江苏	0.673	0.753	0.789
浙江	0.679	0.748	0.805
安徽	0.651	0.721	0.766
福建	0.649	0.732	0.796
江西	0.586	0.692	0.741
湖北	0.597	0.710	0.744
湖南	0.623	0.707	0.756
广东	0.675	0.729	0.753
广西	0.562	0.657	0.703
海南	0.561	0.672	0.699
重庆	0.681	0.774	0.806
四川	0.639	0.716	0.758
贵州	0.596	0.710	0.739
云南	0.621	0.707	0.742
西藏	0.534	0.649	0.672
北京	0.556	0.653	0.682
天津	0.428	0.587	0.557
河北	0.301	0.374	0.439
山西	0.335	0.383	0.374
内蒙古	0.299	0.409	0.412

续表

省份	2000 年	2013 年	2021 年
辽宁	0.347	0.450	0.347
吉林	0.286	0.392	0.366
黑龙江	0.280	0.320	0.294
山东	0.324	0.446	0.506
河南	0.269	0.369	0.470
陕西	0.325	0.411	0.500
甘肃	0.296	0.374	0.307
青海	0.326	0.362	0.424
宁夏	0.320	0.398	0.421
新疆	0.298	0.385	0.376

从经济增长评价结果来看，南方地区整体情况良好，东部省份在增长结构和增长活力上具有明显优势，人均 GDP 和贸易水平更是领跑全国；中部地区则在加速市场化进程中经济整体放活，产业结构加速转型优化，西南地区在大规模固定资产投资促进下，连续保持多年的高速经济增长，势头良好。反观北方地区经济增长情况明显不佳，虽然京津冀地区拥有较高的人均 GDP 和全国领先的科技投入水平，但东北三省、山西、内蒙古等能源资源丰富的省份经济增长大幅放缓，随着国家推进动能转换带来去产能、去库存任务影响，全社会固定资产投资显著下降，加之在贸易水平、服务业发展上的明显劣势持续难以弥补，增长水平、增长活力、增长动能等方面全面滞后。

根据上述综合评价结果计算南北地区各省份用水效率与经济增长耦合协调水平，发现耦合协调结果表现出明显的空间特征（见表6－7）。南方地区整体耦合协调度较高，且差异较小，仅广西、西藏相对落后，观察其评价结果发现与其经济增长相对缓慢有关。观察期内各省份耦合协调度普遍提升 0.1 以上，江西、湖北、四川、重庆等省份耦合度提升明显，说明其用水效率随经济增长实现了更大幅度的提升，用水效率对经济增长的约束作用在减少。北方地区各省份耦合协调度差异较大，北京、天津用水效率与经济增长耦合协调程度最高，在经济增长过程中该区域仍然能够保持对水资源利用上较高的投入水平；黑龙江、甘肃等省份耦合协调水平较低，与当地经济增长乏力有着明显的关系。北方地区各省份观察期内耦合协调度普遍提高 0.07 左右，而南方地区省份提升缓慢，2010 年耦合协调度普遍达到峰值后不再上升甚至略有下降，特别是山西、黑龙江、甘肃等区域总体提升仅 0.05 左右，且 2010 年后出现了更为明显的耦合协调度下降，使得用水效率对经济增长的约束作用增强，促进了南北经济增长差异扩大。

表 6 - 7　　南北地区各省份用水效率与经济增长耦合协调情况

省份	2000 年	2013 年	2021 年
上海	0.724	0.765	0.806
江苏	0.673	0.753	0.789
浙江	0.679	0.748	0.805
安徽	0.651	0.721	0.766
福建	0.649	0.732	0.796
江西	0.586	0.692	0.741
湖北	0.597	0.710	0.744
湖南	0.623	0.707	0.756
广东	0.675	0.729	0.753
广西	0.562	0.657	0.703
海南	0.561	0.672	0.699
重庆	0.681	0.774	0.806

省份	2000 年	2013 年	2021 年
四川	0.639	0.716	0.758
贵州	0.596	0.710	0.739
云南	0.621	0.707	0.742
西藏	0.534	0.649	0.672
北京	0.767	0.829	0.847
天津	0.730	0.814	0.804
河北	0.666	0.723	0.763
山西	0.692	0.728	0.740
内蒙古	0.650	0.726	0.729
辽宁	0.681	0.747	0.714
吉林	0.641	0.730	0.727
黑龙江	0.613	0.681	0.675
山东	0.682	0.768	0.796
河南	0.657	0.733	0.796
陕西	0.678	0.740	0.782
甘肃	0.614	0.698	0.670
青海	0.609	0.674	0.720
宁夏	0.574	0.685	0.708
新疆	0.593	0.676	0.664

（四）南北地区用水效率与经济增长耦合协调影响因素的省级尺度分析

根据对南北地区用水效率与经济增长耦合协调影响因素的总体分析结果，发现 2013 年前后南北地区障碍因子排序变化比较明显，尝试选择 2000 年、2013 年、2021 年作为代表年份，分别计算 31 个省份障碍指标并按影响程度排列，取排名在前 3 位的障碍指标观察其变化情况，具体如表6-8所示。

表6-8　　南北地区用水效率与经济增长耦合协调障碍因子排序情况

南方	2000年	2013年	2021年	北方	2000年	2013年	2021年
上海	E7. W3. W2	W3. E6. E7	W3. E6. W7	北京	E7. W3. W2	W3. E7. E2	W3. E2. E7
江苏	E7. W3. E6	W3. E6. E7	W4. W3. E7	天津	E7. W3. E2	W3. E2. E6	E2. W3. E6
浙江	E7. W3. E6	W3. E6. E7	W3. E6. W7	河北	E7. E6. W3	E6. W2. E2	E6. E5. W2
安徽	E7. E6. W2	E7. W3. W2	E2. W3. E7	山西	E7. E6. W3	E6. E7. W2	E6. E7. E2
福建	E7. W3. E6	W3. E6. E7	W3. E6. W4	内蒙古	E7. W3. E6	E6. W2. W3	E6. E5. W2
江西	E7. W5. E6	W3. E6. E7	W3. E6. W7	辽宁	E7. W3. E6	E6. W2. W3	E7. E5. E6
湖北	E7. W3. W2	W3. E6. E7	W3. E6. E2	吉林	E7. W3. E6	E6. E7. W2	E2. E6. E7
湖南	E7. E6. W3	W3. E6. E7	W3. E6. E2	黑龙江	E7. E6. W3	E6. E7. W2	E5. E6. E7
广东	E7. W3. W4	W3. E6. E7	W3. E6. W4	山东	E7. W3. W3	E7. W2. W3	E2. E7. W2
广西	E7. W4. E6	W3. E6. E7	W3. E6. E2	河南	E7. E6. E4	E6. W2. W3	E2. E6. W2
海南	E7. W4. W3	W3. E6. E7	W3. E6. W7	陕西	E7. E6. W3	W3. E7. E2	E7. W3. E6
重庆	E7. E6. W2	E6. E4. E7	E6. E2. E4	甘肃	W3. E7. E6	W3. E6. E2	E6. E7. E2
四川	E7. E6. W2	E6. E7. E4	E6. E7. E2	青海	W3. E7. E6	W3. E6. W2	E5. E6. E2
贵州	E7. E6. W3	E6. W3. E7	E6. E2. W3	宁夏	W4. W3. E7	W3. E6. E7	W3. E6. W2
云南	E7. E6. W3	E6. W3. E7	E6. W3. E2	新疆	W3. W4. E7	E5. E7. E6	E5. E7. E6
西藏	W3. E7. W4	W3. E6. E7	W3. E6. E2				

2000年，南北地区各省份排名在前3位的障碍指标中，总障碍度水平由高到低分别依次为：人均固定资产投资（E7）、外贸依存度（E6）、单位灌溉面积用水（W3）；人均固定资产投资（E7）、单位灌溉面积用水（W3）、外贸依存度（E6）。2013年，南北地区总障碍度水平排名改变为：单位灌溉面积用水（W3）、外贸依存度（E6）、人均固定资产投资（E7）；单位灌溉面积用水（W3）、外贸依存度（E6）、GDP变化用水系数（W2）。2020年后，我国遭受新

冠肺炎疫情冲击，南北地区经济发展面临新的挑战，关键障碍因子进一步调整为单位灌溉面积用水（W3）、外贸依存度（E6）、GDP 增长率（E2）；单位灌溉面积用水（W3）、人均固定资产投资（E7）、GDP 增长率（E2）。可见，2000～2021 年，南北地区各省份中，随着交通、水利、城市等的全面发展，人均固定资产投资对用水效率和经济增长耦合系统的障碍度在明显下降，北方地区在 2013 年以前就得到了更大规模的固投布局，使得相关省份障碍度下降得更加明显，突出表现在天津、河北、山东等北方地区东部片区的省份，南方地区以及北方中、西部地区则在 2013 年后实现了更高强度的固定资产投资增长，障碍度下降得更为明显。单位灌溉面积用水、GDP 增长率和外贸依存度的障碍度则逐渐提升，主要源于 2013 年前后在经济转型发展导向下，城市加速发展导致农业用水被进一步挤出，进出口总额受国际形势影响显著下降，使得经济整体增长乏力，用水效率对系统耦合协调的障碍主要集中在农业用水效率提高上，这一点在南方的福建、江西、湖北、湖南、广东、广西等省份体现得更加明显。

第三节　小　　结

综上所述，从南北地区整体来看，有两点结论和一点展望：（1）观察期内北方地区经济增长评价低于南方，但拥有较高用水效率，且用水效率系统与经济增长系统耦合协调程度较高，能够使用水效率和经济增长相互促进，在一定程度上缓解了用水总量约束。（2）北方地区的耦合协调度优势在不断减弱，特别是 2011 年后南方地区用水效率对经济增长的约束作用出现更大幅度下降，在一定程度上促进了南北地区经济增长差异扩大。（3）可以预见，当水资源管理"三条红线"对用水效率约束进一步增强后，南方地区将具有更加明显的优势。

从南北地区层面来看：（1）影响北方地区耦合协调度最显著的因素从初期的农业用水效率很快转向了经济增长活力和增长动能类指标，即2011年以前北方地区对用水设施的相关投资在一定程度上保障了北方地区经济的持续增长，而这一提升效应在2011年后逐渐下降，加之对外贸易和市场开放上的劣势，进一步推动了北方地区整体增长降速。（2）南方地区经济增长类障碍指标不断下降，虽然农业用水效率指标的障碍度有所提升，但2011年后综合用水、工业用水等方面用水效率实现了向北方地区的追赶发展，使得用水效率约束进一步下降，促进经济增长南北差距扩大。

从省级尺度来看：（1）北方地区各省份在2013年前实现更大规模的固投布局，使得用水效率系统对北方地区东部区域的障碍度下降更加明显，特别在天津、河北、山东等华北平原省份，大规模固定资产投资和科技支出在一定程度上促进了这些区域用水效率的提升，在缓解用水效率约束的同时带动北方地区经济增长，但随后这一促进效应逐渐下降。（2）南方地区各省份虽然在城镇化过程中部分省份农业用水被挤出，进出口总额受国际形势影响出现下降，用水效率约束作用逐渐向农业用水系统集中，这一点在福建、江西、湖北、湖南、广东、广西等省份更加明显，但由于2013年后实现了高速的固定资产投资增长，工业和城镇用水效率不断提高，相关指标障碍度不断下降，特别是东南沿海相关省份的经济增长与水资源利用脱钩趋势逐渐明显，整体用水效率约束明显下降。

另外，结合第四章第三节和第五章第三节中的结论和推论，再次观察用水总量、结构和效率约束的逻辑关系，可以发现：南北地区的用水总量、结构和效率等多重约束间应当存在着时序上的递进衍生关系，以及程度上的相互作用关系，即在第六章第一节中提出的"约束衍生"和"约束调整"。"约束衍生"可以从时间上明显观察到，南北地区在用水总量、结构和效率约束的变化节点上存在先后次序，用水总量约束长期存在，而在 2013 年后北方地区开始增强，这进一步体现在 2013 年后北方地区生活和生态用水约束上，而这很大程度上源于在 2011 年北方地区就已经出现了农业和工业用水效率约束增强现象，而南方工业用水效率约束却得到了明显缓解。"约束调整"则可从"约束对冲"和"约束强化"两个层次进一步判断：2011 年以前，水资源约束对南北地区经济增长差异没有明显贡献，主要源于北方地区农业和工业用水效率提升从而释放城镇用水及产出，形成对水资源阻尼效应的"对冲"，缓解了北方地区用水总量约束；2011 年开始由于技术、组织及结构性原因，北方地区农业和工业用水效率达到一定水平，提升速率放缓，"约束对冲"效果开始减弱；2013 年后，城镇用水持续扩张，而农业和工业领域的"约束对冲"效果基本消失，使得生活和生态的用水结构约束突出，促进用水总量约束水平提升，呈现出"约束强化"的效果。

第七章

结　语

　　本书回顾了水资源约束对区域经济增长差异影响的理论研究，梳理了水资源约束与我国南北地区经济增长差异的历史进程，根据演化过程和理论逻辑，构建了包括用水总量约束、用水结构约束、用水效率约束的分析框架，并运用这一框架和调整后的分析方法，研判了21世纪以来水资源约束下我国南北地区经济增长差异的水平、特征、动力和趋势，为充分认识我国水资源约束变化和区域发展格局演化问题提供了新的视角和路径，本章将总结全书研究成果，提出应对上述变化的政策优化方向和若干战略举措，为我国水资源优化配置和区域经济协调高质量发展提供参考和帮助。

第一节　结论与展望：水资源对南北差距的影响及变革

一、主要结论

　　（1）用水总量、结构、效率约束差异构成了水资源约束下我国南北地区经济增长差异的解释框架。我国水资源利用与经济增长的关系经历了集中式发展与生存性开发、均衡式发展与工程性开发、非均衡发展与综合性开发、协调性发展与差异化开发、转换式发展与保护下开发等五个阶段，其间南北地区水资源开发与经济增长的重心和逻辑经历了数次变更，南北地区经济社会发展经历了"集中式—均衡式—非均衡—协调性—转换式"的演进，相应的水资源开发经历了"生存性—调节性—综合性—差异化—约束性"的变化。推进上述变化的动力包括三个方面，即水资源禀赋动态变化与南北地区间人口多次迁徙、区域发展政策引导与增长要素非均衡集聚、经济增长对水资源需求升级与水资源环境承载对经济规模的约束变化。

在经历了禀赋推动、政策引导和需求升级后，21世纪以来南北地区经济发展对水资源利用的需求已经转向对用水总量的增长需求、对用水结构的平衡需求以及对用水效率的协调需求。相应地，在经历了生命支撑、要素承载和发展约束后，南北地区水资源利用及水资源管理制度对经济增长的影响也拓展为对要素集聚的规模约束、对产业发展的结构约束和对经济增长的质量约束。可见，水资源约束下南北地区经济增长差异已经呈现出三项时代特征，即经济增长、动能转换与资源约束的阶段差异，要素禀赋、开发潜力与发展导向的长期差异，用水总量控制、结构调整和效率提升的趋势差异。

为理解上述演化进程和时代特征，需要建立水资源系统与社会经济系统间的复合系统，从用水总量、结构和效率与区域经济增长等方面的理论关系入手构建水资源多重约束下南北经济增长差异的逻辑框架。根据这一框架对南北经济增长差异问题进行初步分析，发现这一问题可从三方面理解：丰水和贫水地区中的用水总量约束差异、产业和城镇扩张后的用水结构约束差异、制度和工程支撑下的用水效率约束差异。

（2）南北地区用水总量约束的总体差异客观存在，2013年前后南北地区用水总量约束水平变化使得经济增速差距扩大0.3个百分点

左右。从回归结果来看，2000~2021 年南北地区水资源阻尼效应均
为正值，且表现为"南高北低"，南方地区更加依赖水资源投入增
长，并不直接支持观察期内南北差距扩大现象。

从用水总量约束的阶段特征来看，2013 年前后南北地区水资源
阻尼效应的方向和强度均发生了变化，南方由正转负，北方则由负转
正，强度均为由强转弱，直接支持 2013 年后南北差距扩大现象，证
明北方地区由于水资源贫乏导致用水总量增长受限，产生的用水总量
约束作用更强，使得 2013 年后南北地区经济增速差距扩大。

从用水总量约束的空间特征来看，南北地区东部、西部板块在
2013 年前后阻尼效应变化较大，且与南北地区总体变化方向一致，
对南北地区经济增长差异贡献度较高，2013 年后北方东部、北方西
部水资源阻尼效应明显增强，南方东部、南方西部阻尼效应有所减
弱，导致北方地区经济增长降速，助推经济增长南北差距扩大。

（3）南北地区用水结构约束差异客观存在，主要体现为北方地
区生活和生态用水扩张对经济增长产生了更大的阻滞作用，促进了南
北地区经济增长差异的扩大。2000~2021 年，在农业、工业、其他
用水对经济增长的促进作用上南方地区均具有一定优势，而北方地区
受用水结构约束更明显，用水结构约束下的南北经济增长差异更多地
表现为：北方地区在人口增长压力下，生活用水和生态用水扩张对经
济生产形成一定挤出，挤出弹性为 -0.14，即生活和生态用水每增长
1 个百分点，经济增长下降 0.14 个百分点。南方地区水资源相对丰
富，拥有较高的农业用水和工业用水增长弹性，生活和生态用水增长
不会对农业、工业用水产生明显的挤出，也不会大量增加经济社会生
产成本，仅对经济增长产生了小幅的约束作用，因而促进了经济增长
南北差距。

2013 年前后南北地区用水结构约束特征发生变化，特别是北方
地区生活和生态用水对经济增长的约束作用在增强，集中表现为：

2013 年后南方地区工业部门通过技术更新和节水改造后已经大幅降低对水资源投入的依赖，北方地区农业部门也在进行水权试点和灌区现代化改造后经历了类似的过程，但生活、生态用水增长刚性仍然会通过挤出其他部门生产而对 GDP 产生约束作用。进一步地，根据脉冲响应结果，可以看到南方地区经济增长对农业、工业、生活和生态用水变化的正向响应较强，北方地区虽然逐渐摆脱了农业和工业用水的强力约束，但仍将长期处于生活和生态用水对经济增长的约束阶段。

（4）南北地区用水效率约束表现出阶段差异，2011 年后南方地区用水效率对经济增长的约束作用出现更大幅度下降，促进了南北地区经济增长差异的扩大。北方地区经济增长评价低于南方，但拥有较高用水效率，且用水效率系统与经济增长系统耦合协调程度较高，但 2011 年后北方地区的耦合协调度优势在不断减弱，在一定程度上促进了南北地区经济增长差异的扩大。

可以预见，当水资源管理"三条红线"对用水效率的约束进一步增强后，南方地区将具有更加明显的优势。影响北方地区耦合协调度最显著的因素是动态变化的，在大规模投资和节水措施下很快从农业用水效率转向了经济增长活力和增长动能类指标，但农业用水效率提升带来的增长效应在 2011 年后逐渐下降，加之对外贸易和市场开放上的劣势，进一步推动了北方地区整体增长降速。而南方地区 2011 年后综合用水、工业用水等方面用水效率实现向北方地区的追赶发展，使得用水效率约束进一步下降，推动经济增长南北差距扩大。

从省级层面看，2013 年以前，北京、天津、河北、山东等省份在大规模的固定资产投资和科技支出刺激下，用水效率约束得到明显缓解，带动了整个北方地区的经济增长，但随后其先发效应逐渐下降，南方地区特别是东南沿海和西南地区省份经历了高速的固定资产投资增长后，综合用水效率不断提高，相关指标障碍度不断下降，江苏、福建等省份的经济增长与水资源利用脱钩趋势逐渐明确，整体用水效率约束明显下降，成为促进用水效率约束下南北经济增长差异的空间原因。

（5）南北地区用水总量、结构和效率约束间存在时序上的内在联系和程度上的互动关系，共同促进了水资源约束下的南北地区经济增长差异。水资源多重约束下我国南北地区经济增长差异，源自不同区域对于不同水资源供需关系表现出的适应性差异，进而取决于用水总量、结构和效率约束间的时序和程度关系，具体可从"约束衍生"和"约束调整"两个层面进行解释。

一是"约束衍生"。用水总量约束会衍生出用水结构约束和用水效率约束。由于用水总量约束是普遍存在的情况，当其达到一定强度后，在优先保障生活用水的前提下，会对工业或农业部门用水形成一定挤出，而这两类用水可能受制于设施条件、利益纠纷、制度缺位等因素不能及时作出调整，那么就会产生用水结构约束，同时用水结构约束本质上也与用水效率提升速率有直接关系。这可以从时间线上明显观察到，南北地区在用水总量、结构和效率约束的变化节点上存在先后次序，用水总量约束长期存在，而在2013年后北方地区开始增强，这进一步体现在2013年后北方地区生活用水和生态用水的结构约束上，这很大程度上源于2011年北方地区出现的农业和工业用水效率约束增强现象，反观南方工业用水效率约束却得到了明显缓解。

二是"约束调整"。可从"约束强化"和"约束对冲"两个方面展开，用水总量约束导致经济社会用水需求增长放缓，推动用水结构和用水效率调整，当这种调整受到限制时，会进一步强化用水总量约束结果；如果用水结构和效率能够充分进行调整，那么可能在一定程度上缓解甚至抵消或者超出用水总量约束作用。2011年以前，水资源约束对南北地区经济增长差异没有明显贡献，主要源于北方地区农业和工业用水效率提升从而释放了城镇用水及产出，形成对水资源阻尼效应的"对冲"，缓解了北方地区用水总量约束；2011年开始由于技术、组织及结构性原因，北方地区农业和工业用水效率达到一定水平，提升速率放缓，"约束对冲"效果开始减弱；到 2013 年后，城镇用水持续扩张，而农业和工业领域的"约束对冲"效果基本消失，使得生活和生态的用水结构约束突出，促进用水总量约束水平提升，呈现出"约束强化"的效果。

二、未来展望

（1）在未来一段时间内，我国南北地区经济增长差异将呈持续性扩大态势，逐渐成为影响我国区域经济发展格局的重要问题。南北差距会随着东西差距的缩小而成为更加被关注的问题。东西差距形成的关键在于区位条件和政策扶持，城市化、农村工业化以及对外贸易在东部沿海地区的快速发展，加上大量流入的国外直接投资，导致东部和中西部地区发展差距拉大，在外贸拉动逐渐放缓、"一带一路"加快建设背景下，东部增速降低，东西差距将进一步缩小。南北差距扩大的关键在于政策、资金和科技投入差异，在去产能背景下，凡是市场化程度相对较低，市场机制和体制改革滞后的地方，就必须承受经济衰退的阵痛，北方完成资源转型后可以实现清洁能源、新型工业等产业的规模化发展，在我国创新驱动发展战略和国际贸易形势的双重作用下将成为科技创新和产业转型的先导区和聚集地。[①]

（2）水资源约束对南北地区经济增长差异的影响更加复杂。由于受到"约束衍生""约束强化"作用影响，南北地区用水总量约束均出现了由相对线性向非线性转化的趋势。这源于用水总量约束达到一定水平后，部分产业的水资源投入增长率和产出水平的明显变化，

---

① 杨明洪，巨栋，涂开均. 南北差距：中国区域发展格局演化的事实、成因与政策响应 [J]. 经济理论与经济管理，2021（4）：97 - 112.

导致用水结构约束和用水效率约束水平增强，从而集中体现在用水总量约束上。因此，水资源多重约束可能是未来南北地区经济增长中会持续面临的重要问题。由于北方地区工业发展和城镇扩张等仍然是其经济增长支柱，考虑到不同产业或生产过程用水约束不同，而用水总量约束水平很大程度上取决于用水结构约束中最突出的一部分，在水资源禀赋和制度双重约束下，由于北方地区整体用水效率已经提升到一个较高的水平，导致其工业和城镇用水可能面临更加严峻的约束情况，南北地区水资源矛盾差异将被进一步放大。另外，从区域层面看，西北地区是北方为数不多的能保持较高经济增速的板块，但其城镇和工业也处于持续扩张进程中，当西北地区面临严重的用水结构约束而导致经济增长降速时，北方地区的水资源约束问题会变得更加突出。

（3）从水资源管理制度入手调整南北地区用水总量、结构和效率约束，对于协调南北差距具有重要作用。从计量结果来看，2013年后，南方地区水资源阻尼效应平均每年下降 0.23 个百分点，北方则上升 0.38 个百分点，按照这一速度，2025~2030 年南北地区水资源阻尼效应差值可能达到 6~10 个百分点，即使考虑到南方下降速度和北方上升速度放缓，也不难看出，一旦这种趋势持续存在，在我国最严格水资源管理制度实施末期，水资源约束下南北差距问题将非常突出。虽然这是没有考虑科技进步、组织优化和产业调整等因素的极端情况，但仍然是值得我们重视的关键情况。因此，考虑到水价改革和水权交易已在全国推广，其作用在北方广大地区被充分证实和肯定，通过实行最严格水资源管理制度、推进区域间水权交易以及强化流域水资源综合调度等一揽子举措，将有效缓解北方地区水资源约束，进一步促进南北地区经济协调发展。特别是观察到《实行最严格水资源管理制度考核办法》出台后，第一轮用水总量控制对南北地区水资源利用的影响是非常明显的，使得南北地区水资源阻尼效应的方向发生明显变化。结合用水总量指标结余情况来看，南北地区在应对"三条红线"考核时表现出的响应性是有明显差异的，在相近强度的制度控制下，北方地区用水总量约束强度明显增强，未来在制定第二轮"三条红线"考核指标时，应当坚持第一轮考核中的基本原则，并结合南北地区实际经济增长水平，为促进南北地区协调发展适当调整政策方向和考核强度。

（4）充分发挥南水北调工程作用，是缓解北方地区城镇和工业水资源约束的关键举措。相关结论显示，虽然北方地区在农业和工业领域具有较高的用水效率，但仍面临着更强的用水约束，考虑到城镇用水与人口规模和居民生活需求高度相关而具有调整刚性，这种约束可能是来自城镇规模扩张带来的挤出作用。因此，要在考虑城镇用水调整刚性的基础上缓解北方地区用水结构约束，只能从水源拓展上下功夫，如何发挥南水北调工程作用是关键。目前来看，南水北调工程对北方地区经济发展和社会稳定起到了重要作用，但尚未完全破解北方地区水资源约束。工程通水后，受水区水资源产出弹性有所提高，整体发展质量改善，但无法避免资本和劳动力流出及其产出弹性下降，水资源对经济增长变为正阻尼。在水资源供给增长的短期冲击下，单纯增加水资源量可能导致发展成本提升，还可能制约动能转换步伐，使得相关科技研究和制度进步放缓，经济增长对水资源更为依赖。

（5）激发京津冀地区科技创新活力并提升其辐射带动水平，将是改善北方地区经济增长问题降速问题和用水效率约束的可行举措。相关结论显示，用水效率约束是水资源约束的最终体现，提升用水效率是缓解水资源约束的根本手段，提升科技和组织水平是改善用水效率约束问题的最有效途径，更是促进经济增长的关键要素。但科技创新往往需要较长周期和充足积累，这需要可靠的经济实力和扎实的要素支撑。目前来看，北方只有京津冀地区具备这一条件。观察期内北京的全社会 R&D 经费支出、技术市场成交额两项数据持续位列全国前三，科研经费投入强度数据持续位列全国第一。如何推进北京的科技成果转化应用，加速发展动能转换，已成为京津冀协同发展的重要考验。从区域政策布局来看，2014 年国家实施京津冀协同发展战略，重点是从区域协同角度优化产业布局和改善生态环境，促进区域经济可持续发展。2018 年《中共中央 国务院关于建立更加有效的区域协调发展新机制的意见》指出，要推动河北雄安新区和北京城市副中心建设，探索超大城市、特大城市等人口经济密集地区有序疏解功能、有效治理"大城市病"的优化开发模式。雄安新区集中了我国最优惠的发展政策、最先进的建设理念和最高端的产业布局，正探索打造我国区域经济高质量发展的范本。如何尽快释放政策效能，提升科技创新水平，缓解水资源约束，进而形成增长带动效应，成为京津冀协同发展重要任务。

根据上述结论以及对南北地区经济增长和水资源利用的展望，合理研判相关情况对现行政策体系的冲击并科学制定相应策略，重点从区域发展政策和水资源管理政策两个层面，按照公平、协调、可持续的原则进行政策调整和优化建议，并给出新增政策的制定思路，为我国推进水资源优化配置和流域经济高质量发展提供决策参考。

第二节　政策方向：推进南北地区经济协调发展

一、积极制定南北地区协调发展政策

（一）加快建立南北地区协调发展政策

南北地区经济增长差异问题，实际是在东西差距缩小的同时北方经济增长降速问题，在未来可见的范围内，南北地区差距将持续存在并可能进一步扩大，南北差距格局就此形成。由于我国区域政策都是以区域总体战略为先导进行制定和实施的，其中经济生产的空间层次、空间尺度以及空间依赖和异质性问题是任何国家在制定经济政策时都无法回避的现实问题。传统区域政策重点关注东部、中部、西部以及长江三角洲、珠江三角洲、京津冀等重点区域，难以对南北差距格局进行积极响应。因此，必须重视南北地区经济发展和资源利用的特点及规律，充分把握区域资源禀赋变化特征及约束水平，加快制定南北地区协调发展政策，推动区域经济协调高质量发展。

一是以长江、黄河、珠江流域经济带为纽带，串联南北地区主要省份，形成能够加快要素流动促进内循环的区域发展支撑带。南方地区应当以优良资源环境吸引优质高端要素向流域经济范围加快集聚，对标莱茵河、多瑙河、密西西比河等国际先进流域，打造世界级流域产业集群和创新中心，建成带动全国引领全球的发展轴心。北方以黄河流域生态保护和高质量发展为重点，聚焦提升经济发展质量核心目标，发挥煤炭、石油等独特资源优势和传统工业优势，加快推动能源工业转型和清洁产业发展，从而在南北经济圈中发挥独特作用。二是以京津冀、长江三角洲、珠江三角洲、成渝等地区为关键，推进优质要素集聚辐射，打造真正具备辐射带动能力的区域发展增长极。以城市群的竞争合作为依托，探索建立要素视角下"以南带北"的互动发展格局，发挥科技、人才、资本等溢出性较强的优质要素功能，推动北方的土地、资源、技术、劳动力等优势与南方的资本、科技创新能力相结合，形成互补互促的南北地区协调发展格局。三是以南水北调工程、最严格水资源管理制度为抓手，统筹主体功能区战略和国土资源调查工作，推进南北地区资源要素优化配置和高效整合。

(二) 加快推进北方地区经济转型发展

从北方地区整体情况来看，加强全国性及区域性城市群、都市圈建设，加快提升经济增长极的辐射带动作用，仍然是其短期内最关键的任务，特别是要在营商环境改善，激发市场主体活力等方面下功夫。但目前东北地区短期内缺乏新动能接续，西北地区和中部山西省受资源产业转型制约，山东、河南等省份人口常年向北京及周边区域净流出，京津冀地区仍然是带动北方经济增长的关键区域。在南北差距格局下，北方地区短期要素流出压力加大，但京津冀地区在政策环境、营商环境、科技载体等方面都具有一定比较优势，具备完成动能转换的充分条件，若南北差距持续加大，京津冀协同发展政策就可能成为协调南北差距的关键。

京津冀地区可能面临两种情况：第一种情况，考虑到京津冀地区仍然是北方要素最集中、发展环境最优、增长载体最好的区域，京津冀协同发展战略仍然具有较高的政策效能，科技投入和资本投入仍然具有较强的经济增长效应，若能持续强化创新驱动，区域经济结构和布局有望进一步调整，稳妥度过动能转换的"换挡期"，使经济社会重新焕发活力，成为未来支撑北方经济发展的火车头。第二种情况，京津冀地区受体制影响"换挡期"过长，导致外界对该区域发展预期下降，要素不断流出，可能对区域格局形成长期的负面影响，防范第二种情况的出现是当务之急。特别是当北方缺水问题持续成为制约其经济增长和社会发展的重要挑战时，京津冀地区在较高的固定资产投资和科技经费投入下，用水效率已经领先全国，逐渐接近于发达国家的先进地区用水效率，有望实现经济增长与水资源利用脱钩，加大科技投入破解水资源约束，推进经济转型发展，可能成为促进该区域乃至整个北方实现高质量发展和增长脱钩的重要推力。

应当进一步细化京津冀协同发展政策，重点是科学发挥京津冀地区的辐射带动作用，加快推动供给侧结构性改革，形成经济高质量发展的有效载体和典型示范；充分强调空间层次性和合理产业空间尺度，完善空间协同、机制协同与经济协同的匹配关系，进一步延伸北方地区经济联系脉络，重新激发区域发展活力。同时加快推进"一带一路"倡议，在把握南北差异性的前提下建立规范化、体系化的政策措施，以外向型发展为路径引导南北地区经济互联互通、成网成带，通过恢复对外贸易水平来推动北方经济持续增长，并在高含水商品领域以进口替代生产，从而缓解水资源约束。

二、加快完善区域协调发展政策体系

（一）建立健全区域协调发展体制机制

我国传统区域政策主要是基于东中西部地区发展差距来制定、实施和调整的，当下东中西部地区差距趋于收敛，南北差距格局业已形成，区域政策的调整和实施不仅要坚持板块协调发展的基本导向，更需要考虑国内外、东中西部、南北方经济发展形势等多重因素叠加影响。一是西南、西北地区增长差异。近年来西南的重庆、贵州、西藏等省份连续保持 10% 左右的高速增长，加之西南地区水电、生物质能等可再生资源富集，钒钛、天然气等资源很多都是国家战略储备，发展潜力和可持续性较高，而西北地区能源结构以不可再生能源为主，煤矿、石油等代表性能源储备已经大幅减少，增长边际效应锐减，且负外部性较高，西北的内蒙古等典型资源型省份陷入负增长局面，资源开发驱动的经济增长难以为继，宁夏、甘肃等省份用水总量控制指标严重不足，产业扩张潜力较低，西部大开发政策整体性已然受到现实冲击，下一步政策的制定和实施需更加强调精准化。二是中部崛起政策带有"南方基因"。中部地区的山西、河南、湖北、湖南、安徽和江西等六个省份中，三分之二位于南方，中部崛起政策带有"南方基因"，政策实施本身就带有一定的空间发散性。近年来山西经济增长趋于停滞，其余五省保持中高速增长，加之中部地区交通基础设施发达，区位良好，要素流动效率较高，若南北差距持续拉大，山西省要素将加速流出，中部崛起政策需结合该情况进行针对性调整。三是东北地区经济增长动能不足，南北差距将对东北振兴政策效能造成持续冲击。东北振兴政策于 2004 年开始实施，政策重点是老工业基地调整和改造，2012 年《东北振兴"十二五"规划》出台，将政策重心调整为产业转型和体制改革。但目前来看几轮政策成效并不明显，近年来黑龙江和吉林持续面临经济负增长，辽宁经济增速也低于全国平均水平，区域内生发展动力仍然不足。南北差距格局形成后，考虑到东北地区体制机制障碍较多，经济转型完成需要较长时间，要素将加速流出向南转移，强化南北差距格局。

建议以区域资源异质性为基础，以最严格水资源管理制度导向为考量，综合考虑区域水资源供需关系及变化趋势，结合地方发展诉求和区位条件，从带、块、网、线、点等多个层次优化区域发展政策，对区域产业布局、项目投资、科技投入等方面进行细化调整，对相关组织机构职能和权责关系进行进一步理顺，将资源管理、经济指引和监督考核等政府职能统一起来，从组织机构和政策体系—实一虚两个层面协同推进区域经济协调发展。依托资源转让和交易试点建立区域利益共享和补偿机制，重点推进流域内区域间特别是跨省区的空间政策体系和资源管理方案，从利益共同体角度推动水资源协调开发和区域协调发展。优化西部大开发、中部崛起和东北振兴政策，结合"六大板块"的细化分类和南北差距现实特征，重新梳理区域发展可利用的内外资源条件、产业基础和发展导向，建立差异化、长效化的区域开发政策。

（二）大力支持后发地区开展空间自组织合作

借鉴已有协议框架经验，重点围绕三江源地区、川甘青滇四省涉藏地区、藏羌彝走廊地区、大小凉山地区等特殊区域，聚焦深度贫困、民族要素、高原特征、跨界属性等政策实施困境，以区域空间自组织为基本形式，以产业组织创新、要素流动引导、自下而上合作为主要路径，开展政策举措的定向突破。一是积极探索推进行政区与经济区适度分离，加强区域横向经济联合。积极消除各种区域政策特权和壁垒，完善区域市场经济体系，共同培育和发展统一的区域性资本市场、劳动力市场。依托经济链条、要素流动等纽带关系，根据区域自组织原理，加快推进后发地区产业合作、设施互通、服务共享。二是以现有框架为基础，建立健全西南西北区域协调合作机制。强化区域政府、企事业单位、社会组织和人民代表参与的联席会议机制或定期会晤机制，探索成立大区域合作与协调机构，加快推进利益诉求互通、合作互信和要事互商。三是在区域旅游、区域教育、区域医疗等竞争性不强的领域大力开展务实合作，加快探索在西部地区推进区域一体化的有效路径和可行机制，助力西部地区内部抱团取暖，协同迈向共同富裕目标。

第三节 若干举措：建立健全南北地区水资源管理制度

一、全面推进南北地区水资源综合调查和系统评价

（一）重塑对南北地区水情区情的基本认识

缓解南北地区水资源约束，需要优先明确南北地区流域水情及涉

水纠纷的关键。一是南北地区用水规模差异逐渐缩小，南方流域水资源利用需向精细化、现代化转型。在全球气候变化的背景下，北方地区降水明显增多，"南干北湿"趋势逐渐显现。虽然水资源"南丰北缺"状况尚未发生根本转变，但南北地区水资源利用规模差异正在缩小，用水总量比值已从 2008 年的 1.54 缩小至 2021 年的 1.48，人口规模比值从 2008 年的 1.38 扩大至 2020 年的 1.47，南北地区人均用水量基本相当，且呈现出人口向南方地区集中的趋势。考虑到最严格水资源管理制度下，2020 年南北用水总量控制指标比值为 1.48，2030 年将下降至 1.41，人口向南方地区加速集中的同时用水指标占比却不断下降，南方地区提升水资源配置和利用效率势在必行。二是南方地区水资源短缺现象加剧，区域性、季节性供水矛盾突出。目前来看，南北地区均面临缺水问题，南方水资源虽然丰富，但在"三条红线"和未来可能进一步收紧的水资源制度刚性约束指标管控下，其供水规模提升空间并不十分宽裕。随着北方地区人口向南方加速集中，区域中心城市的生活、生态用水大幅提升，区域性用水矛盾加剧，大中型城镇出境断面及相近河段水质明显变差，造成下游地区水质性缺水问题突出。三是南方地区水资源并非"取之不尽，用之不竭"，调水工程建设和扩规需科学谋划。2020 年 11 月 13 日，习近平总书记在江苏考察时强调，要把实施南水北调工程同北方地区节水紧密结合起来，以水定城、以水定业，注意节约用水，不能一边加大调水、一边随意浪费水。① 南方地区丰水流域的航电功能要求河道内保持较高径流量，特别是长江上游等国家水电基地密集布局地区，在该区域建设南水北调西线工程将威胁东部地区乃至全国用电安全，破坏

---

① 杜尚泽. 习近平谈南水北调工程：不能一边加大调水、一边随意浪费水［EB/OL］. 人民日报, 2020 - 11 - 14. https://baijiahao.baidu.com/s? id = 1683307799895130584&wfr = spider&for = pc.

长江上游生态屏障功能，需进行多方案比较和全面科学论证。

（二）深化自然、社会系统耦合的综合调查

北方地区水资源贫乏，水系单一，流域各年可开发利用的水资源规模及分布清晰明确，但南方地区水系复杂，长江、珠江、西南诸河等大江大河跨越中国三级地理阶梯，流经高原、山区、丘陵、平原、盆地等不同地貌，既润泽长江三角洲、长江中游、成渝、粤港澳等特大城市群，又形成了水电基地、航运基地、特大灌区和流域产业带，还有深度贫困民族区、生物多样性富集区和国家基因库，在灌溉、航运、电力等多方面积累了具有南方特征的分水、用水和治水经验，这样复杂的流域情况和区域特征，其水资源管理配置既有差异性也存在共性，其中差异性大于共性。通过以自然与社会耦合为视角、以流域和水系为本底、以省市县三级政区为支撑、以水工程和水用户为重点的深度调查、重点调查，客观揭示南北地区区情以及丰水缺水流域水情的差异性，明确各个区域水资源管理配置的层次和方向是当务之急。特别是要关注南方流域水情调查，由于其包括四大水资源一级区、数十个二级区、上百个三级区，各个地域间的水情区情差异极大，对水资源管理配置的需求差异也极大，因此应当进一步对各个地域的水情区情展开详尽调查，将涉水资源和权利作为关键纽带对其发展需求进行梳理提炼和统筹协调，从而推进南方流域水资源管理制度优化，促进经济社会与水资源环境协调发展。

（三）开展水量、水质有机协同的系统评价

水质水量结合评价是水资源管理调度的基础，以改善水质和维持环境流量改善河湖生态的水质水量联合评价是水资源管理的重要组成部分。目前我国区域取用水行为及取水许可审批主要以水量为标的，但在国际水市场中，水质与水价是直接挂钩的。特别是考虑到南北地

区水污染和水生态退化问题不仅日益严重，而且面临的问题也有明显差异，开展水量、水质协同评价的重要性就更加突出，可采用两种思路：一是针对相同河段或水体样本，同时评价其水量、水质和二者匹配程度及其变化水平，这一方法的内核是水质和水量评价的"弱结合"，实际上是泛化了协同评价的内涵和要求，从而具有较强的可操作性，但由于缺乏计量模型支持和内在机理研判，评价结果的周期较短，对未来发展趋势的预测能力较低。二是针对相同或类似情况的流域水体，建立综合型计量模型开展评价，要求模型内同时考虑水质、水量及其匹配和变化水平等因子，但由于我国流域水系复杂、河段特征差异大、区域经济发展空间分异明显等因素，尚未形成具有较强现实解释力和预测能力的科学模型。目前来看，推进水量、水质协同评价模型的相关研究是当务之急，同时也具有重大意义。可基于各流域非稳态的水量、水质变化规律，尤其是水体随时空变化可能产生差异化的水环境条件，进一步划分单元系统水量和水质模型，结合水功能区划的水质目标、单元系统最大取用的临界流量，建立各个水系、河段的水量水质协同评价模型，从而强化水资源管理配置的基础保障。

二、积极推进南北地区水资源管理制度优化

（一）提升水资源管理制度能效

2013 年以前，南北地区普遍经历了大规模的水利开发和资源配置工程，其中大部分水利工程均对区域发展和经济增长贡献了至关重要的力量，特别是南水北调工程对北方地区稳定发展起到了重要的保障作用，但目前来看这一工程并未完全破解北方地区用水总量约束。工程通水后，虽然京津冀、山东、河南等主要受水区的水资源产出弹性有所提高，整体发展质量也有所改善，但水资源带来的影响毕竟是

缓慢、隐性且全面的，接近黄河可用水量整整一倍的输水规模，仍然无法避免区域资本和劳动力流出及其产出弹性下降，这正说明北方地区增长乏力并非完全源于水资源匮乏，更多的是整个经济系统活力不足。实际上，由于南水北调工程来水的水价普遍高于黄河水价，虽然水资源供给能力显著提升，但实际用水量却没有实现较快增长，水资源约束无法完全破解。另外，考虑到较高的工程水价短期内难以下降，单纯增加南水北调供水量还可能导致受水区发展成本提升，制约动能转换步伐，使得相关科技研究和制度进步放缓，经济增长对水资源更为依赖。

因此，在制定新一轮最严格水资源管理制度相关政策和考核指标时，应在坚持政策延续性的同时进行积极调整。在未来制定第二轮"三条红线"考核指标时，应当坚持第一轮考核中的基本原则，并结合南北地区经济增长趋势，为促进南北地区协调发展适当优化政策方向并调整考核强度。在制定水资源刚性约束指标时，不应只简单地考虑区域节水潜力和用水需求，更需考虑到流域整体发展导向和产业布局以及要素流动趋势，避免出现大范围的指标性缺水问题，应在降低水资源管理难度和成本的同时，减少区域用水纠纷的潜在威胁。

（二）强化水资源配置协同保障

一是着力提升北方地区水利智慧化建设水平。借鉴黄河流域经验，根据计量设施和取水闸口配置情况，逐步完善水利智慧化和灌区现代化设施布局，层层推进管理技术创新，积极拓展"互联网＋水利"监管模式，打造"数字"流域，协同推进"水利一张图"。整合防洪、水文、气象等监测系统，结合水质自动监测站建设规划，建立健全流域水环境综合监测系统和大数据库，结合河长制前期工作基础，积极开发流域管理 App，将河湖数据、河长档案、巡河信息、管理制度等纳入管理，并逐步开放公众接入端口，接受社会监督，共保一江清水源远流长。

二是大力推进南方地区用水计量设施建设。用水计量设施是我国特别是南方地区推进水资源配置优化的关键掣肘，各级政府应当将其作为当前乃至今后一项重要的水利工作来抓。南方地区水系复杂，推进农业用水监测全覆盖缺乏现实条件和实际意义，加之灌区建设多属于生态水利工程，干渠以下几乎没有衬砌，输水损失巨大，先期可由相关省级财政牵头、地市财政配合，推进干、支二级渠系计量设施全覆盖，之后可逐步引入市场和公众力量，根据最终受水地区的农业作物结构进行计量设施分类配置。对于经济型作物区，可在推进灌区现代化改造的同时完善田间计量设施；对于粮食主产区，可在渠系改造同时以末级渠系为纽带的片区组团进行监测。

三是加强水管队伍人才建设。落实水量监测管控制度是落实提升水资源配置能效的重要保障，关键在于基层水管人才队伍建设。智慧化水利和用水计量设施的使用监督、运行管理和日常维护均需专门人员负责，其中维护职能可逐步通过市场化措施解决，建议将田间设施管理职能交予村委，水管部门定期对相关干部开展业务培训和履责监督。积极支持各省份探索水系联网工程，借鉴南水北调中线工程、河南水联网工程等建设经验，依托省内已有河道和渠系，结合重大水利工程布局，加速推进具有区域特色的水网建设，进一步打通各大流域间的水量通道，在关键节点辅以调蓄工程，实现流域间的水系互联、水量互补、水质互馈和水运互通。

（三）科学推进南水北调工程运行和建设

积极推进南水北调中线工程扩容建设，科学推进西线工程研究论证。南水北调西线工程的目标是解决黄河上游缺水问题，达成这个目标有三个解决方案：一是源头调水方案，即西线工程方案；二是中游调水方案，即小江调水方案或三峡调水方案；三是下游退水方案，即充分发挥南水北调东线、中线工程作用，进一步提升供水规模，降低供水成本，推进水权水价协同改革，从而促进黄河下游省市在不减少原有水量的条件下，腾出部分黄河用水指标还给黄河上中游省区的方案。其中第三个方案能够有效避免新建工程带来的负面影响，且有利于发挥已建工程作用，具有较高性价比，建议积极研究推进。

另外，应当同时推进以引大济岷、长征渠等为主的长江上游水资源优化配置工程，一方面，其能够缓解长江上游水资源时空分布差异带来的局部缺水问题，有利于推动全国水资源协调配置格局形成，进而为解决黄河上游缺水问题减少相关矛盾，更可能通过工程建设推进黄河"八七分水"方案调整，从而形成更加可靠的制度化补水方案，避免西线工程建设的高成本和高风险；另一方面，当长江上游地区水量分配全面完成，特别是针对航运、发电等河道内用水分配确定时，有利于全面评估西线工程对长江上游地区经济发展和资源环境的长远影响，确保兼顾各方利益，确保区域生态与发展并重，确保中华民族子孙后代的福祉。

三、加快推进南北地区水权制度建设

（一）确立用水需求和过程管理一个核心

水权制度建设目标在于解决流域涉水问题，促进区域节水，推动经济社会发展与水资源、水环境承载能力相协调，其本质是提升水资源配置、节约和保护能力，但南方流域涉水矛盾与北方有较大差异，南北地区水权制度建设需要因地制宜推进。以黄河为代表的北方流域水资源情况表现出四大特征：一是工程和监管充分；二是水量紧缺；三是已有省份内跨行政区水权交易实践；四是水权冲突主要发生在农业、工业、城乡居民生活领域。以长江、珠江为代表的南方流域则显现出三大特征：一是水量丰沛，据调研，珠江三角洲地区水政部门主要监测城市和工业用水，不同于黄河流域以监测农业用水和节水换取水权；二是跨行政区特征突出，特别是支流；三是水权及其优先序更加复杂，南北方"三生"水权优先序相同，南方"行业水权"排序更加复杂，不仅要考虑工农业和城乡水权，还要考虑航行权、发电权以及"电调服从水调"的基本原则。可见，南北地区用水需求、用水过程、涉水设施以及对水情的认知程度均有明显差异，水权分配、使用和管理等方面应有不同。

另外，水环境管理保护问题也可以考虑在水权制度建设框架内进行治理。目前来看，涉水资源环境管理对于从源头减少污染提升水质具有明显功效和重大意义，甚至比提升污染治理技术更为重要，推动水资源与水环境管理体制统一协调，成为南北地区涉水管理和流域经济发展的关键一环，而水权制度建设正是涉水管理的底层机制。《国务院关于实行最严格水资源管理制度的意见》指出，水权制度建设应以水资源配置、节约和保护为重点，强化用水需求和用水过程管理。因此，南北地区水权制度建设的核心问题是，通过对涉水资源权利的广泛配置，实现对用水需求和过程的管理。这里的广泛配置并不意味着精确化管控，其核心逻辑是确立分水、用水、管水等涉水资源权利配置的制度规范，形成用水行为规模和时序调节的核心原则。这意味着南北地区水权制度建设要实现对现行水资源配置格局的帕累托改进，不能抛开管理成本谈改革，特别是在南方地区，其实质是在涉水基础设施不完善这一有限条件下的帕累托改进。

（二）推进区域、产业初始水权的两层分配

初始水权分配是水权制度建设的基础环节，我国用水总量控制指标按区分配、按流域分配已经完成，进一步推进形成并落实水权初始分配方案，探索水权交易成为优化水资源配置的必行一招。可借鉴宁

夏、甘肃、湖北等地的做法，以 2020 年用水总量控制指标分配方案为基础，坚持公正、公平和需求优先次序的原则，结合水资源刚性约束指标划定工作，分别推进南北地区新一轮的水权分配，重新明确区域水权及各项附加权能。

综合用水指标增长情况和渠系输水损失扣除，以各地区近 3 年各行业年均耗用水量为基数，坚持总量控制和定额管理相结合的原则，统筹区域产业用水需求变化趋势，综合确定行业水权分配方案，进一步形成水资源管理刚性制度约束。以初始水权分配比例为依据，坚持"丰增枯减"和动态调节的原则，结合年度预测来水量、水库蓄水量进行年度水量分配，将初始水权转换为年度引水、用水指标，从而编制水量调度预案进行适时调度。初始水权分配完成后，要求在政区内总量不变，农业用水之间以及农业与河道冲污用水可以在本区域内相互调剂；政区间的水量调整，以及新建的工业发展、城市建设、湿地补水等项目，其用水指标需由省级政府组织相关方通过水权交易的方式解决。

（三）加快灌区、政区水权制度建设的两类试点

工程水权具有明显的特殊性和复杂性，要求水权制度建设点面结合推进，可从灌区、政区两个层面开展试点探索，省级部门或多省联合搭建制度平台形成支撑和监管。灌区水权制度建设试点关键在于工程水权分配，选择都江堰、淠史杭、引渭、古浪河、江汉平原等灌区作为试点单位，借鉴河套灌区做法，重点推进工程水权分配和区域水权确权保障，初期可选择用水计量设施较好的中小型灌区，将流域水权确权至支渠渠首形成供水单元，后期可结合灌区现代化改造进行细化分配，扣除渠系输配水损失和必要生态补水，进一步与区域水权衔接，同时结合省级水权平台建设和水资源综合管理等工作协同推进灌区管理体制改革，探索"收支两条线"管理方案，灌区将收入按月

上缴省财政部门，省财政部门根据当年预算向灌区管理单位拨款，保障水权改革落实到位。

政区水权制度建设试点核心在于水权确权保障，选择渭河流域宝鸡地区、石羊河流域武威地区，长江上游赤水河流域的三省交界地区、中游"两湖"地区、下游长江三角洲地区，珠江上游河源地区、下游广州地区作为试点单位，优化借鉴宁夏吴忠、内蒙古鄂尔多斯、重庆荣昌、湖北江夏等地的做法，重点推进行政区域取用水权益确权，科学核定取用水户许可水量和各类用水定额，积极探索水权确权登记、水权收储转让，区域间、企业间和农户间等多种模式的水权交易，协同推进农业水价综合改革、城镇供水价格形成机制和动态调整机制。省（区市）委、省（区市）政府牵头成立水权改革领导小组，水利厅具体落实工作，生态、农业、资源等部门协同配合，依托水量调度、水资源管理等基础职能和信息系统，出台初始水权分配方案和实施指导意见，搭建全省（区市）的水权收储转让平台，推进水资源高效、公平、可持续利用。

主要参考文献

［1］鲍超，方创琳．水资源约束力的内涵、研究意义及战略框架［J］．自然资源学报，2006（5）：844 - 852．

［2］蔡舫，都阳．中国地区经济增长的趋同与差异［J］．经济研究，2000（10）：30 - 37．

［3］蔡慧敏．中国南北地区居民生活人均二氧化碳排放影响因素分析［D］．广州：暨南大学，2016．

［4］曹翔，傅京燕．供给侧要素投入的"增长红利"与"增长尾效"研究［J］．经济学家，2016（9）：25 - 31．

［5］陈晨．重大水利工程建设交出亮眼成绩单［N］．光明日报，2018 - 12 - 7．

［6］陈龙．我国南北地区经济差距扩大化研究［J］．重庆大学学报（社会科学版），2002（2）：7 - 10．

［7］陈韶君，阮本清，杨小柳．我国水资源开发利用中亟待解决的几个认识问题［J］．中国人口·资源与环境，2000（4）：58 - 62．

［8］陈秀山，孙久文．中国区域经济问题研究（第一版）［M］．北京：商务印书馆，2005：104．

［9］陈秀山，徐瑛．中国区域差距影响因素的实证研究［J］．中国社会科学，2004（5）：117 - 129．

［10］陈钊．我国东、中部地区的南北发展差异［J］．地理研究，

1999（1）：79 - 86.

　　［11］储思琮.解读李克强山东考察"路线图"［EB/OL］.中央人民政府门户网站，2017 - 04 - 23. http：//www. gov. cn/xinwen/2017 - 04/23/content_5188427. htm.

　　［12］戴德颐.基于资源异质性的南北经济发展差距研究［J］.技术经济与管理研究，2020（1）：94 - 98.

　　［13］戴维·罗默.高级宏观经济学［M］.上海：上海财经大学出版社，2009：42 - 46.

　　［14］邓朝晖，刘洋，薛惠锋.基于 VAR 模型的水资源利用与经济增长动态关系研究［J］.中国人口·资源与环境，2012（6）：128 - 135.

　　［15］邓翔.中国区域经济增长收敛研究［J］.经济体制改革，2004（3）：45 - 47.

　　［16］邓忠奇，高廷帆，朱峰.地区差距与供给侧结构性改革："三期叠加"下的内生增长［J］.经济研究，2020（10）：22 - 37.

　　［17］刁凡超.水利部：宁夏等 7 省份基本完成水权改革试点，进入验收阶段［EB/OL］.澎湃新闻，2017 - 11 - 27，https：//www. thepaper. cn/newsDetail_forward_1882207.

　　［18］董雪兵，池若楠.中国区域经济差异与收敛的时空演进特征［J］.经济地理，2020（10）：11 - 21.

　　［19］杜凯，周勤.自然资源丰裕，环境管制失效与生态"诅咒"［J］.经济地理，2009（2）：290 - 297.

　　［20］杜宇，吴传清.中国南北经济差距扩大：现象、成因与对策［J］.安徽大学学报（哲学社会科学版），2020（1）：148 - 156.

　　［21］范恒山.正确认识我国南北经济发展差距［J］.全球化，2021（5）：121 - 125.

　　［22］范群芳，董增川，杜芙蓉.农业用水和生活用水效率研究

与探讨 [J]. 水利学报, 2007 (10): 465 - 469.

[23] 方颖. 中国是否存在"资源诅咒" [J]. 世界经济, 2011 (4): 144 - 160.

[24] 封志明, 杨艳昭, 游珍. 中国人口分布的水资源限制性与限制度研究 [J]. 自然资源学报, 2014 (10): 1637 - 1648.

[25] 冯鹏鹰. 产生区域经济差异的主要原因探讨 [J]. 武汉水利电力大学学报, 2000 (9): 18 - 21.

[26] 盖美, 王宇飞, 马国栋, 等. 辽宁沿海地区用水效率与经济的耦合协调发展评价 [J]. 自然资源学报, 2013 (12): 2081 - 2094.

[27] 高鸿业. 西方经济学 (第五版) [M]. 北京: 中国人民大学出版社, 2011: 555 - 562.

[28] 高明, 高红梅. 省域职业教育与经济社会协同发展水平评价 [J]. 现代教育管理, 2017 (1): 85 - 91.

[29] 葛剑雄. 中国人口发展史 [M]. 成都: 四川人民出版社, 2020: 377 - 423.

[30] 郭文炯. "资源诅咒"的空间结构解析: 核心边缘理论视角 [J]. 经济地理, 2014 (3): 17 - 23.

[31] 郭妍, 张立光. 我国区域经济的南北分化及其成因 [J]. 山东社会科学, 2018 (11): 154 - 159.

[32] 国家统计局. 新中国 60 年统计资料汇编 [M]. 北京: 中国统计出版社, 2010.

[33] 国务院办公厅. 实行最严格水资源管理制度考核办法 [EB/OL]. 中央政府门户网站, 2013 - 01 - 06. http://www. gov. cn/zwgk/2013 - 01/06/content_2305762. htm.

[34] 国务院南水北调工程建设委员会办公室. 南水北调工程总体布局 [EB/OL]. 中央政府门户网站, 2006 - 01 - 02. http://www.

gov. cn/ztzl/2006 - 01/02/content_145297. htm.

[35] 国语 [M]. 陈桐生，译注. 北京：中华书局，2013：79.

[36] 哈罗德. 动态经济学 [M]. 黄范章，译. 北京：商务印书馆，2013：53 - 59.

[37] 韩凤芹. 国外政府干预地区差距的实践及借鉴 [J]. 经济研究参考，2004（10）：11 - 23.

[38] 何淳耀. 自然资源的库兹涅茨曲线：来自中国省级面板数据的证据 [J]. 中国人口资源与环境，2013（8）：1 - 6.

[39] 何雄浪，李国平. 国外区域经济差异理论的发展及其评析 [J]，学术论坛，2004（1）：89 - 93.

[40] 何艳梅. 最严格水资源管理制度的落实与《水法》的修订 [J]. 生态经济，2017（9）：180 - 183 + 236.

[41] 胡碧玉. 流域经济论 [D]. 成都：四川大学，2005.

[42] 胡焕庸. 中国人口之分布：附统计表与密度图 [J]. 地理学报，1935（2）：33 - 74.

[43] 胡建雄，赵春玲. 不同自然资源对经济增长影响的差异性研究：基于中国省际面板数据的分析 [J]. 山西财经大学学报，2014（4）：1 - 13.

[44] 华坚，张瑶瑶，王丹，等. 西北五省水资源消耗对经济增长的影响 [J]. 水利经济，2018（4）：1 - 6.

[45] 贾绍凤，张士峰，杨红，等. 工业用水与经济发展的关系：用水库兹涅茨曲线 [J]. 自然资源学报，2004（3）：279 - 284.

[46] 焦雯君，闵庆文，李文华，等. 基于 ESEF 的水生态承载力：理论、模型与应用 [J]. 应用生态学报，2015（4）：1041 - 1048.

[47] 克鲁格曼. 发展、地理学与经济理论 [M]. 蔡荣，译. 北京：北京大学出版社，中国人民大学出版社，2010：94.

[48] 雷社平, 解建仓, 黄明聪, 等. 区域产业用水系统的协调度分析 [J]. 水利学报, 2004 (5): 14 - 19.

[49] 雷勋平, 邱广华. 基于熵权 TOPSIS 模型的区域资源环境承载力评价实证研究 [J]. 环境科学学报, 2016 (1): 314 - 323.

[50] 李二玲, 覃成林. 中国南北区域经济差异研究 [J]. 地理学与国土研究, 2002 (4): 76 - 78.

[51] 李芳, 张杰, 张凤丽. 新疆新型工业化进程中资源环境"尾效"的计量分析 [J]. 统计与决策, 2014 (13): 138 - 140.

[52] 李倩. 技术创新对省域水资源配置效率的影响研究 [D]. 武汉: 武汉理工大学, 2018.

[53] 李善同, 何建武, 唐泽地. 从价值链分工看中国经济发展南北差距的扩大 [J]. 中国经济报告, 2019 (2): 16 - 21.

[54] 李天籽. 自然资源丰裕度对中国地区经济增长的影响及其传导机制研究 [J]. 经济科学, 2007 (6): 66 - 76.

[55] 李向平, 王广林. 中国地区经济增长格局中的"南北"问题 [J]. 社会科学辑刊, 1993 (1): 51 - 58.

[56] 李宗正. 西方经济学名著述评 [M]. 北京: 中国青年出版社, 1992: 145 - 154.

[57] 联合国教科文组织. 世界水资源开发报告 2009 [EB/OL]. UNESCO, 2009 - 03 - 12. http://www.unesco.org/new/en/natural-sciences/environment/water/wwap/wwdr.

[58] 廖桂萱. 鄱阳湖生态经济区用水效率与产业结构耦合协调及其优化路径分析 [D]. 南昌: 江西财经大学, 2018.

[59] 林凌. 东西部差距扩大问题分析 [J]. 经济研究, 1996 (7): 46 - 52.

[60] 林毅夫, 蔡昉, 李周. 中国经济转型时期的地区差距分析 [J]. 经济研究, 1998 (6): 3 - 10.

[61] 林毅夫, 李永军. 出口与中国的经济增长: 需求导向的分析 [J]. 经济学季刊, 2003 (4): 15 - 28.

[62] 林毅夫, 刘培林. 中国经济发展战略与地区收入差距 [J]. 经济研究, 2003 (3): 19 - 25 + 89.

[63] 刘秉镰, 边杨, 周密, 等. 中国区域经济发展 70 年回顾及未来展望 [J]. 中国工业经济, 2019 (9): 24 - 41.

[64] 刘红梅, 李国军, 王克强. 中国农业虚拟水 "资源诅咒" 效应检验: 基于省际面板数据的实证研究 [J]. 管理世界, 2009 (9): 69 - 79 + 90.

[65] 刘佳骏, 董锁成, 李泽红. 中国水资源承载力综合评价研究 [J]. 自然资源学报, 2011 (2): 258 - 269.

[66] 刘建国. 我国地区差异扩大的成因及区域政策的协调 [J]. 内蒙古大学学报 (人文社会科学版), 1998 (5): 56 - 63.

[67] 刘进军, 罗哲. 西北地区经济转型跨越发展的实证分析 [J]. 甘肃行政学院学报, 2017 (5): 78 - 90.

[68] 刘靖宇, 张宪平. 中国区域经济差距的测度与分解 [J]. 华东经济管理, 2007 (5): 23 - 25 + 38.

[69] 刘军, 徐康宁. 产业聚集、经济增长与地区差距: 基于中国省级面板数据的实证研究 [J]. 中国软科学, 2010 (7): 91 - 102.

[70] 刘蕾. 区域资源环境承载力评价与国土规划开发战略选择研究: 以皖江城市带为例 [M]. 北京: 人民出版社, 2013: 173 - 199.

[71] 刘生龙, 王亚华, 胡鞍钢. 西部大开发成效与中国区域经济收敛 [J]. 经济研究, 2009 (9): 94 - 105.

[72] 刘耀彬, 杨新梅, 周瑞辉, 等. 中部地区经济增长中的水土资源 "增长尾效" 对比研究 [J]. 资源科学, 2011 (9): 1781 - 1787.

[73] 刘渝，杜江，张俊飚. 中国农业用水与经济增长的 Kuznets 假说及验证 [J]. 长江流域资源与环境，2008 (4)：593 –597.

[74] 刘志彪，张少军. 中国地区差距及其纠偏 [J]. 学术月刊，2008 (5)：51 –57.

[75] 龙腾锐，姜文超，何强. 水资源承载力内涵的新认识 [J]. 水利学报，2004 (1)：38 –45.

[76] 陆大道，等. 关于"胡焕庸线能否突破"的学术争鸣 [J]. 地理研究，2016，35 (5)：805 –824.

[77] 路宁，周海光. 中国城市经济与水资源利用压力的关系研究 [J]. 中国人口·资源与环境，2010 (S2)：48 –50.

[78] 马尔萨斯. 政治经济学原理 [M]. 厦门大学经济系翻译组，译. 北京：商务印书馆，1962：175.

[79] 马海良，黄德春，张继国，等. 考虑非合意产出的水资源利用效率及影响因素研究 [J]. 中国人口·资源与环境，2012 (10)：35 –42.

[80] 马海良，徐佳，王普查. 中国城镇化进程中的水资源利用研究 [J]. 资源科学，2014 (2)：334 –341.

[81] 马克思，恩格斯. 马克思恩格斯选集：第 3 卷[M]. 北京：人民出版社，1995：298.

[82] 马克思. 资本论：第 1 卷[M]. 北京：人民出版社，2004：562 –815.

[83] 马克思. 资本论：第 2 卷[M]. 北京：人民出版社，2004：156 –192.

[84] 马歇尔. 经济学原理 [M]. 朱志泰，陈良璧，译. 北京：商务印书馆，2019：419 –451.

[85] 梅多斯. 超越极限 [M]. 赵旭，等译. 上海：上海译文出版社，2001：115.

［86］梅多斯，等．增长的极限［M］．李涛，等译．北京：机械工业出版社，2013：271.

［87］穆勒．政治经济学原理：及其在社会哲学中的若干应用［M］．赵荣潜，桑炳彦，朱泱，胡企林，译．北京：商务印书馆，1991：190 - 205.

［88］穆新伟，任建兰．山东省经济增长与资源需求互动关系探讨［J］．山东师范大学学报（自然科学版），2003（4）：41 - 45.

［89］聂华林，杨福霞，杨冕．中国农业经济增长的水土资源"尾效"研究［J］．统计与决策，2011（15）：110 - 113.

［90］诺思．制度、制度变迁与经济绩效［M］．杭行，译．上海：格致出版社，2014：39.

［91］潘丹，应瑞瑶．中国水资源与农业经济增长关系研究：基于面板 VAR 模型［J］．中国人口·资源与环境，2012（1）：161 - 166.

［92］配第．赋税论［M］．马妍，译．北京：中国社会科学出版社，2010：89 - 115.

［93］秦腾，章恒全，佟金萍，等．长江经济带城镇化进程中的水资源约束效应分析［J］．中国人口·资源与环境，2018（3）：39 - 45.

［94］任保平，张倩．新中国 70 年经济增长轨迹及新时代转型路径［J］．安徽大学学报（哲学社会科学版），2019（5）：149 - 156.

［95］任泽平．中国南北差距明显拉大：原因与建议［EB/OL］．财新网，2020 - 12 - 13. https：//opinion. caixin. com/2020 - 12 - 13/101638768. html.

［96］尚小平，张永胜，蒋兴国．渭河定西段社会服务功能状况研究［J］．水资源开发与管理，2019（8）：35 - 39 + 43.

[97] 邵帅，范美婷，杨莉莉．资源产业依赖如何影响经济发展效率：有条件资源诅咒假说的检验及解释 [J]．管理世界，2013 (2)：32 -63.

[98] 邵帅，齐中英．自然资源开发、区域技术创新与经济增长：一个对"资源诅咒"机理的解释及实证检验 [J]．中南财经政法大学学报，2008 (4)：3 -9.

[99] 盛来运，郑鑫，周平，等．我国经济发展南北差距扩大的原因分析 [J]．管理世界，2018 (9)：16 -24.

[100] 水利部长江水利委员会．2019 年长江流域水资源公报 [EB/OL]．长江水利网，2020 - 09 - 15，http：//www.cjw.gov.cn/zwzc/bmgb/2019gb/.

[101] 水利部黄河水利委员会．2019 年黄河水资源公报 [EB/OL]．黄河网，2020 - 10 - 16. http：//www.yrcc.gov.cn/other/hhgb/.

[102] 斯拉法．大卫·李嘉图全集（第 1 卷）：政治经济学及赋税原理 [M]．郭大力，王亚南，译．北京：商务印书馆，2013：299 +311.

[103] 斯密．国民财富的性质和原因的研究 [M]．郭大力，王亚南，译．北京：商务印书馆，2011：8.

[104] 宋先松，石培基，金蓉．中国水资源空间分布不均引发的供需矛盾分析 [J]．干旱区研究，2005 (2)：162 -166.

[105] 睢党臣，胡宜．马克思自然观视角下的资源约束与经济增长 [J]．经济问题，2009 (10)：13 -15.

[106] 孙爱军，董增川，张小艳．中国城市经济与用水技术效率耦合协调度研究 [J]．资源科学，2008 (3)：446 -453.

[107] 孙爱军，胡永法．产业结构与水资源的相关分析与实证研究：以淮安市为例 [J]．水利经济，2007 (2)：8 -11.

[108] 汤奇成，张捷斌．西北干旱地区水资源与生态环境保护

[J]. 地理科学进展, 2001 (3): 227 - 233.

[109] 田贵良, 顾巍, 谢文轩. 基于虚拟水贸易战略的缺水地区用水结构优化研究 [J]. 水利经济, 2013 (1): 1 - 6.

[110] 佟金萍, 陈洁, 赵路路. 长江经济带绿色全要素用水效率对经济增长的空间溢出效应研究 [J]. 生态经济, 2019 (5): 159 - 164 + 176.

[111] 洼田顺平, 王睿, 福嶌义宏. 黄河断流: 中国巨大河川的水和环境问题 [J]. 当代日本中国研究, 2014 (2): 59 - 60.

[112] 汪飞跃. 用矛盾分析法论退耕还林的六大关系 [J]. 国家林业局管理干部学院学报, 2018 (1): 12 - 15 + 31.

[113] 王浩, 汪党献, 倪红珍, 等. 中国工业发展对水资源的需求 [J]. 水利学报, 2004 (4): 109 - 113.

[114] 王慧敏, 陈蓉, 许叶军, 等. 最严格水资源管理过程中政府职能转变的困境及途径研究 [J]. 河海大学学报 (哲学社会科学版), 2015 (4): 64 - 68.

[115] 王静爱, 王瑛, 黄晓霞, 等. 18 世纪中叶以来不同时段的中国水灾格局 [J]. 自然灾害学报, 2001 (1): 1 - 7.

[116] 王利文. 西北地区水资源对经济增长的支撑潜力研究. 农业技术经济 [J]. 2004 (2): 38 - 42.

[117] 王喜峰, 沈大军, 李玮. 水资源利用与经济增长脱钩机制、模型及应用研究 [J]. 中国人口·资源与环境, 2019 (11): 139 - 147.

[118] 王小鲁, 樊纲. 中国地区差距的变动趋势和影响因素 [J]. 经济研究, 2004 (1): 33 - 44.

[119] 王学渊, 韩洪云. 水资源对中国农业的 "增长阻力" 分析 [J]. 水利经济, 2008 (3): 1 - 5.

[120] 王志凯, 史晋川. 中国区域经济发展的非均衡状况及原

因分析 [J]. 浙江大学学报（人文社会科学版），2011 (11)：91 - 102.

[121] 威廉姆森，温特. 企业的性质 [M]. 姚海鑫，邢源源，译. 北京：商务印书馆，2010：399 - 407.

[122] 魏后凯，年猛，李玏. "十四五"时期中国区域发展战略与政策 [J]. 中国工业经济，2020 (5)：5 - 22.

[123] 吴殿廷. 试论中国经济增长的南北差异 [J]. 地理研究，2001 (2)：238 - 246.

[124] 吴殿廷. 中国三大地带经济增长差异的系统分析 [J]. 地域研究与开发，2001 (6)：10 - 15.

[125] 吴瑞君，朱宝树. 中国人口的非均衡分布与"胡焕庸线"的稳定性 [J]. 中国人口科学，2016 (21)：14 - 24.

[126] 习近平. 推动形成优势互补高质量发展的区域经济布局 [J]. 求是，2019 (24)：4 - 9.

[127] 习近平. 在黄河流域生态保护和高质量发展座谈会上的讲话 [J]. 奋斗，2019 (10)：4 - 10.

[128] 习近平. 在深入推动长江经济带发展座谈会上的讲话 [J]. 奋斗，2019 (9)：4 - 14.

[129] 夏军，朱一中. 水资源安全的度量：水资源承载力的研究与挑战 [J]. 自然资源学报，2002 (3)：262 - 269.

[130] 谢书玲，王铮，薛俊波. 中国经济发展中水土资源的"增长尾效"分析 [J]. 管理世界，2005 (7)：22 - 25 + 54.

[131] 邢霞，修长百，刘玉春. 黄河流域水资源利用效率与经济发展的耦合协调关系研究 [J]. 软科学，2020 (8)：44 - 50.

[132] 许宪春，雷泽坤，柳士昌. 中国南北平衡发展差距研究：基于"中国平衡发展指数"的综合分析 [J]. 中国工业经济，2021 (2)：5 - 22.

[133] 许永欣,马骏.基于面板 VAR 模型的农业用水与农业经济增长关系研究 [J].山东农业科学,2017 (5):159-163.

[134] 许召元,李善同.近年来中国地区差距的变化趋势 [J].经济研究,2006 (7):106-116.

[135] 薛俊波,赵梦真,朱艳鑫.增长"尾效"、要素贡献率及资源冗余:基于农业的分析 [J].技术经济,2017 (11):62-71.

[136] 严翔,成长春,秦腾,等.长江经济带生态与能源约束对科技创新的增长阻尼效应研究 [J].经济问题探索,2018 (11):171-178.

[137] 杨多贵,刘开迪,周志田.我国南北地区经济发展差距及演变分析 [J].中国科学院院刊,2018 (10):1083-1092.

[138] 杨海珍.我国北方地区开放大学发展展望 [J].辽宁师专学报 (社会科学版),2015 (12):102-104.

[139] 杨锦英,郑欢,方行明.中国东西部发展差异的理论分析与经验验证 [J].经济学动态,2012 (8):63-69.

[140] 杨明洪,黄平.南北差距中的结构效应及空间差异性测度 [J].经济问题探索,2020 (5):1-13.

[141] 杨明洪,巨栋,涂开均."南北差距":中国区域发展格局演化的事实、成因与政策响应 [J].经济理论与经济管理,2021 (4):97-112.

[142] 杨杨,吴次芳,罗罡辉,等.中国水土资源对经济的"增长阻尼"研究 [J].经济地理,2007 (4):529-532+537.

[143] 姚永玲.不同资源要素对我国地区经济增长的作用 [J].地理与地理信息科学,2008 (4):39-43.

[144] 岳利萍.自然资源约束程度与经济增长的机制研究 [D].西安:西北大学,2007.

[145] 张百平.中国南北过渡带研究的十大科学问题 [J].地理

科学进展，2019（3）：305 – 311.

　　［146］张兵兵，沈满洪. 工业用水库兹涅茨曲线分析［J］. 资源科学，2016（1）：102 – 109.

　　［147］张陈俊，章恒全. 新环境库兹涅茨曲线：工业用水与经济增长的关系［J］. 中国人口·资源与环境，2014（5）：116 – 123.

　　［148］张红梅，李善同，许召元. 改革开放以来我国区域差距的演变［J］. 改革，2019（4）：78 – 87.

　　［149］张相文. 新撰地文学［M］. 长沙：岳麓书社，2013：105.

　　［150］张永辉. 马克思经济增长理论及其与西方经济增长理论的比较［J］. 前沿，2013（1）：98 – 99.

　　［151］张月，潘柏林，李锦彬，等. 基于库兹涅茨曲线的中国工业用水与经济增长关系研究［J］. 资源科学，2017（6）：1117 – 1126.

　　［152］张振龙. 新疆城镇化与水资源耦合协调发展研究［D］. 乌鲁木齐：新疆大学，2018.

　　［153］章恒全，张陈俊，张万力. 水资源约束与中国经济增长：基于水资源"阻力"的计量检验［J］. 产业经济研究，2016（4）：87 – 99.

　　［154］赵光勇. 五帝本纪/史记研究集成［M］. 西安：西北大学出版社，2019：115.

　　［155］赵建安. 中国南北区域经济发展的互补性研究［J］. 地理研究，1998（4）：40 – 47.

　　［156］郑艳婷，杨慧丹，孟大虎. 我国南北经济增速差距扩大的机理分析［J］. 经济纵横，2021（3）：100 – 106.

　　［157］中华人民共和国环境保护部. 全国地下水污染防治规划（2011～2020）［EB/OL］. 生态环境部官方网站，2011 – 10 – 28. https：//

www. mee. gov. cn/gkml/hbb/bwj/201111/t20111109_219754. htm.

［158］中华人民共和国水利部．关于公布新一批全国节水型社会建设试点的通知［EB/OL］．水利部官网，2006 – 11 – 06，http：//www. mwr. gov. cn/zw/tzgg/tzgs/201702/t20170213_854690. html.

［159］中华人民共和国水利部．2019 年中国水资源公报［EB/OL］．水利部官方网站，2020 – 08 – 03. http：//www. mwr. gov. cn/sj/tjgb/szygb/202008/t2020 0803_1430726. html.

［160］周魁一．水部式与唐代的农田水利管理［J］．历史地理，1986（4）：35 – 36.

［161］周晓波，陈璋，王继源．中国南北方经济分化的现状、原因与对策［J］．河北经贸大学学报，2019（3）：1 – 9.

［162］住房和城乡建设部，国家发展和改革委员会．关于命名第十批（2020 年度）国家节水型城市的公告［EB/OL］. 2020 – 11 – 26，http：//www. gov. cn/zhengce/zhengceku/2021 – 01/15/content_5580126. htm.

［163］邹逸麟．我国水资源变迁的历史回顾：以黄河流域为例［J］．复旦学报（社会科学版），2005（3）：47 – 56.

［164］Arrow KJ. Economic Welfare and the Allocation of Resources for Invention. In The Rate and Direction of Inventive Activity：Economic and Social Factors［M］．Princeton：Princeton University Press，1962：609 – 626.

［165］Auty R. Sustaining Development in Mineral Economics：The Resource Curse Thesis［M］，London：Routledge，1993：395 – 413.

［166］Bernard FE，Thom DJ. Population Pressure and Human Carrying Capacity in Selected Locations of Machakos and Kitui Districts［J］．Journal of Developing Areas，1981（3）：381 – 406.

［167］Bhattacharyya S，Hodler R. Natural Resources，Democracy

and Corruption [J]. European Economic Review, 2010 (4): 608 – 621.

[168] Blanco L, Grier R. Natural Resource Dependence and the Accumulation of Physical and Human Capital in Latin America [J]. Resources Policy, 2012 (3): 281 – 295.

[169] Boos A, Holm-Müller K. The Relationship Between the Resource Curse and Genuine Savings: Empirical Evidence [J]. Journal of Sustainable Development, 2013 (6): 59.

[170] Boschini A, Pettersson J, Roine J. The Resource Curse and Its Potential Reversal [J]. World Development, 2013 (43): 19 – 41.

[171] Brunnschweiler CN, Bulte EH. The Resource Curse Revisited and Revised: A Tale of Paradoxes and Red Herrings [J]. Journal of Environmental Economics and Management, 2008 (3): 248 – 264.

[172] Bruyn SM, Opschoor JB. Developments in the Throughput Income Relationship: Theoretical and Empirical Observations [J]. Ecological economics, 1997 (3): 255 – 268.

[173] Chen J, Fleisher BM. Regional Income Inequality and Economic Growth in China [J]. Journal of Comparative Economics, 1996 (22): 141 – 164.

[174] Chen Y, Yin YX, Chen XW, et al. Change and Future Pattern of Provincial Flood Affected Areas in China: Possible Relationship with Climate Change [J]. Disaster Advances, 2012 (4): 321 – 326.

[175] Corden WM, Neary JP. Booming Sector and De-industrialisation in a Small Open Economy [J]. Economic Journal, 1982 (92): 825 – 848.

[176] Dasgupta PS, Heal G. Economic Theory and Exhaustible Resources [M]. Cambridge: Cambridge University Press, 1979: 350 – 391.

［177］Davies EGR, Simonovic SP. Global Water Resources Modeling with an Integrated Model of the Social-Economic-Environmental System [J]. Advances in Water Resources, 2011 (6): 684 – 700.

［178］Dayal-Gulati A, Husain AM. Centripetal Forces in China's Economic Take-Off [J]. IMF Staff papers, 2000 (3): 364 – 394.

［179］Demurger S. Infrastructure Development and Economic Growth: An Explanation for Regional Disparities in China [J]. Journal of Comparative Economics, 2001 (29): 95 – 117.

［180］Dinda S. Environmental Kuznets Curve Hypothesis: A Survey [J]. Ecological Economics, 2004 (4): 431 – 455.

［181］Ding C, Lichtenberg E. Land and Urban Economic Growth in China [J]. Journal of Regional Science, 2011 (2): 299 – 317.

［182］Fleisher BM. Chen J. The Coast-Noncoast Income Gap, Productivity, and Regional Economic Policy in China [J]. Journal of Comparative Economics, 1997 (25): 220 – 236.

［183］Friedman E. Maoism and the Liberation of the Poor [J]. World Politics, 1987 (3): 408 – 428.

［184］Goetzmann, William N, Nadav Peles. Cognitive Dissonance and Mutual Fund Investors [J]. Journal of Finance Research, 1997 (2): 145 – 158.

［185］Grimes PM. Urbanization and Water in the Northern San Joaquin Valley [D]. University of California, 2001.

［186］Habakkuk HJ. American and British Technology in the Nineteenth Century [M]. Cambridge: Cambridge University Press, 1962: 233 – 235.

［187］Harris JM et al. Carrying in Agriculture Globe and Regional Issue [J]. Environment Impact Assessment Review, 1999 (3): 443 –

461.

[188] Hedelin B. Criteria for the Assessment of Sustainable Water Management [J]. Environmental Management, 2007 (2): 151 – 163.

[189] Hotelling H. The Economics of Exhaustible Resources [J]. Journal of Political Economy, 1931 (39): 137 – 175.

[190] Howe CW. The Effects of Water Resource Development on Economic Growth: The Conditions for Success. Natural Resources Journal, 1976 (4): 939 – 955.

[191] Ippolito RA. Consumer Reaction to Measures of Poor Quality: Evidence from the Mutual Fund Industry [J]. Journal of Law and Economics, 1992 (1): 45 – 70.

[192] Kraft J, Kraft A. On the Relationship Between Energy and GNP [J]. Journal of Energy and Development, 1978 (3): 401 – 403.

[193] Lautze J, Reeves M, Vega R, et al. Water Allocation, Climate Change, and Sustainable Peace: The Israeli Proposal [J]. Water International, 2005 (2): 197 – 209.

[194] Lee BS, Peng J, Li G, et al. Regional Economic Disparity, Financial Disparity and National Economic Growth: Evidence from China [J]. Review of Development Economics, 2012 (2): 342 – 358.

[195] Li Q, Song JP, Wang ER, et al. Economic Growth and Pollutante Missions in China: A Spatial Econometric Analysis [J]. Stochastic Environmental Research & Risk Assessment, 2014 (2): 429 – 442.

[196] Lucas RE. On the Mechanics of Economic Development [J]. Journal of Monetary Economics, 1988 (22): 3 – 42.

[197] Matsuyama K. Agricultural Productivity, Comparative Advantage, and Economic Growth [J]. Journal of Economic Theory, 1992 (2): 317 – 334.

[198] McCain RA. Land in Fellner's Model of Economic Growth: Comment [J]. The American Economic Review, 1970 (3): 495 – 499.

[199] Nakayama T, Sun Y, Geng Y. Simulation of Water Resource and Its Relation to Urban Activity in Dalian City, Northern China [J]. Global and Planetary Change, 2010 (3): 172 – 185.

[200] National Research Council. A Review of the Florida Keys Carrying Capacity Study [R]. Washington DC: National Academy Press, 2002: 1 – 47.

[201] Nordhaus WD. Lethal Model 2: The Limits to Growth Revisited [J]. Bookings Papers on Economic Activity, 1992 (2): 1 – 43.

[202] North D C. Political Economy: Institutions, Competitionand Representation [M]. Cambridge: Cambridge University Press, 1993: 62.

[203] Rock MT. Freshwater Use, Freshwater Scarcity, and Socioeconomic Development [J]. The Journal of Environment & Development, 1998 (3): 278 – 301.

[204] Romer PM. Endogenous Technological Change [J]. Journal of Political Economy, 1990 (10): 71 – 102.

[205] Romer PM. Increasing Returns and Long-Run Growth [J], Journal of Political Economy, 1986 (5): 1002 – 1037.

[206] Sala-I-Martin X, Subramanian A. Addressing the Natural Resource Curse: An Illustration from Nigeria [J]. Journal of African Economies, 2013 (4): 570 – 615.

[207] Scott R. Rural Industrialization and Increasing Inequality: Emerging Patterns in China's Reforming Economy [J]. Journal of Comparative Economics, 1994 (3): 362 – 391.

[208] Selden M. The Political Economy of Chinese Socialism [J].

Pacific Affairs, 1990 (4): 546 – 547.

[209] Solow RM. A Contribution to the Theory of Economic Growth [J]. The Quarterly Journal of Economics, 1956 (70): 65 – 94.

[210] Stiglitz J. Growth with Exhaustible Natural Resources: Efficient and Optimal Growth Paths [J]. Review of Economic Studies, 1974 (41): 123 – 137.

[211] Tanaka H. Strengthening Solidarity among the Asian Monsoon Countries for Establishing Sustainable Water Policy for Agriculture [J]. Paddy and Water Environment, 2008 (1): 1 – 3.

[212] Tapio P. Towards a Theory of Decoupling: Degrees of Decoupling in the EU and the Case of Road Traffic in Finland Between 1970 and 2001 [J]. Transport policy, 2005 (2): 137 – 151.

[213] Tsui KY. Decomposition of China's Regional Inequalities [J]. Journal of Comparative Economics, 1993 (3): 600 – 627.

[214] Valente S. Sustainable Development, Renewable Resources and Technological Progress [J]. Environmental and Resource Economies, 2005 (30): 115 – 125.

[215] Vehmas J, Kaivo O J, Luukkanen J. Global Trends of Linking Environmental Stress and Economic Growth [M]. Turku: Finland Futures Research Centre, 2003: 6 – 9.

[216] Wang Q, Jiang R, Li R. Decoupling Analysis of Economic Growth from Water Use in City: A Case Study of Beijing, Shanghai, and Guangzhou of China [J]. Sustainable cities and society, 2018 (41): 86 – 94.

[217] Weitzman ML. On Choosing an Optimal Technology [J]. Management Science, 1967 (5): 413 – 428.

[218] WMO, UNESCO. International Glossary of Hydrology: Glos-

saire International ［EB/OL］. UNESCO. 2012 – 08 – 12. https：//library. wmo. int/index. php？ lvl = notice_display&id = 7394#. YUHvO2if7rk.

［219］ Ying LG. China's Changing Regional Disparities during the Reform Period ［J］. Economic Geography，1999（1）：59 – 70.

后　记

本书于笔者攻读博士学位期间完成，获得国家社会科学基金重大项目"长江上游水权制度建设综合调查与政策优化研究（编号19ZDA065）"资助，感谢所有帮助过我的老师、家人、朋友，特别是四川省社会科学院林凌研究员、刘世庆研究员和四川大学杨明洪教授，老师教诲铭记于心，无限感激言语难表。

本书的调研和撰写还要感谢水利部长江水利委员会、水利部珠江水利委员会、交通部长江航务管理局、中国水利水电科学研究院、广东省水利水电科学研究院、四川省水利厅水资源处、四川省交通厅航务管理局、四川省水利科学研究院、四川省交通勘察设计研究院、四川省都江堰管理局、都江堰东风渠管理处、都江堰人民渠第一管理处、都江堰外江管理处、都江堰黑龙滩灌区管理处、玉溪河灌区管理局、成都市水务局、成都市青白江区水务局、凉山彝族自治州水利局、中国三峡集团流域管理中心向溪管理分中心等给予的大力帮助。另外，本书参阅和吸收了大量国内外研究成果和各方面资料数据；出版过程中，得到经济科学出版社的耐心帮助，在此一并表示衷心感谢！

本书专题领域新、内容广，受限于专业水平、研究能力和资料时限，不足甚或错误之处在所难免，衷心希望专家读者提出宝贵意见。

巨　栋

2023 年 3 月 31 日